우리은행

필기전형 모의고사

[제 1 회]

영 역	1교시 : NCS직업기초능력평가 2교시 : 경제지식·일반상식
문 항 수 / 시 간	80문항 / 80분, 40문항 / 40분
비 고	객관식 5지선다형

SEOWONGAK
(주)서원각

1. 다음 중 밑줄 친 외래어 표기가 올바르게 쓰인 것은?

① 이번 영화의 컨셉은 실화를 각색한 것이다.

② 올해의 패션 트랜드는 샤이니이다.

③ 이번 여름은 너무 더워 런닝 셔츠만 입게 생겼다.

④ 다음 달은 이곳에서 바비큐를 할 거야.

⑤ 의학계에서 알콜 문제를 심각하게 다루고 있어.

2. 다음 중 맞춤법이 옳은 것으로 적절한 것은?

> 김씨는 여행 도중 ㉠고냉지 농업의 한 장면을 사진에 담을 수 있었다. 앞머리가 ㉡벗겨진 농부는 새벽부터 수확에 열을 다하고 있었다. 잠깐 쉬고 있던 젊은 친구들은 밭 주인의 성화에 못이겨 ㉢닁큼 일어났다. 때마침 배추를 가지러 온 트럭은 너무 많은 양을 실었는지 움직이지 못하고 바퀴가 헛돌고 있었다. 한 번에 많이 실어가려고 요령을 피우다 결국 트럭은 시동이 꺼지고 오히려 고장이 나버렸다. 머리를 굴리다 오히려 이것이 큰 ㉣골칫거리가 된 셈이다. 다른 차량이 오기까지는 한 시간은 기다려야 해서 결국 수확은 잠시 중단되었다. 한 시간 가량을 쉰 젊은 일꾼들은 차량이 오자 ㉤오뚜기처럼 다시 일어났다.

① ㉠   ② ㉡

③ ㉢   ④ ㉣

⑤ ㉤

3. 다음의 괄호 안에 들어갈 적절한 어휘는?

> 원래 (   )란 엄청나게 큰 사람이나 큰 물건을 가리키는 뜻에서 비롯되었는데 그것이 부정어와 함께 굳어지면서 '어이없다'는 뜻으로 쓰이게 되었다. 크다는 뜻 자체는 약화되고 그것이 크든 작든 우리가 가지고 있는 상상이나 상식을 벗어난 경우를 지칭하게 된 것이다.
>
> 특히 풀리지 않는 글을 붙잡고 있거나 어떤 생각거리에 매달려 있는 동안 내가 생활에서 저지르는 사소한 실수들은 나 스스로도 (   )가 없을 지경이다.

① 어처구니   ② 동그마니

③ 우두커니   ④ 철딱서니

⑤ 꼬락서니

4. 다음 밑줄 친 단어의 맞춤법이 틀린 것은?

① 곳간에서 인심이 난다는 말이 있다.

② 흔들리는 찻간에 앉아 잠시 졸았다.

③ 그릇의 갯수를 세어서 이 종이에 적어라.

④ 괄호 안에 들어갈 알맞은 숫자를 쓰시오.

⑤ 회의가 이루어진 횟수를 모두 기록하였다.

5. 다음 서식을 보고 빈칸에 들어갈 알맞은 단어를 고른 것은?

> **납품(장착) 확인서**
>
> 1. 제　　　품　　명 : 슈퍼터빈(연료과급기)
> 2. 회　　　사　　명 : 서원각
> 3. 사업자등록번호 : 123-45-67890
> 4. 주　　　　　　소 : 경기도 고양시 일산서구 가좌동 846
> 5. 대　　　표　　자 : 정 확 한
> 6. 공 급 받 는 자 : ㈜소정 코리아
> 7. 납품(계약)단가 : 일금 이십육만원정(₩ 260,000)
> 8. 납품(계약)금액 : 일금 이백육십만원정(₩ 2,600,000)
> 9. 장착차량 현황

차종	연식	차량 번호	사용 연료	규격 (size)	수량	비고
스타렉스			경유	72mm	4	
카니발			경유		2	
투싼			경유	56mm	2	
아무진			경유		1	
이스타나			경유		1	
합계					10	₩2,600,000

> 귀사 제품 슈퍼터빈을 테스트한 결과 연료절감 및 매연지감에 효과가 있으므로 당사 차량에 대해 (　　) 장착하였음을 확인합니다.
>
> 납　품　처 : ㈜소정 코리아
> 사업자등록번호 : 987-65-43210
> 상　　　호 : ㈜소정 코리아
> 주　　　소 : 서울시 강서구 가양동 357-9
> 대　표　자 : 장 착 해

① 일절   ② 일체
③ 전혀   ④ 반품
⑤ 환불

┃6~7┃ 다음은 S그룹의 2018년 주요 사업계획이다. 이어지는 물음에 답하시오.

(단위 : 개/백만 원)

핵심가치	전략과제	개수	예산
총계		327	1,009,870
안전우선 시민안전을 최고의 가치로 (108개/513,976백만 원)	스마트 안전관리 체계구축	27	10,155
	비상대응 역량강화	21	39,133
	시설 안전성 강화	60	464,688
고객감동 고객만족을 최우선으로 (63개/236,529백만 원)	고객 소통채널 다각화	10	8,329
	고객서비스 제도개선	16	2,583
	이용환경 개선	37	225,617
변화혁신 경영혁신을 전사적으로 (113개/210,418백만 원)	혁신적 재무구조 개선	34	22,618
	디지털 기술혁신	23	22,952
	융합형 조직혁신	56	164,848
상생협치 지역사회를 한가족으로 (43개/48,947백만 원)	내부소통 활성화	25	43,979
	사회적 책임이행	18	4,968

6. 위 자료를 읽고 빈칸에 들어갈 말로 적절한 것을 고르면?

'안전우선'은 가장 많은 예산이 투자되는 핵심가치이다. 전략과제는 3가지가 있고, 그 중 '(㉠)'은/는 가장 많은 개수를 기록하고 있으며, 예산은 464,688백만 원이다. '고객감동'의 전략과제는 3가지이며, 고객만족을 최우선으로 하고 있다. 핵심가치 '(㉡)'은/는 113개를 기록하고 있고, 3가지 전략과제 중 융합형 조직혁신이 가장 큰 비중을 차지하고 있다. 핵심가치 '(㉢)'은/는 가장 적은 비중을 차지하고 있고, 2가지 전략과제를 가지고 있다.

	㉠	㉡	㉢
①	스마트 안전관리 체계구축	고객감동	변화혁신
②	비상대응 역량강화	고객감동	변화혁신
③	비상대응 역량강화	변화혁신	고객감동
④	시설 안전성 강화	변화혁신	상생협치
⑤	시설 안전성 강화	안전우선	상생협치

7. 다음 중 옳지 않은 것은?
① '고객감동'의 예산은 가장 높은 비중을 보이고 있다.
② '안전우선'의 예산은 나머지 핵심가치를 합한 것 이상을 기록했다.
③ 예산상 가장 적은 비중을 보이는 전략과제는 '고객서비스 제도개선'이다.
④ '안전우선'과 '변화혁신'의 개수는 각각 100개를 넘어섰다.
⑤ 2018년 주요 사업계획의 총 예산은 1조 원를 넘어섰다.

8. 다음 글의 주제로 가장 적절한 것을 고른 것은?

유럽의 도시들을 여행하다 보면 여기저기서 벼룩시장이 열리는 것을 볼 수 있다. 벼룩시장에서 사람들은 낡고 오래된 물건들을 보면서 추억을 되살린다. 유럽 도시들의 독특한 분위기는 오래된 것을 쉽게 버리지 않는 이런 정신이 반영된 것이다.
영국의 옥스팜(Oxfam)이라는 시민단체는 헌옷을 수선해 파는 전문 상점을 운영해, 그 수익금으로 제3세계를 지원하고 있다. 파리 시민들에게는 유행이 따로 없다. 서로 다른 시절의 옷들을 예술적으로 배합해 자기만의 개성을 연출한다.
땀과 기억이 배어 있는 오래된 물건은 실용적 가치만으로 따질 수 없는 보편적 가치를 지닌다. 선물로 받아서 10년 이상 써 온 손때 묻은 만년필을 잃어버렸을 때 느끼는 상실감은 새 만년필을 산다고 해서 사라지지 않는다. 그것은 그 만년필이 개인의 오랜 추억을 담고 있는 증거물이자 애착의 대상이 되었기 때문이다. 그러기에 실용성과 상관없이 오래된 것은 그 자체로 아름답다.

① 서양인들의 개성은 시대를 넘나드는 예술적 가치관으로부터 표현된다.
② 실용적 가치보다 보편적인 가치를 중요시해야 한다.
③ 만년필은 선물해 준 사람과의 아름다운 기억과 오랜 추억이 담긴 물건이다.
④ 오래된 물건은 실용적인 가치보다 더 중요한 가치를 지니고 있다.
⑤ 오래된 물건은 실용적 가치만으로 따질 수 없는 개인의 추억과 같은 보편적 가치를 지니기에 그 자체로 아름답다.

9. 다음의 공모전에 응모하기 위해 〈보기〉와 같이 개요를 작성하였다. 개요의 수정 방안으로 적절하지 않은 것은?

> 그린 IT 운동의 필요성과 실천 방안을 알리는 원고 공모
> 그린 IT 운동이란, 정보 통신 분야에서 에너지와 자원을 효율적으로 사용하여 환경오염을 줄이려는 사회적 운동입니다.

〈보기〉

제목 : 그린 IT 운동의 확산을 위하여

Ⅰ. 그린 IT 운동의 개념 ·· ㉠

Ⅱ. 그린 IT 운동의 실천 방안
　1. 기술 및 기기 개발 차원
　　(1) 획기적인 정보 통신 기술 개발 ····················· ㉡
　　(2) 폐기물을 재활용한 정보 통신 기기 개발
　2. 기기 이용 차원
　　(1) 에너지 효율이 높은 기기 이용
　　(2) 빈번한 기기 교체 자제
　　(3) 성과에 대한 포상제도 마련 ····················· ㉢
　3. 인식적 차원
　　(1) 사회적 인식 확산을 위한 대책 마련
　　(2) 경쟁력 강화를 위한 생산성 향상 ··············· ㉣

Ⅲ. 그린 IT 운동 정착을 위한 당국의 정책 개발 촉구 ···· ㉤

① ㉠은 공모의 취지를 고려해, '그린 IT 운동의 개념과 필요성'으로 고친다.
② ㉡은 구체적이지 않으므로, '에너지 효율을 높이는 정보 통신 기술 개발'로 바꾼다.
③ ㉢은 상위 항목에 어울리지 않으므로, 'Ⅱ-3'의 하위 항목으로 옮긴다.
④ ㉣은 글의 주제에서 벗어나므로, '기업과 소비자의 의식 전환'으로 바꾼다.
⑤ ㉤은 글 전체의 흐름으로 보아, '그린 IT 운동 확산을 위한 사회 공동의 노력 촉구'로 바꾼다.

10. 다음 글의 내용과 일치하지 않는 것은?

> Sam : OK, Let's get down to business. First, I'd like to welcome everybody to today's meeting. Peter send his apologies for his absence from today's meeting. He is on a business trip. The objective of our meeting today is to brainstorming ideas for more effective sales techniques. That is our target this afternoon. I have a few ideas I'd like to share first, and then we will go around the table and hear other ideas from each person here today. We'll try to keep to ten minutes for the discussion of each idea. That way the meeting won't run too long. And I asked Linda to take minutes for the meeting. So, as background I'd just like to take you through the standard sales techniques in our department.

① Peter는 출장 때문에 모임에 참석하지 못했다.
② 브레인스토밍 방식은 회의를 길게 하지 않을 것이다.
③ 각각의 아이디어에 대해 15분의 시간을 지키도록 노력할 것이다.
④ 모임은 더 효율적인 판매기법에 관한 아이디어를 브레인스토밍 하기 위해 모였다.
⑤ 모임을 위해 린다에게 약간의 시간을 요청했다.

11. 다음은 어느 시민사회단체의 발기 선언문이다. 이 단체에 대해 판단한 내용으로 적절하지 않은 것은?

우리 사회의 경제적 불의는 더 이상 방치할 수 없는 상태에 이르렀다. 도시 빈민가와 농촌에 잔존하고 있는 빈곤은 최소한의 인간적 삶조차 원천적으로 박탈하고 있으며, 경제력을 4 사치와 향락은 근면과 저축의욕을 감퇴시키고 손쉬운 투기와 불로소득은 기업들의 창의력과 투자의욕을 감소시킴으로써 경제성장의 토대가 와해되고 있다. 부익부빈익빈의 극심한 양극화는 국민 간의 균열을 심화시킴으로써 사회 안정 기반이 동요되고 있으며 공공연한 비윤리적 축적은 공동체의 기본 규범인 윤리 전반을 문란케 하여 우리와 우리 자손들의 소중한 삶의 터전인 이 땅을 약육강식의 살벌한 세상으로 만들고 있다.

부동산 투기, 정경유착, 불로소득과 탈세를 공인하는 차명계좌의 허용, 극심한 소득차, 불공정한 노사관계, 농촌과 중소기업의 피폐 및 이 모든 것들의 결과인 부와 소득의 불공정한 분배, 그리고 재벌로의 경제적 집중, 사치와 향락, 환경오염 등 이 사회에 범람하고 있는 경제적 불의를 척결하고 경제정의를 실천함은 이 시대 우리 사회의 역사적 과제이다.

이의 실천이 없이는 경제 성장도 산업 평화도 민주복지 사회의 건설도 한갓 꿈에 불과하다. 이 중에서도 부동산 문제의 해결은 가장 시급한 우리의 당면 과제이다. 인위적으로 생산될 수 없는 귀중한 국토는 모든 국민들의 복지 증진을 위하여 생산과 생활에만 사용되어야 함에도 불구하고 소수의 재산 증식 수단으로 악용되고 있다. 토지 소유의 극심한 편중과 투기화, 그로 인한 지가의 폭등은 국민생활의 근거인 주택의 원활한 공급을 극도로 곤란하게 하고 있을 뿐만 아니라 물가 폭등 및 노사 분규의 격화, 거대한 투기 소득의 발생 등을 초래함으로써 현재 이 사회가 당면하고 있는 대부분의 경제적 사회적 불안과 부정의의 가장 중요한 원인으로 작용하고 있다.

정부 정책에 대한 국민들의 자유로운 선택권이 보장되며 경제적으로 시장 경제의 효율성과 역동성을 살리면서 깨끗하고 유능한 정부의 적절한 개입으로 분배의 편중, 독과점 및 공해 등 시장 경제의 결함을 해결하는 민주복지사회를 실현하여야 한다. 그리고 이것이 자유와 평등, 정의와 평화의 공동체로서 우리가 지향할 목표이다.

① 이 단체는 극빈층을 포함한 사회적 취약계층의 객관적인 생활수준은 향상되었지만 불공정한 분배, 비윤리적 부의 축적 그리고 사치와 향락 분위기 만연으로 상대적 빈곤은 심각해지고 있다고 인식한다.

② 이 단체는 정책 결정 과정이 소수의 특정 집단에 좌우되고 있다고 보고 있으므로, 정책 결정 과정에 국민 다수의 참여 보장을 주장할 가능성이 크다.

③ 이 단체는 윤리 정립과 불의 척결 등의 요소도 경제 성장에 기여할 수 있다고 본다.

④ 이 단체는 '기업의 비사업용 토지소유 제한을 완화하는 정책'에 비판적일 것이다.

⑤ 이 단체는 경제 성장의 조건으로 저축과 기업의 투자 등을 꼽고 있다.

12. 다음은 근로장려금 신청자격 요건에 대한 정부제출안과 국회통과안의 내용이다. 이에 근거하여 옳은 내용은?

요건	정부제출안	국회통과안
총소득	부부의 연간 총소득이 1,700만 원 미만일 것(총소득은 근로소득과 사업소득 등 다른 소득을 합산한 소득)	좌동
부양자녀	다음 항목을 모두 갖춘 자녀를 2인 이상 부양할 것 (1) 거주자의 자녀이거나 동거하는 입양자일 것 (2) 18세 미만일 것(단, 중증장애인은 연령제한을 받지 않음) (3) 연간 소득금액의 합계액이 100만 원 이하일 것	다음 항목을 모두 갖춘 자녀를 1인 이상 부양할 것 (1)~(3) 좌동
주택	세대원 전원이 무주택자일 것	세대원 전원이 무주택자이거나 기준시가 5천만 원 이하의 주택을 한 채 소유할 것
재산	세대원 전원이 소유하고 있는 재산 합계액이 1억 원 미만일 것	좌동
신청제외자	(1) 3개월 이상 국민기초생활보장급여 수급자 (2) 외국인(단, 내국인과 혼인한 외국인은 신청 가능)	좌동

① 정부제출안보다 국회통과안에 의할 때 근로장려금 신청자격을 갖춘 대상자의 수가 더 줄어들 것이다.

② 두 안의 총소득요건과 부양자녀요건을 충족하고, 소유 재산이 주택(5천만 원), 토지(3천만 원), 자동차(2천만 원)인 A는 정부제출안에 따르면 근로장려금을 신청할 수 없지만 국회통과안에 따르면 신청할 수 있다.

③ 소득이 없는 20세 중증장애인 자녀 한 명만을 부양하는 B가 국회통과안에서의 다른 요건들을 모두 충족하고 있다면 B는 국회통과안에 의해 근로장려금을 신청할 수 있다.

④ 총소득, 부양자녀, 주택, 재산 요건을 모두 갖춘 한국인과 혼인한 외국인은 정부제출안에 따르면 근로장려금을 신청할 수 없지만 국회통과안에 따르면 신청할 수 있다.

⑤ 총소득, 부양자녀, 주택, 재산 요건을 모두 갖추었다면, 국민기초생활보장급여 수급 여부와 관계없이 근로장려금을 신청할 수 있다.

13. 한국○○㈜의 대표이사 비서인 甲은 거래처 대표이사가 새로 취임하여 축하장 초안을 작성하고 있다. 다음 축하장에서 밑줄 친 부분의 맞춤법이 바르지 않은 것끼리 묶인 것은?

귀사의 무궁한 번영과 발전을 기원합니다.

이번에 대표이사로 새로 취임하심을 진심으로 기쁘게 생각하며 ⓐ<u>축하드립니다.</u> 이는 탁월한 식견과 그동안의 부단한 노력에 따른 결과라 생각합니다. 앞으로도 저희 한국○○㈜와 ⓑ<u>원할한</u> 협력 관계를 ⓒ<u>공고이</u> 해 나가게 되기를 기대하며, 우선 서면으로 축하 인사를 대신합니다.
ⓓ<u>아무쪼록</u> 건강하시기 바랍니다.

① ⓐ, ⓑ
② ⓐ, ⓒ
③ ⓑ, ⓒ
④ ⓑ, ⓓ
⑤ ⓒ, ⓓ

14. 다음은 □□社에 근무하는 Mr. M. Lee의 출장일정표이다. 옳은 것은?

Monday, January 10 (Seoul to New York)

9:00a.m Leave Incheon Airport on OZ902 for JFK Airport.
9:25a.m Arrive at JFK Airport.
1:00p.m Meeting with Roger Harpers, President, ACF Corporation at Garden Grill.
7:00p.m Dinner Meeting with Joyce Pitt, Consultant, American Business System at Stewart's Restaurant.

Tuesday, January 11 (New York)

9:30a.m Presentation "The Office Environment-Networking" at the National Office Systems Conference, City Conference Center
12:00p.m Luncheon with Raymond Bernard, Vice President, Wilson Automation, Inc., at the Oakdale City Club.

① Mr. M. Lee is going to fly to USA on OZ902.
② Mr. M. Lee will make a presentation at the City Conference Center after lunch.
③ Mr. M. Lee will have a luncheon meeting at Garden Grill on January 11th.
④ Mr. M. Lee will meet Roger Harpers, the day after he arrives in New York.
⑤ Mr. M. Lee will arrive at JFK airport at 9:25a.m. on January 11th Seoul time.

15. 다음은 A공사에 근무하는 김 대리가 작성한 '보금자리주택 특별공급 사전예약 안내문'이다. 자료에 대한 내용으로 옳은 것은?

보금자리주택 특별공급 사전예약이 진행된다. 신청자격은 사전예약 입주자 모집 공고일 현재 미성년(만 20세 미만)인 자녀를 3명 이상 둔 서울, 인천, 경기도 등 수도권 지역에 거주하는 무주택 가구주에게 있다. 청약저축통장이 필요 없고, 당첨자는 배점기준표에 의한 점수 순에 따라 선정된다. 특히 자녀가 만 6세 미만 영유아일 경우, 2명 이상은 10점, 1명은 5점을 추가로 받게 된다.

총점은 가산점을 포함하여 90점 만점이며 배점기준은 다음 〈표〉와 같다.

배점요소	배점기준	점수
미성년 자녀수	4명 이상	40
	3명	35
가구주 연령, 무주택 기간	가구주 연령이 만 40세 이상이고, 무주택 기간 5년 이상	20
	가구주 연령이 만 40세 미만이고, 무주택 기간 5년 이상	15
	무주택 기간 5년 미만	10
당해 시·도 거주기간	10년 이상	20
	5년 이상~10년 미만	15
	1년 이상~5년 미만	10
	1년 미만	5

※ 다만 동점자인 경우 ① 미성년 자녀수가 많은 자, ② 미성년 자녀수가 같을 경우, 가구주의 연령이 많은 자 순으로 선정한다.

① 가장 높은 점수를 받을 수 있는 배점요소는 '가구주 연령, 무주택 기간'이다.
② 사전예약 입주자 모집 공고일 현재 22세, 19세, 16세, 5세의 자녀를 둔 서울 거주 무주택 가구주 甲은 신청자격이 있다.
③ 보금자리주택 특별공급 사전예약에는 청약저축통장이 필요하다.
④ 배점기준에 따른 총점이 동일하고 미성년 자녀수가 같다면, 미성년 자녀의 평균 연령이 더 많은 자 순으로 선정한다.
⑤ 사전예약 입주자 모집 공고일 현재 9세 자녀 1명과 5세 자녀 쌍둥이를 둔 乙은 추가로 5점을 받을 수 있다.

16. 다음 문맥상 ㉠과 바꾸어 쓸 수 있는 단어를 탐구한 내용으로 가장 적절한 것은?

옛날 독서하는 사람에게는 다섯 가지 방법이 있었다. 첫 번째 방법은 박학(博學)이다. 곧 두루 혹은 널리 배운다는 것이다. 두 번째 방법은 심문(審問)이다. 곧 자세히 묻는다는 것이다. 세 번째 방법은 신사(愼思)로서 신중하게 생각한다는 것이다. 네 번째 방법은 명변(明辯)인데 명백하게 분별한다는 것이다. 마지막 다섯 번째 방법은 독행(篤行)으로 곧 진실한 마음으로 성실하게 실천한다는 것이다.

그런데 오늘날 독서하는 사람은 두루 혹은 널리 배운다는 박학에만 집착할 뿐 심문을 비롯한 네 가지 방법에 대해서는 관심조차 두지 않는다. 또한 한나라 시대 유학자의 학설이라면 그 요점과 본줄기도 따져 보지 않고, 그 끝맺는 취지도 ㉠살피지 않은 채 오로지 한마음으로 믿고 추종한다. 이 때문에 가깝게는 마음을 다스리고 성품을 찾을 생각은 하지도 않고, 멀게는 세상을 올바르게 인도하고 백성을 잘 다스리는 일에 대해서는 관심조차 두지 않는다. 오로지 자신만이 널리 듣고 많이 기억하며, 시나 문장을 잘 짓고 논리나 주장을 잘 펼치는 것을 자랑삼아 떠벌리면서 '세상은 고루하다'고 비웃고 다닌다.

① 한 곳을 똑바로 바라본다는 뜻이니 '응시(凝視)하지'로 바꿀 수 있겠군.

② 생각하고 헤아려 본다는 뜻이니 '고려(考慮)하지'로 바꿀 수 있겠군.

③ 자기의 마음을 반성하고 살핀다는 뜻이니 '성찰(省察)하지'로 바꿀 수 있겠군.

④ 일을 해결할 수 있는 방법을 찾는다는 뜻이니 '모색(摸索)하지'로 바꿀 수 있겠군.

⑤ 사물이나 현상을 주의하여 자세히 살펴본다는 뜻이니 '관찰(觀察)하지'로 바꿀 수 있겠군.

17. 다음은 광고회사에 다니는 甲이 '광고의 표현 요소에 따른 전달 효과'라는 주제로 발표한 발표문이다. 甲이 활용한 매체 자료에 대한 설명으로 적절하지 않은 것은?

저는 오늘 광고의 표현 요소에 따른 전달 효과에 대해 말씀드리겠습니다. 발표에 앞서 제가 텔레비전 광고 한 편을 보여 드리겠습니다. (광고를 보여 준 후) 의미가 강렬하게 다가오지 않나요? 어떻게 이렇게 짧은 광고에서 의미가 잘 전달되는 것일까요?

광고는 여러 가지 표현 요소를 활용하여 효과적으로 의미를 전달합니다. 이러한 요소에는 음향, 문구, 사진 등이 있습니다. 이 중 우리 회사 직원들은 어떤 요소가 가장 전달 효과가 높다고 생각하는지 설문 조사를 해 보았는데요, 그 결과를 그래프로 보여 드리겠습니다. 3위는 음향이나 음악 같은 청각적 요소, 2위는 광고 문구, 1위는 사진이나 그림 같은 시각적 요소였습니다. 그래프로 보니 1위의 응답자 수가 3위보다 두 배가량 많다는 것을 한눈에 볼 수 있네요. 그러면 각 요소의 전달 효과에 대해 살펴볼까요?

먼저 청각적 요소의 효과를 알아보기 위해 음향을 들려 드리겠습니다. (자동차 엔진 소리와 급정거 소음, 자동차 부딪치는 소리) 어떠세요? 무엇을 전달하려는지 의미는 정확하게 알 수 없지만 상황은 생생하게 느껴지시지요?

이번에는 광고 문구의 효과에 대해 설명드리겠습니다. 화면에 '안전띠를 매는 습관, 생명을 지키는 길입니다.'라고 쓰여 있네요. 이렇게 광고 문구는 우리에게 광고의 내용과 의도를 직접적으로 전달해 줍니다.

끝으로 시각적 요소의 효과에 대해 설명드리겠습니다. 이 광고의 마지막 장면은 포스터로도 제작되었는데요. 이 포스터를 함께 보시지요. 포스터를 꽉 채운 큰 한자는 '몸 신' 자네요. 마지막 획을 안전띠 모양으로 만들어서 오른쪽 위에서 왼쪽 아래까지 '몸 신' 자 전체를 묶어 주고 있는 것이 보이시죠? 이 포스터는 안전띠가 몸을 보호해 준다는 의미를 참신하고 기발하게 표현한 것입니다. 이렇게 광고를 통해 전달하려는 의도가 시각적 이미지로 표현될 때 더 인상적으로 전달됨을 알 수 있습니다.

여러분도 인터넷에서 다른 광고들을 찾아 전달 효과를 분석해 보시기 바랍니다. 이상 발표를 마치겠습니다.

① 동영상을 활용하여 청중의 흥미를 유발하고 있다.

② 그래프를 활용하여 설문 조사 결과를 효과적으로 제시하고 있다.

③ 음향을 활용하여 광고 속 상황을 실감이 나도록 전달하고 있다.

④ 포스터를 활용하여 시각적 요소의 효과에 대해 설명하고 있다.

⑤ 인터넷을 활용하여 다양한 자료 검색 방법을 알려 주고 있다.

구분	계약자	계약기간	수량	계약방법
조례시설물	580	–	–	–
음료수 자판기	4명	13.12.23~ 19.01.20	4역 4조	공모 추첨
	9명	14.03.01~ 19.02.28	9역 9조	
	215명	14.10.01~ 19.09.30	112역 215조	
	185명	15.07.25~ 20.08.09	137역 185조	
	5명	14.03.01~ 19.02.28	5역 5대	
통합 판매대	5명	14.03.01~ 19.02.28	5역 5대	
	90명	14.10.01~ 19.09.30	60역 90대	
	40명	15.07.26~ 20.08.09	34역 40대	
스낵 자판기	25명	13.12.23~ 19.01.20	24역 25대	
	3명	15.08.03~ 20.08.09	3역 3대	
일반시설물	7명	–	5종 1219대	–
현금 인출기	㈜○○러스	16.01.22~ 21.01.21	114역 228대	공개 경쟁 입찰
	㈜○○링크	13.04.29~ 18.07.28	155역 184대	
위생용품 자동판매기	㈜○○실업	13.10.14~ 18.10.31	117역 129대	
		14.06.30~ 19.08.29	144역 149대	
스낵 자판기	㈜○○시스	14.01.02~ 19.01.01	106역 184대	
자동칼라 사진기	㈜○○양행	17.07.10~ 20.06.01	91역 91대	
		15.03.02~ 20.06.01	100역 100대	
무인택배 보관함	㈜○○새누	12.03.06~ 17.12.31	98역 154개소	
물품보관 ·전달함	㈜○○박스	15.11.10~1 8.11.09	151역 157개소	협상에 의한 계약

18. 공모추첨을 통해 계약한 시설물 중 가장 많은 계약자를 기록하고 있는 시설물은?

① 조례시설물　　　　② 음료수자판기

③ 통합판매대　　　　④ 스낵자판기

⑤ 일반시설물

19. 2019년에 계약이 만료되는 계약자는 총 몇 명인가? (단, 단일 계약자는 제외한다.)

① 353　　　　　　② 368

③ 371　　　　　　④ 385

⑤ 392

20. 다음은 수입예산에 관한 자료이다. 잡이익이 이자수익의 2배일 때, ㉠은 ㉡의 몇 배에 해당하는가? (단, 소수 첫 번째 자리에서 반올림한다.)

〈수입예산〉

(단위 : 백만 원)

구분		예산
총 합계		(㉠)
영업 수익	합계	2,005,492
	운수수익	1,695,468
	광고료 등 부대사업수익	196,825
	기타사용료 등 기타영업수익	88,606
	대행사업수익	24,593
영업 외 수익	합계	
	이자수익	(㉡)
	임대관리수익	2,269
	불용품매각수익	2,017
	잡이익	7,206

① 555배　　　　　　② 557배

③ 559배　　　　　　④ 561배

⑤ 563배

21. 어떤 이동 통신 회사에서는 휴대폰의 사용 시간에 따라 매월 다음과 같은 요금 체계를 적용한다고 한다.

요금제	기본 요금	무료 통화	사용 시간(1분)당 요금
A	10,000원	0분	150원
B	20,200원	60분	120원
C	28,900원	120분	90원

예를 들어, B요금제를 사용하여 한 달 동안의 통화 시간이 80분인 경우 사용 요금은 다음과 같이 계산한다.

$$20,200 + 120 \times (80 - 60) = 22,600 \text{ 원}$$

B요금제를 사용하는 사람이 A요금제와 C요금제를 사용할 때 보다 저렴한 요금을 내기 위한 한 달 동안의 통화 시간은 a분 초과 b분 미만이다. 이때, $b - a$의 **최댓값은?** (단, 매월 총 사용 시간은 분 단위로 계산한다.)

① 70
② 80
③ 90
④ 100
⑤ 110

22. 둘레가 6km인 공원을 영수와 성수가 같은 장소에서 동시에 출발하여 같은 방향으로 돌면 1시간 후에 만나고, 반대 방향으로 돌면 30분 후에 처음으로 만난다고 한다. 영수가 성수보다 걷는 속도가 빠르다고 할 때, 영수가 걷는 속도는?

① 5km/h
② 6km/h
③ 7km/h
④ 8km/h
⑤ 9km/h

23. 어느 인기 그룹의 공연을 준비하고 있는 기획사는 다음과 같은 조건으로 총 1,500장의 티켓을 판매하려고 한다. 티켓 1,500장을 모두 판매한 금액이 6,000만 원이 되도록 하기 위해 판매해야 할 S석 티켓의 수를 구하면?

> ㈎ 티켓의 종류는 R석, S석, A석 세 가지이다.
> ㈏ R석, S석, A석 티켓의 가격은 각각 10만 원, 5만 원, 2만 원이고, A석 티켓의 수는 R석과 S석 티켓의 수의 합과 같다.

① 450장
② 600장
③ 750장
④ 900장
⑤ 1,050장

24. 3개월의 인턴기간 동안 업무평가 점수가 가장 높았던 甲, 乙, 丙, 丁 네 명의 인턴에게 성과급을 지급했다. 제시된 조건에 따라 성과급은 甲 인턴부터 丁 인턴까지 차례로 지급되었다고 할 때, 네 인턴에게 지급된 성과급 총액은 얼마인가?

> • 甲 인턴은 성과급 총액의 1/3보다 20만 원 더 받았다.
> • 乙 인턴은 甲 인턴이 받고 남은 성과급의 1/2보다 10만 원을 더 받았다.
> • 丙 인턴은 乙 인턴이 받고 남은 성과급의 1/3보다 60만 원을 더 받았다.
> • 丁 인턴은 丙 인턴이 받고 남은 성과급의 1/2보다 70만 원을 더 받았다.

① 860만 원
② 900만 원
③ 940만 원
④ 960만 원
⑤ 1,020만 원

25. 다음 〈그림〉은 연도별 연어의 포획량과 회귀율을 나타낸 것이다. 이에 대한 설명 중 옳지 않은 것은?

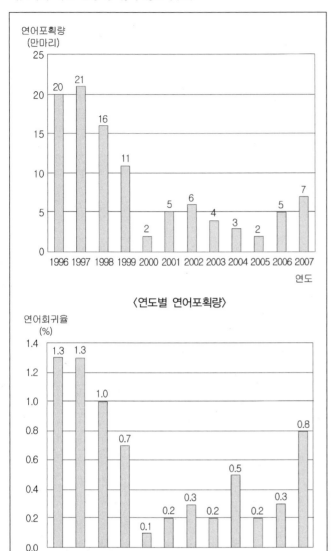

〈연도별 연어포획량〉

〈연도별 연어회귀율〉

$$ ※ \ 연어회귀율(\%) = \frac{당해년도 \ 포획량}{3년전 \ 방류량} \times 100 $$

① 1999년도와 2000년도의 연어방류량은 동일하다.
② 연어포획량이 가장 많은 해와 가장 적은 해의 차이는 20만 마리를 넘지 않는다.
③ 연어회귀율은 증감을 거듭하고 있다.
④ 2004년도 연어방류량은 1,500만 마리가 넘는다.
⑤ 2000년도는 연어포획량이 가장 적고, 연어회귀율도 가장 낮다.

26. 다음은 X공기업의 팀별 성과급 지급 기준이다. Y팀의 성과평가 결과가 〈보기〉와 같다면 3/4 분기에 지급되는 성과급은?

- 성과급 지급은 성과평가 결과와 연계함
- 성과평가는 유용성, 안전성, 서비스 만족도의 총합으로 평가함. 단, 유용성, 안전성, 서비스 만족도의 가중치를 각각 0.4, 0.4, 0.2로 부여함
- 성과평가 결과를 활용한 성과급 지급 기준

성과평가 점수	성과평가 등급	분기별 성과급 지급액	비고
9.0 이상	A	100만 원	성과평가 등급이 A이면 직전 분기 차감액의 50%를 가산하여 지급
8.0 이상 9.0 미만	B	90만 원(10만 원 차감)	
7.0 이상 8.0 미만	C	80만 원(20만 원 차감)	
7.0 미만	D	40만 원(60만 원 차감)	

〈보기〉				
구분	1/4 분기	2/4 분기	3/4 분기	4/4 분기
유용성	8	8	10	8
안전성	8	6	8	8
서비스 만족도	6	8	10	8

① 130만 원
② 120만 원
③ 110만 원
④ 100만 원
⑤ 90만 원

| 27~28 | 다음은 수도권 지하철역에서 제공하고 있는 유아수유실 현황에 관한 자료이다. 물음에 답하시오.

〈유아수유실 현황〉

○ 1호선

역명	역명
종로3가(1)역	동대문역

○ 2호선

역명	역명
시청역	성수역
강변역	잠실역
삼성역	강남역
신림역	대림역
신촌역	영등포구청역
신설동역	

○ 3호선

역명	역명
구파발역	독립문역
옥수역	고속터미널역
양재역	도곡역

○ 4호선

역명	역명
노원역	미아사거리역
길음역	동대문역사문화공원역
서울역	이촌역
사당역	

○ 5호선

역명	역명
김포공항역	우장산역
까치산역	목동역
영등포구청역	신길역
여의도역	여의나루역
충정로역	광화문역
동대문역사문화공원역	청구역
왕십리역	답십리역
군자역	아차산역
천호역	강동역
고덕역	올림픽공원역
거여역	

○ 6호선

역명	역명
응암역	불광역
월드컵경기장역	합정역
대흥역	공덕역
삼각지역	이태원역
약수역	상월곡역
동묘앞역	안암역

○ 7호선

역명	역명
수락산역	노원역
하계역	태릉입구역
상봉역	부평구청역
어린이대공원역	뚝섬유원지역
논현역	고속터미널역
이수역	대림역
가산디지털단지역	광명사거리역
온수역	까치울역
부천종합운동장역	춘의역
신중동역	부천시청역
상동역	삼산체육관역
굴포천역	

○ 8호선

역명	역명
모란역	몽촌토성역
잠실역	가락시장역
장지역	남한산성입구역

※ 해당 역에 하나의 유아수유실을 운영 중이다.

27. 다음 중 2호선 유아수유실이 전체에서 차지하는 비율은?

① 10.5% ② 11.5%

③ 12.5% ④ 13.5%

⑤ 14.5%

28. 다음 중 가장 많은 유아수유실을 운영 중인 지하철 호선 ㉮와 가장 적은 유아수유실을 운영 중인 지하철 호선 ㉯로 적절한 것은?

	㉮	㉯		㉮	㉯
①	7호선	1호선	②	6호선	2호선
③	5호선	3호선	④	4호선	4호선
⑤	3호선	5호선			

29. 다음은 프로야구 선수 Y의 타격기록이다. 이에 대한 설명으로 옳은 것을 고르면?

연도	소속 구단	타율	출전 경기수	타수	안타 수	홈런 수	타점	4사 구수	장타율
1993	A	0.341	106	381	130	23	90	69	0.598
1994	A	0.300	123	427	128	19	87	63	0.487
1995	A	0.313	125	438	137	20	84	83	0.532
1996	A	0.346	126	436	151	28	87	88	0.624
1997	A	0.328	126	442	145	30	98	110	0.627
1998	A	0.342	126	456	156	27	89	92	0.590
1999	B	0.323	131	496	160	21	105	87	0.567
2000	C	0.313	117	432	135	15	92	78	0.495
2001	C	0.355	124	439	156	14	92	81	0.510
2002	A	0.276	132	391	108	14	50	44	0.453
2003	A	0.329	133	490	161	33	92	55	0.614
2004	A	0.315	133	479	151	28	103	102	0.553
2005	A	0.261	124	394	103	13	50	67	0.404
2006	A	0.303	126	413	125	13	81	112	0.477
2007	A	0.337	123	442	149	22	72	98	0.563

① 1997~2002년 중 Y선수의 장타율이 높을수록 4사구도 많았다.
② 1997~2007년 중 Y선수의 타율이 0.310 이하인 해는 4번 있었다.
③ 전체 기간 중 Y선수는 타율이 가장 높은 해에 B구단에 속해 있었다.
④ 2000년 이전까지 볼 때, Y선수는 출전 경기수가 가장 많은 해에 가장 많은 홈런을 기록했다.
⑤ 전체 기간 중 Y선수의 타수와 안타수는 증감 추이가 동일하다.

30. 다음은 2015~2017년도의 지방자치단체 재정력지수에 대한 자료이다. 매년 지방자치단체의 기준재정수입액이 기준재정수요액에 미치지 않는 경우, 중앙정부는 그 부족분만큼의 지방교부세를 당해년도에 지급한다고 할 때, 3년간 지방교부세를 지원받은 적이 없는 지방자치단체는 모두 몇 곳인가? (단, 재정력지수 = $\dfrac{\text{기준재정수입액}}{\text{기준재정수요액}}$)

연도 지방 자치단체	2005	2006	2007	평균
서울	1.106	1.088	1.010	1.068
부산	0.942	0.922	0.878	0.914
대구	0.896	0.860	0.810	0.855
인천	1.105	0.984	1.011	1.033
광주	0.772	0.737	0.681	0.730
대전	0.874	0.873	0.867	0.871
울산	0.843	0.837	0.832	0.837
경기	1.004	1.065	1.032	1.034
강원	0.417	0.407	0.458	0.427
충북	0.462	0.446	0.492	0.467
충남	0.581	0.693	0.675	0.650
전북	0.379	0.391	0.408	0.393
전남	0.319	0.330	0.320	0.323
경북	0.424	0.440	0.433	0.432
경남	0.653	0.642	0.664	0.653

① 0곳   ② 1곳
③ 2곳   ④ 3곳
⑤ 5곳

31. 다음은 ○○그룹의 1997년도와 2008년도 7개 계열사의 영업이익률이다. 자료 분석 결과로 옳은 것은?

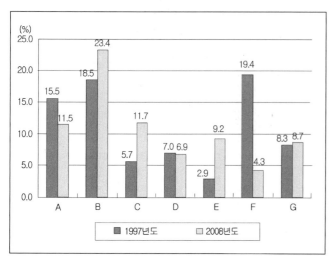

① B계열사의 2008년 영업이익률은 나머지 계열사의 영업이익률의 합보다 많다.

② 1997년도에 가장 높은 영업이익률을 낸 계열사는 2008년에도 가장 높은 영업이익률을 냈다.

③ 2008년 G계열사의 영업이익률은 1997년 E계열사의 영업이익률의 2배가 넘는다.

④ 7개 계열사 모두 1997년 대비 2008년의 영업이익률이 증가하였다.

⑤ 1997년과 2008년 모두 영업이익률이 10%을 넘은 계열사는 3곳이다.

32. 다음은 푸르미네의 에너지 사용량과 연료별 탄소배출량 및 수종(樹種)별 탄소흡수량을 나타낸 것이다. 푸르미네 가족의 월간 탄소배출량과 나무의 월간 탄소흡수량을 같게 하기 위한 나무의 올바른 조합을 고르면?

■ 푸르미네의 에너지 사용량

연료	사용량
전기	420kWh/월
상수도	40m³/월
주방용 도시가스	60m³/월
자동차 가솔린	160ℓ/월

■ 연료별 탄소배출량

연료	탄소배출량
전기	0.1kg/kWh
상수도	0.2kg/m³
주방용 도시가스	0.3kg/m³
자동차 가솔린	0.5kg/ℓ

■ 수종별 탄소흡수량

수종	탄소흡수량
소나무	14kg/그루·월
벚나무	6kg/그루·월

① 소나무 4그루와 벚나무 12그루

② 소나무 6그루와 벚나무 9그루

③ 소나무 7그루와 벚나무 10그루

④ 소나무 8그루와 벚나무 6그루

⑤ 소나무 9그루와 벚나무 4그루

33. 다음은 A~E 5대의 자동차별 속성과 연료 종류별 가격에 관한 자료이다. 동일한 거리를 운행하는 데에 연료비가 가장 많이 드는 자동차는?

■ 자동차별 속성

특성 자동차	사용연료	최고시속(km/h)	연비 (km/l)	연료탱크용량 (l)
A	휘발유	200	10	60
B	LPG	160	8	60
C	경유	150	12	50
D	휘발유	180	20	45
E	경유	200	8	50

■ 연료 종류별 가격

연료 종류	리터당 가격(원/l)
휘발유	1,700
LPG	1,000
경유	1,500

① A ② B
③ C ④ D
⑤ E

35. 다음 제시된 조건을 보고, 만일 영호와 옥숙을 같은 날 보낼 수 없다면, 목요일에 보내야 하는 남녀사원은 누구인가?

영업부의 박 부장은 월요일부터 목요일까지 매일 남녀 각 한 명씩 두 사람을 회사 홍보 행사 담당자로 보내야 한다. 영업부에는 현재 남자 사원 4명(길호, 철호, 영호, 치호)과 여자 사원 4명(영숙, 옥숙, 지숙, 미숙)이 근무하고 있으며, 다음과 같은 제약 사항이 있다.

㉠ 매일 다른 사람을 보내야 한다.
㉡ 치호는 철호 이전에 보내야 한다.
㉢ 옥숙은 수요일에 보낼 수 없다.
㉣ 철호와 영숙은 같이 보낼 수 없다.
㉤ 영숙은 지숙과 미숙 이후에 보내야 한다.
㉥ 치호는 영호보다 앞서 보내야 한다.
㉦ 옥숙은 지숙 이후에 보내야 한다.
㉧ 길호는 철호를 보낸 바로 다음 날 보내야 한다.

① 길호와 영숙
② 영호와 영숙
③ 치호와 옥숙
④ 길호와 옥숙
⑤ 영호와 미숙

34. 다음은 ○○시의 시장선거에서 응답자의 종교별 후보지지 설문조사 결과이다. ㈎와 ㈏ 값은? (단, ㈎와 ㈏의 응답자 수는 같다)

(단위 : 명)

응답자의 종교 후보	불교	개신교	가톨릭	기타	합
A	130	㈎	60	300	( )
B	260	( )	30	350	740
C	( )	㈏	45	300	( )
D	65	40	15	( )	( )
계	650	400	150	1,000	2,200

① 130 ② 140
③ 150 ④ 160
⑤ 170

36. '다음 제시된 글에 나타난 문제인식은?

우리나라 국민 10명 가운데 9명은 저출산 현상을 심각하게 보고 있고, 이 중 3명은 저출산이 사회에 끼치는 영향력이 매우 클 것으로 예상하는 것으로 나타났다.

저출산·고령화에 대한 설문조사에 따르면, 참여자 가운데 87.4%가 우리나라 저출산 현상에 대해 '심각하다'고 답했다. '매우 심각하다'는 응답은 24.8%, '어느 정도 심각하다'는 62.6%였다.

저출산의 주된 원인은 '결혼 후 발생하는 비용의 부담'이 31.2%로 가장 많았다. 그 다음으로 '취업난 또는 고용불안정성' 19.5%, '일·가정 양립이 어려운 사회문화' 18.1%, '부족한 소득' 13.1%, '여성위주의 육아 및 가사부담' 10.3% 순으로 조사됐다.

출산과 육아에 대한 사회적 분위기 역시 영향을 미친 것으로 보인다. '출산으로 휴가를 낼 때 직장 상사 및 동료들에게 눈치가 보인다'는 응답이 76.6%로 많았고, '육아휴직을 낼 때 직장 상사 및 동료들에게 눈치가 보인다'는 응답 역시 72.2%로 많았다.

① 저출산 문제의 대책
② 저출산 문제의 인식개선
③ 저출산 문제의 심각성
④ 저출산 문제와 인구 고령화
⑤ 저출산 문제의 정책 변화

37. 다음 글에 나타난 문제해결의 장애요소는?

최근 A사의 차량이 화재가 나는 사고가 연달아 일어나고 있다. 현재 리콜 대상 차량은 10만여 대로 사측은 전국의 서비스 업체에서 안전진단을 통해 불편을 해소하는 데에 최선을 다하겠다고 말했다. A사 대표는 해당 서비스를 24시간 확대 운영은 물론 예정되어 있던 안전진단도 단기간에 완료하겠다고 입장을 밝혔다. 덕분에 서비스센터 현장은 여름휴가 기간과 겹쳐 일반 서비스 차량과 리콜 진단 차량까지 전쟁터를 방불케 했다. 그러나 안전진단은 결코 답이 될 수 없다는 게 전문가들의 의견이다. 문제가 되는 해당 부품이 개선된 제품으로 교체되어야만 해결할 수 있는 사태이고, 개선된 제품은 기본 20여 일이 걸려 한국에 들어올 수 있기 때문에 이 사태가 잠잠해지기까지는 상당한 시간이 걸린다는 것이다. 또한 단순 안전진단만으로는 리콜이 시작되기 전까지 오히려 고객들의 불안한 마음만 키울 수 있어 이를 해결할 확실한 대안이 필요하다고 지적했다.

① 실질적 대안이 아닌 고객 달래기식 대응을 하고 있다.
② 해결책을 선택하는 타당한 이유를 마련하지 못하고 있다.
③ 선택한 해결책을 실행하기 위한 계획을 수립하지 못하고 있다.
④ 중요한 의사결정 인물이나 문제에 영향을 받게 되는 구성원을 참여시키지 않고 있다.
⑤ 개인이나 팀이 통제할 수 있거나 영향력을 행사할 수 있는 범위를 넘어서는 문제를 다루고 있다.

38. 다음은 SWOT에 대한 설명이다. 다음 중 시장의 위협을 회피하기 위해 강점을 사용하는 전략의 예로 적절한 것은?

〈SWOT 분석〉

SWOT분석이란 기업의 환경 분석을 통해 마케팅 전략을 수립하는 기법이다. 조직 내부 환경으로는 조직이 우위를 점할 수 있는 강점(Strength), 조직의 효과적인 성과를 방해하는 자원·기술·능력면에서의 약점(Weakness), 조직 외부 환경으로는 조직 활동에 이점을 주는 기회(Opportunity), 조직 활동에 불이익을 미치는 위협(Threat)으로 구분된다.

		내부환경요인	
		강점 (Strength)	약점 (Weakness)
외부환경요인	기회 (Opportunity)	SO	WO
	위협 (Threat)	ST	WT

① 세계적인 유통라인을 내세워 개발도상국으로 사업을 확장한다.
② 저가 정책으로 마진이 적지만 인구 밀도에 비해 대형마트가 부족한 도시에 진출한다.
③ 부품의 10년 보증 정책을 통해 대기업의 시장 독점을 이겨낸다.
④ 고가의 연구비를 타사와 제휴를 통해 부족한 정부 지원을 극복한다.
⑤ 친환경적 장점을 내세워 관련 법령에 해당하는 정부 지원을 받는다.

〈김치에 대한 잦은 질문〉

구분	확인 사항
김치가 얼었어요.	• 김치 종류, 염도에 따라 저장하는 온도가 다르므로 김치의 종류를 확인하여 주세요. • 저염김치나 물김치류는 얼기 쉬우므로 '김치저장-약냉'으로 보관하세요.
김치가 너무 빨리 시어요.	• 저장 온도가 너무 높지 않은지 확인하세요. 저염김치의 경우는 낮은 온도에서는 얼 수 있으므로 빨리 시어지더라도 '김치저장-약냉'으로 보관하세요. • 김치를 담글 때 양념을 너무 많이 넣으면 빨리 시어질 수 있습니다.
김치가 변색되었어요.	• 김치를 담글 때 물빼기가 덜 되었거나 숙성되며 양념이 어우러지지 않아 발생할 수 있습니다. • 탈색된 김치는 효모 등에 의한 것이므로 걷어내고, 김치 국물에 잠기도록 하여 저장하세요.
김치 표면에 하얀 것이 생겼어요.	• 김치 표면이 공기와 접촉하면서 생길 수 있으므로 보관 시 공기가 닿지 않도록 우거지를 덮고 소금을 뿌리거나 위생비닐로 덮어 주세요. • 김치를 젖은 손으로 꺼내지는 않으시나요? 외부 수분이 닿을 경우에도 효모가 생길 수 있으니 마른 손 혹은 위생장갑을 사용해 주시고, 남은 김치는 꾹꾹 눌러 국물에 잠기도록 해주세요. • 효모가 생긴 상태에서 그대로 방치하면 더 번질 수 있으며, 김치를 무르게 할 수 있으므로 생긴 부분은 바로 제거해 주세요. • 김치냉장고에서도 시간이 경과하면 발생할 수 있습니다.
김치가 물러졌어요.	• 물빼기가 덜 된 배추를 사용할 경우 혹은 덜 절여진 상태에서 공기에 노출되거나 너무 오래절일 경우 발생할 수 있습니다. 저염 김치의 경우에서 빈번하게 발생하므로 적당히 간을 하는 것이 좋습니다. 또한 설탕을 많이 사용할 경우에도 물러질 수 있습니다. • 무김치의 경우는 무를 너무 오래 절이면 무에서 많은 양의 수분이 빠져나오게 되어 물러질 수 있습니다. 절임 시간은 1시간을 넘지 않도록 하세요. • 김치 국물에 잠긴 상태에서 저장하는 것이 중요합니다. 특히 저염 김치의 경우는 주의해주세요.
김치에서 이상한 냄새가 나요.	• 초기에 마늘, 젓갈 등의 양념에 의해 발생할 수 있으나 숙성되면서 점차 사라질 수 있습니다. 마늘, 양파, 파를 많이 넣으면 노린내나 군덕내가 날 수 있으니 적당히 넣어 주세요. • 발효가 시작되지 않은 상태에서 김치냉장고에 바로 저장할 경우 발생할 수 있습니다. • 김치가 공기와 많이 접촉했거나 시어지면서 생기는 효모가 원인이 될 수 있습니다. • 김치를 담근 후 공기와의 접촉을 막고, 김치를 약간 맛들인 상태에서 저장하면 예방할 수 있습니다.
김치에서 쓴맛이 나요.	• 김치가 숙성되기 전에 나타날 수 있는 현상으로, 숙성되면 줄거나 사라질 수 있습니다. • 품질이 좋지 않은 소금이나 마그네슘 함량이 높은 소금으로 배추를 절였을 경우에도 쓴맛이 날 수 있습니다. • 열무김치의 경우, 절인 후 씻으면 쓴맛이 날 수 있으므로 주의하세요.
배추에 양념이 잘 배지 않아요.	• 김치를 담근 직후 바로 낮은 온도에 보관하면 양념이 잘 배지 못하므로 적당한 숙성을 거쳐 보관해 주세요.

39. 다음 상황에 적절한 확인 사항으로 보기 어려운 것은?

> 나영씨는 주말에 김치냉장고에서 김치를 꺼내고는 이상한 냄새에 얼굴을 찌푸렸다. 담근지 세 달 정도 지났는데도 잘 익은 김치냄새가 아닌 꿉꿉한 냄새가 나서 어떻게 처리해야 할지 고민이다.

① 초기에 마늘, 양파, 파를 많이 넣었는지 확인한다.
② 발효가 시작되지 않은 상태에서 김치냉장고에 바로 넣었는지 확인한다.
③ 김치가 공기와 많이 접촉했는지 확인한다.
④ 김치를 젖은 손으로 꺼냈는지 확인한다.
⑤ 시어지면서 생기는 효모가 원인인지 확인한다.

40. 위 매뉴얼을 참고하여 확인할 수 없는 사례는?

① 쓴 맛이 나는 김치
② 양념이 잘 배지 않는 배추
③ 김치의 나트륨 문제
④ 물러진 김치
⑤ 겉면에 하얀 것이 생긴 김치

41. 6명이 원탁에 앉아 식사를 하고 있다. (가)의 오른쪽으로 한 사람 걸러 (나)가 앉아 있고, (다)의 맞은편에 (바)가 앉아 있다. (마)의 오른쪽 한 사람 걸러 (라)가 앉아 있다면 (가)의 맞은편에 앉아 있는 사람은?

① (나) ② (다)

③ (라) ④ (마)

⑤ (바)

42. A, B, C, D, E, F가 달리기 경주를 하여 보기와 같은 결과를 얻었다. 1등부터 6등까지 순서대로 나열한 것은?

> ㉠ A는 D보다 먼저 결승점에 도착하였다.
> ㉡ E는 B보다 더 늦게 도착하였다.
> ㉢ D는 C보다 먼저 결승점에 도착하였다.
> ㉣ B는 A보다 더 늦게 도착하였다.
> ㉤ E가 F보다 더 앞서 도착하였다.
> ㉥ C보다 먼저 결승점에 들어온 사람은 두 명이다.

① A − D − C − B − E − F

② A − D − C − E − B − F

③ F − E − B − C − D − A

④ B − F − C − E − D − A

⑤ C − D − B − E − F − A

43. A, B, C, D, E 5명의 입사성적을 비교하여 높은 순서로 순번을 매겼더니 다음과 같은 사항을 알게 되었다. 입사성적이 두 번째로 높은 사람은?

> • 순번 상 E의 앞에는 2명 이상의 사람이 있고 C보다는 앞이었다.
> • D의 순번 바로 앞에는 B가 있다.
> • A의 순번 뒤에는 2명이 있다.

① A ② B

③ C ④ D

⑤ E

44. 甲그룹은 A~G의 7개 지사를 가지고 있다. 아래에 제시된 조건에 따라, A에서 가장 멀리 떨어진 지사는? (단, 모든 지사는 동일 평면상에 있으며, 지사의 크기는 고려하지 않는다)

> • E, F, G는 순서대로 정남북 방향으로 일직선상에 위치하며, B는 C로부터 정동쪽으로 250km 떨어져 있다.
> • C는 A로부터 정남쪽으로 150km 떨어져 있다.
> • D는 B의 정북쪽에 있으며, B와 D 간의 거리는 A와 C 간의 거리보다 짧다.
> • E와 F 간의 거리는 C와 D 간의 직선거리와 같다.
> • G는 D로부터 정동쪽으로 350km 거리에 위치해 있으며, A의 정동쪽에 위치한 지사는 F가 유일하다.

① B ② D

③ E ④ F

⑤ G

45. 다음은 □□전자의 스마트폰 사용에 관한 조사 설계의 일부분이다. 본 설문조사의 목적으로 가장 적합하지 않은 것은?

> 1. 조사 목적
>
> ┌─────────────────────────────┐
> └─────────────────────────────┘
>
> 2. 과업 범위
> ① 조사 대상 : 서울과 수도권에 거주하고 있으며 최근 5년 이내에 스마트폰 변경 이력이 있고, 향후 1년 이내에 스마트폰 변경 의향이 있는 만 20~30세의 성인 남녀
> ② 조사 방법 : 구조화된 질문지를 이용한 온라인 조사
> ③ 표본 규모 : 총 1,000명
>
> 3. 조사 내용
> ① 시장 환경 파악 : 스마트폰 시장 동향 (사용기기 브랜드 및 가격, 기기사용 기간 등)
> ② 과거 스마트폰 변경 현황 파악 : 변경 횟수, 변경 사유 등
> ③ 향후 스마트폰 변경 잠재 수요 파악 : 변경 사유, 선호 브랜드, 변경 예산 등
> ④ 스마트폰 구매자를 위한 개선 사항 파악 : 스마트폰 구매자를 위한 요금할인, 사은품 제공 등 개선 사항 적용 시 스마트폰 변경 의향
> ⑤ 배경정보 파악 : 인구사회학적 특성 (연령, 성별, 거주 지역 등)
>
> 4. 결론 및 기대효과

① 스마트폰 구매자를 위한 요금할인 프로모션 시행의 근거 마련
② 평균 스마트폰 기기사용 기간 및 주요 변경 사유 파악
③ 광고 매체 선정에 참고할 자료 구축
④ 스마트폰 구매 시 사은품 제공 유무가 구입 결정에 미치는 영향 파악
⑤ 향후 출시할 스마트폰 가격 책정에 활용할 자료 구축

┃46~48┃ 다음은 어느 기업의 조직도이다. 물음에 답하시오.

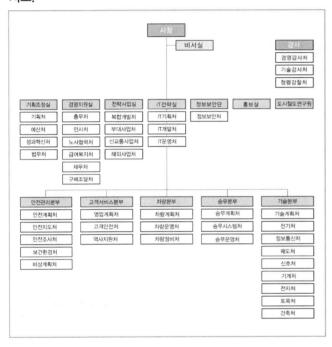

46. 위 조직도를 참고하여 다음 빈칸에 들어갈 말로 적절한 것은?

이 기업은 (㉠)개의 실과 5개의 본부, (㉡)개의 처로 이루어져있다.

	㉠	㉡
①	8	42
②	7	43
③	6	44
④	5	45
⑤	4	46

47. 다음 중 조직도를 올바르게 이해한 사람을 고르면?

㉠ 진우 : 승무계획처, 역사지원처, 보건환경처는 본부 소속이다.
㉡ 수향 : 경영감사처, 기술감사처, 정보보안처는 같은 소속이다.
㉢ 진두 : 노사협력처, 급여복지처, 성과혁신처는 같은 소속이다.
㉣ 상우 : 도시철도연구원 아래 안전계획처와 안전지도처가 있다.
㉤ 연경 : 홍보실 아래 영업계획처, 해외사업처가 있다.

① 진우   ② 수향
③ 진두   ④ 상우
⑤ 연경

48. 다음 중 소속이 다른 하나는?

① 전기처   ② 전자처
③ 재무처   ④ 기계처
⑤ 궤도처

49. 다음에서 설명하고 있는 경영참가제도는?

기업이 자사 종업원에게 특별한 조건과 방법으로 자사 주식을 분양·소유하게 하는 제도이다. 제1차 세계대전 후 산업민주화의 풍조 속에서 생긴 제도로, 종업원 주식매입제도·우리사주제라고도 한다. 특별한 조건과 방법으로는 저가격·배당우선·공로주·의결권 제한·양도 제한 등이 있다. 이 제도의 목적은 종업원에 대한 근검저축의 장려, 공로에 대한 보수, 자사에의 귀속의식(歸屬意識) 고취, 자사에의 일체감 조성, 자본조달의 새로운 원천(源泉)개발 등에 있다. 그러나 자본조달의 원천개발은 부차적인 목적이고, 주목적은 소유참여(所有參與)나 성과참여로써 근로의욕을 높이고, 노사관계의 안정을 꾀하는 데 있다.

① 종업원지주제도
② 스톡옵션제도
③ 노사협의제도
④ 노사공동결정제도
⑤ 스캔론플랜

50. 다음 중 조직 목표의 특징으로 보기 어려운 것은?

① 조직이 존재하는 정당성과 합법성 제공한다.

② 조직의 구성 요소와 상호 관계를 가진다.

③ 조직구성원 행동수행의 동기를 유발한다.

④ 하나의 목표만을 추구하여 조직이 나아갈 방향을 제시한다.

⑤ 조직 목표 간 위계적 상호 관계가 있다.

51. 다음에 나타난 개인정보 유출 사건을 방지하기 위한 방법으로 옳지 않은 것은?

경품 행사를 통해 입수한 고객의 개인정보 2,400만 건을 보험사에 팔아넘긴 혐의로 재판에 넘겨진 ○○이 파기환송심에서 징역형의 집행유예를 선고 받았다. 대법원이 무죄를 선고한 원심을 깨고 사건을 서울중앙지법에 돌려보낸 지 1년 만에 유죄가 인정된 것이다.

서울중앙지법 형사항소4부는 16일 개인정보보호법 위반 등 혐의로 기소된 ○○에 징역 10개월에 집행유예 2년을 선고했다.

재판부는 "경품 추첨 사실을 알리는 데 필요한 개인정보와는 관련 없는 성별·동거 여부 등 사생활 정보와 주민번호까지 수집하면서 이에 동의하지 않을 경우 추첨 제외라고 고지했다"며 "이는 정당한 목적으로 수집하는 경우라고 해도 목적에 필요한 최소한의 개인정보에 그쳐야 한다는 개인정보보호법 원칙과 규정을 위반한 것"이라고 지적했다.

동의 사항에 대한 고지가 1mm 크기 글씨로 기재된 것에 대해선 소비자 입장에서 그 내용을 읽기가 쉽지 않다며 이 역시 개인정보 보호법상 의무를 위반한 것이라고 지적했다.

① 이용 목적에 부합하는 정보를 요구하는지 확인한다.

② 행사 종료 시 정보 파기 여부를 확인한다.

③ 제시된 이용 약관을 꼼꼼히 읽는다.

④ 쉽게 유추할 수 있는 비밀번호는 자제한다.

⑤ 함부로 개인정보를 제공하지 않는다.

52. 다음에서 설명하고 있는 개념의 특징으로 적절한 것은?

이것은 개인용 컴퓨터나 멀티미디어 작업이 가능한 기타 멀티미디어 기기를 이용하여 각종 정보를 여러 가지 효율적인 형태로 상대방에게 전달하는 것이다. 마이크로소프트사의 파워포인트와 같은 전용 프로그램도 있지만 대부분의 문서 작성 프로그램은 이 기능을 가지고 있다.

① 각종 발표 시 사용하는 자료 문서로, 청중을 설득시키는 데 그 목적이 있다.

② 문서를 작성, 편집, 저장 및 인쇄할 때 사용하는 소프트웨어를 말한다.

③ 'MS워드'와 '아래아한글(이하 한글)'이 대표적인 프로세서로 꼽는다.

④ 계산, 차트 작성 등을 할 수 있어서 급여 계산표, 성적 관리표 등에 이용하고 있다.

⑤ 가로 행과 세로 행이 교차하면서 셀이라는 공간이 구성되는데 이 셀은 정보를 저장하는 단위이다.

53. 다음 빈칸에 들어갈 개념으로 적절한 것은?

- (㉠)은/는 객관적 실제의 반영이며, 그것을 전달할 수 있도록 기호화한 것이다.
- (㉡)은/는 (㉠)을/를 특정한 목적과 문제해결에 도움이 되도록 가공한 것이다.
- (㉢)은/는 (㉡)을/를 집적하고 체계화하여 장래의 일반적인 사항에 대비해 보편성을 갖도록 한 것이다.

	㉠	㉡	㉢
①	자료	정보	지식
②	자료	지식	정보
③	지식	자료	지식
④	지식	정보	자료
⑤	지식	자료	정보

54. 다음에서 설명하고 있는 운영체제의 특징으로 옳지 않은 것은?

> 마이크로소프트에서 개발한 컴퓨터 운영체제다. 키보드로 문자를 일일이 입력해 작업을 수행하는 명령어 인터페이스 대신, 마우스로 아이콘 및 메뉴 등을 클릭해 명령하는 그래픽 사용자 인터페이스를 지원해 멀티태스킹(다중 작업) 능력과 사용자 편의성이 탁월하다.

① OLE(개체 연결 및 포함) 기능을 지원한다.

② 단일 사용자의 다중작업이 가능하다.

③ 사용자가 원하는 대로 특정 기능을 추가할 수 있다.

④ 용도에 따라 크게 개인용, 기업용, 임베디드용으로 나뉜다.

⑤ 전체 데스크톱 운영체제 시장에서 대부분의 점유율을 가져가고 있다.

55. 다음에서 설명하고 있는 개념은 무엇인가?

> 'Intellectual property right'이란 특허권, 실용신안권, 상표권, 디자인권을 총칭하는 개념으로 개개의 권리는 특허법, 실용신안법, 상표법, 디자인보호법, 저작권법, 부정경쟁방지 및 영업비밀보호에 관한 법률, 민법, 상법 등에 의하여 규율되고 보호된다. 우리나라 헌법은 제22조 제2항에 "저작자·발명가·과학기술자와 예술가의 권리는 법률로써 보호한다."라고 규정함으로써 보호의 근거를 마련하였고, 이에 근거하여 관련 법령이 제정되었다. 특허법·실용신안법·디자인보호법·상표법의 공통된 목적은 '산업 발전'이다. 그래서 위의 4법을 산업재산권법이라고 하는데, 이 중 상표법은 '산업 발전' 외에 '수요자의 이익보호'도 목적으로 하고 있다. '산업재산권'은 'industrial property right'를 번역한 것인데, 제조업이 산업의 대부분을 차지하고 있던 과거에는 '공업소유권'이라고 하다가 현재에는 그 범위를 넓혀 '산업재산권'이라는 용어를 사용하게 되었다.

① 지식문화   ② 지식산업

③ 지식경영   ④ 지적재산권

⑤ 지적계량법

56. 다음에서 설명하고 있는 자원의 성격은?

> 자원이란 인간 생활에 유용한 물질 중 하나로 기술적으로나 경제적으로 개발이 가능한 것을 말하며 기술적으로는 개발이 가능한 광물이지만 매장량이 적거나 광물의 품질이 낮은 경우, 또는 지나치게 채굴 비용이 많이 들어 경제성이 없는 경우에는 개발이 불가능하다. 철광석은 대체로 철의 함량이 일정량 이상 포함된 것을 개발하여 이용하고 있다. 철의 함량이 일정량 이하인 철광석은 기술적 의미로는 자원이 될 수 있으나, 현재로서는 경제성이 없어 개발할 수가 없기 때문에 경제적 의미의 자원이 될 수는 없는 것이다.

① 편재성   ② 가변성

③ 유한성   ④ 상대성

⑤ 공간성

57. 다음에 나타난 사례에 해당하는 산업수명주기는?

> 시장은 포화상태로 판매량은 줄어들지만 과잉설비가 증가하여 수익이 줄어든다. 수요보다 공급이 많아지면서 가격이 하락하면서 이익률이 줄어들어 매출성장률이 하락하게 된다. 여기에 기존 산업의 틀을 깨는 파괴적 산업이 새롭게 등장하면 제품 진부화로 빠르게 매출이 감소하면서 쇠퇴하기 시작한다. 따라서 이 단계의 기업들에게 투자하는 것은 상당히 조심스럽게 접근해야 한다. 청산과정을 밟고 있는 과정 중에 많은 자산을 가지고 있는 것 이외에는 그다지 투자에 적합한 모습이 나타나지 않는다.

① 도입기   ② 성장기

③ 성숙기   ④ 쇠퇴기

⑤ 완성기

58. 다음에서 설명하고 있는 인력배치의 원칙의 예로 적절한 것은?

> 혈연·지연·학연 등 일차 집단적 연고를 다른 사회적 관계보다 중요시하고, 이런 행동양식을 다른 사회관계에까지 확장·투사하는 문화적 특성을 말한다. 또한, 조직 내에 가족적·친화적 분위기를 조성해 인간관계를 개선하나, 파벌적·할거주의적 행태를 조장함으로써 대내외적 정책 및 조직 관리의 공평성과 합리성을 저해하는 역기능을 초래한다.

① 사무능력과 두뇌회전이 빠른 직원에게 총무 업무를 맡긴다.
② 이번 해의 중요 계약 성립에 관여한 직원을 승진시킨다.
③ 같은 지역 학교를 졸업한 사람을 직원으로 선발한다.
④ 수학교육을 전공한 직원에게 수리 문제 제작 업무를 맡긴다.
⑤ 상반기 수익률이 가장 높은 직원에게 성과급을 지급한다.

┃59~60┃ 다음은 시간관리 매트릭스에 관한 설명이다. 물음에 답하시오.

<시간관리 매트릭스>

	긴급함	긴급하지 않음
중요함	제1사분면	제2사분면
중요하지 않음	제3사분면	제4사분면

• 제1사분면 : 중요하고 긴급한 일로 위기사항이나 급박한 문제, 기간이 정해진 프로젝트 등 이 해당
• 제2사분면 : 긴급하지는 않지만 중요한 일로 인간관계 구축이나 새로운 기회의 발굴, 중장기 계획 등이 포함
• 제3사분면 : 긴급하지만 중요하지 않은 일로 잠깐의 급한 질문, 일부 보고서, 눈 앞의 급박한 사항이 해당
• 제4사분면 : 중요하지 않고 긴급하지 않은 일로 하찮은 일이나 시간낭비거리, 즐거운 활동 등이 포함

59. 다음 중 긴급하지 않고 중요하지 않은 일에 해당하는 것은?

① 우편물 확인
② 인간관계 구축
③ 중장기 계획
④ 눈앞의 급박한 상황
⑤ 기간이 정해진 프로젝트

60. 다음은 중완이가 해야 할 일 목록이다. 다음 중 가장 먼저 해야 할 일은?

> • 갑자기 떠오른 질문
> • 친구와 통화
> • 피아노 레슨
> • 마감이 가까운 업무
> • 휴가 계획
> • 모임에 참석
> • 공연 관람
> • 가족과 식사

① 모임에 참석하기
② 가족과 식사
③ 피아노 레슨
④ 마감이 가까운 업무
⑤ 공연 관람

61. 다음에 나타난 A시가 이용한 기술선택 방법은?

> A시는 5년 전부터 다른 지방자치단체와 기업체 등의 우수 시책과 사례를 분석, 시정에 접목해 시민의 행정 욕구를 충족해 왔다.
> 그동안의 우수 시책들은 그동안 시정의 생산성을 향상하고, 공무원의 경쟁력을 높이는 등 지역사회를 발전하게 하는 밑거름이 되었다.
> 이에 A시는 올해도 부서별 3명 정도로 짜인 19개 팀을 상·하반기 1회씩 당일 또는 1박2일 일정으로 다른 지방자치단체 등에 보내 참신하고 우수한 시책을 반영하기로 하였다.
> A시는 활동 결과보고서를 내부 전산시스템을 통해 공유하고, 새로운 행정환경 변화에 능동적으로 대처할 방침이다.

① 매뉴얼
② 벤치마킹
③ E-learning
④ 체크리스트
⑤ 종업원지주제도

62. 다음과 같은 문서 작성 시 주의해야 할 점으로 옳지 않은 것은?

〈○○ SOUND〉

■ 제품 특징

- 안정적인 블루투스 V4.0 칩셋 탑재로 안정적인 사용이 가능합니다.
- 고성능 유닛과 Real Sound 시스템을 통해 강력한 중저음을 보여줍니다.
- FM라디오가 탑재되어 라디어 감상이 가능합니다.
- 시간 기능이 탑재되어 탁상시계로 활용할 수 있습니다.
- USB전원과 리튬전지 사용이 가능하여 효율적인 전원 사용이 가능합니다.
- 무선 리모콘이 함께 제공되어 편리하게 제품을 조작할 수 있습니다.
- Micro SD카드 사용 시 Repeat/Random 모드가 지원됩니다.

■ 제품 사양

- Output Power : 5W
- Bluetooth spec : v4.0+EDR
- Audio input : Bluetooth, Micro SD, Stick, FM Radio, Aux
- Power : Chargin DC 5V / Battery-3.7V Lithium Battery (2,000mAh)
- Frequency Response : 100Hz-18KHz.
- Operating Range : about 12 meters
- Playback Time : about 10 hours
- Charging Time : about 5 hours
- Size : 132(W)×95(D)×86(H)mm
- Weight : 0.5kg

■ 기본 사용 방법

1. 처음 사용 시 Micro USB 케이블을 PC의 USB 포트 또는 USB 아답터에 연결하여 5시간 충전합니다.
2. 전원버튼을 길게 누르면 전원이 ON되며 FM 모드로 설정됩니다.
   (입력모드 선택 버튼을 눌러 원하는 입력 방식을 설정할 수 있습니다.)
3. 볼륨 버튼을 조정하여 적당한 음량으로 조절합니다.
4. 다시 전원버튼을 길게 누르면 전원이 OFF 됩니다.

① 상품의 특징 등을 상세하게 기술해야 한다.
② 사용자의 심리적 배려가 있어야 한다.
③ 유통사가 알기 쉬운 문장으로 쓰여야 한다.
④ 상품명과 규격을 정확히 기재해야 한다.
⑤ 사용자가 찾고자 하는 정보를 쉽게 찾을 수 있어야 한다.

63. 다음에 나타난 산업재해의 원인으로 적절한 것은?

지난 15일 A지역의 아파트 신축 공사현장에서 작업하던 노동자가 갑자기 쓰러져 사망한 것으로 전해졌다. 열사병 등 온열질환으로 인한 사망자가 속출하는 가운데 올해 벌써 5명의 노동자가 작업 중 열사병으로 사망했다. 자체 조사 결과 폭염이 한 달 가량 지속되었지만 건설업체가 공사기한을 맞추기 위해 근로자를 무리하게 폭염 속 현장으로 내모는 과정에서 일어난 사고로 밝혀졌다.

① 안전 지식의 불충분
② 기계 장치의 설계 불량
③ 무리한 작업 지시
④ 안전 관리 조직의 결함
⑤ 유해 위험 작업 교육 불충분

┃64~65┃ 다음은 명령어에 따른 도형의 변화에 관한 설명이다. 물음에 답하시오.

〈명령어〉	
명령어	도형의 변화
□	1번과 2번을 180도 회전시킨다.
■	1번과 3번을 180도 회전시킨다.
◇	2번과 3번을 180도 회전시킨다.
◆	2번과 4번을 180도 회전시킨다.
○	1번과 3번의 작동상태를 다른 상태로 바꾼다. (/숫자\ → ◢숫자◣)
●	2번과 4번의 작동상태를 다른 상태로 바꾼다. (/숫자\ → ◢숫자◣)

64. 도형이 다음과 같이 변하려면, 어떤 명령어를 입력해야 하는가?

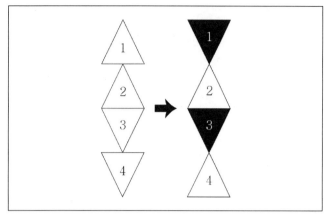

① □◆○   ② ■◇●

③ ○◇◆   ④ ◆◇■

⑤ ◇■□

65. 다음 상태에서 명령어 ◆■●○을 입력한 경우의 결과로 적절한 것은?

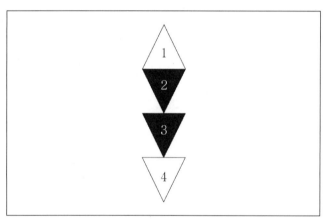

①

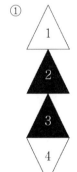

②

③

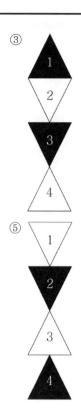

④

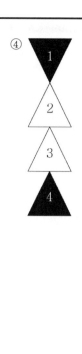

⑤

66. 다음 사례와 어울리는 개념은 무엇인가?

B사는 '효율적으로 일하고 신나게 쉬기'를 지향하는 다양한 사내 제도를 운영 중이다. 대표적으로 태블릿 PC와 같은 스마트 툴을 지원, 원격근무가 가능한 시스템으로 직원들의 업무 몰입도를 높이는 환경을 제공하며, 직원 본인이 시업 및 종업 시각을 선택할 수 있는 시차출퇴근제를 확대 운영하고 있다.

매주 금요일은 퇴근시간보다 1시간 일찍 업무를 마무리하는 방식으로 운영된다. 근속년수에 따라 장기 유급휴가 및 여행비를 지급하는 안식휴가제도도 마련되어 있다. 또한 직원들이 눈치 보지 않고 연차를 쓸 수 있기 때문에 매년 연차휴가 사용률 100%를 달성하고 있다.

① 와셋   ② 워라밸

③ 기판력   ④ 오가노이드

⑤ 디가우징

67. 다음의 사례에 해당하는 경력단계로 적절한 것은?

> 지윤씨는 졸업 후 일본에 본사를 두고 있는 회사에 입사하게 되었다. 일본어 관련 자격증과, OA 자격증도 보유하고 있어서 나름대로 업무에 자신이 있었다. 그러나 회사 분위기는 개인이 단순히 업무만 잘하면 되는 것이 아닌 조직이 원하는 방향으로 맞춰주길 원하고 있었다. 물론 첫날이었기 때문에 이러한 문화에 적응하는 것이 첫 번째이지만 상상하던 회사생활과는 약간 거리가 있어서 고민이다.

① 직업선택　　　　　② 조직입사
③ 경력초기　　　　　④ 경력중기
⑤ 경력말기

68. 다음 중 업무수행 성과를 높이기 위한 행동전략으로 옳은 것은?

① 자기자본이익률(ROE)을 낮춘다.
② 업무를 미뤄 한 번에 처리한다.
③ 역할 모델을 설정한다.
④ 상사의 방식대로 일한다.
⑤ 회사의 업무 지침은 참고만 한다.

69. 다음에 나타난 자기개발 계획 수립의 장애요소는?

> 기찬이는 가수를 꿈으로 하는 학생이다. 그러나 자신이 결정하는 것에 대한 믿음이 없고 후회할까봐 걱정도 된다. 주변에서 좋은 평가를 해도 막상 무대에만 올라가면 입을 떼기 힘들다. 다른 것을 다 포기하고 노래에만 집중하기로 한 선택이 맞는 것인지 확신이 안서지만 이 길을 택한 것을 후회하고 싶지 않다.

① 자신의 흥미, 장점, 가치, 라이프스타일을 충분히 이해하지 못한다.
② 회사 내의 경력기회 및 직무 가능성에 대해 충분히 알지 못한다.
③ 다른 직업이나 회사 밖의 기회에 대해 충분히 알지 못한다.
④ 자기개발과 관련된 결정을 내릴 때 자신감 부족하다.
⑤ 개인의 자기개발 목표와 가정 간 갈등이 심하다.

70. 경력개발 과정 중 가장 마지막에 해야 할 일은?

① 관심 직무에서 요구하는 능력을 탐색한다.
② 자신의 능력, 흥미을 이해한다.
③ 자신이 이룰 경력 목표를 설정한다.
④ 경력목표 및 전략을 수정한다.
⑤ 인적 네트워크 강화 등 전략을 수립한다.

71. 다음에서 설명하고 있는 팀워크를 촉진시키는 방법은?

> 어떤 사람들과 프로젝트를 이끌고 사업을 구성하는지에 따라 결과가 달라진다. 사업가의 비전에 공감할 수 있는 사람들로 팀을 구성하고 열정적으로 실행하는 것에 따라 성공과 실패가 나누어지는 것이다. 최고의 파트너는 각자의 역할을 맡고 전적으로 책임을 지는 사람이다. 각 업무별로 맡고 있는 영역에 대해 책임을 지고 업무를 해나간다면 최적의 성과로 이어질 수밖에 없다. 하지만 각 업무에 대한 책임감을 지니고 있지 못할 경우 팀워크의 시너지 효과는 제로가 될 수밖에 없다. 많은 업체들이 사업에 성공하고 실패했는지 아는 법은 그 회사 내의 팀원들과 팀워크 역량을 보면 알 수 있는 것도 이 때문이다.

① 동료 피드백 장려
② 책임감 있는 업무 활동
③ 노사간 갈등 해결
④ 창의력 조성을 위한 협력
⑤ 참여적인 의사결정

72. 다음 사례와 어울리는 개념은 무엇인가?

> 세종은 작은 재능이라도 칭찬을 아끼지 않는 등 그 사람의 장점을 취하여 포용하면서도, 엄격한 기준으로 혹독하게 신하를 훈련시킨 임금이었다. 장영실을 등용하는 과정에서도 고리타분한 신분론에 대해 일일이 반박해 신하들을 설복시켰고, 훈민정음을 반포할 때도 신하들의 반대 상소를 일일이 다 읽어가면서 논박하였다.
>
> 또한, 세종은 왕이라고 해서 일을 일방적으로 추진한 것이 아니라 토론을 통해 결정을 내렸다. 회의가 탁상공론에 그치지 않도록 다양한 방법으로 회의를 이끌었고 항상 이성적으로 행동하였다.

① 리더십　　　　　② 멤버십
③ 팀워크　　　　　④ 응집력
⑤ 팔로워십

73. 다음에서 동기부여를 위해 사용하고 있는 방법은?

　　직원들은 본인이 하는 업무가 전체 성과에 어떤 영향을 미치는지 알고 싶어 한다. 전단지 하나를 돌리더라도 왜 그러한 일을 해야 하는지 내가 하는 일이 조직에 어떻게 기여하는지 안다면 업무에 임하는 태도가 달라질 수 있다. 조직의 목표를 꾸준히 제시하며 개인의 노력이 목표 달성에 어떻게 기여하는지 설명하면 직원의 발전과 조직의 발전에 큰 역할을 할 것이다.

① 책임감으로 철저히 무장한다.
② 새로운 도전의 기회를 부여한다.
③ 업무가 목표에 어떻게 기여하는지 설명한다.
④ 남들과는 다른 창의적인 문제해결법을 찾는다.
⑤ 긍정적 강화법을 통해 변화를 두려워하지 않는다.

74. 다음에서 설명하고 있는 갈등의 최소화하기 위한 방법은?

　　사람과의 대화는 쌍방향으로 이루어지는 의견 교환이다. 단방향 대화는 자신의 이야기만 하게 되고, 상대방의 말에 상처받기도 한다. 그렇다면 상대방과 갈등 없는 대화는 무엇일까? 우선 상대방이 나와 의견이 달라도 그럴 수 있다고 인정해야 한다. 그게 설사 상대방에게서 듣고 싶은 이야기가 아닐지라도 화낼 필요가 없다. 상대방의 이야기에 대해서 크게 반응하지 않고 이해하는 것이 이기는 대화법의 정공법이며 그 뒤에 자신의 이야기를 시작해도 늦지 않다.

① 팀 갈등해결 모델을 사용한다.
② 다른 사람의 말을 경청하고 나서 어떻게 반응할 것인가를 결정한다.
③ 조금이라도 의심이 날 때에는 분명하게 말해 줄 것을 요구한다.
④ 자신이 알고 있는 바를 알 필요가 있는 사람들을 새롭게 파악한다.
⑤ 다른 팀원과 불일치하는 쟁점이나 사항이 있다면 다른 사람이 아닌 당사자에게 직접 말한다.

75. 다음에서 설명하고 있는 개념은 무엇인가?

　　대부분의 사람들은 은행에 계좌를 개설하여 관리하고 있다. 어떤 사람은 계좌에 100억 원을 가지고 있는 사람이 있는가 하면, 어떤 사람은 잔고가 0원인 사람도 있고, 어떤 사람은 잔고가 마이너스인 사람도 있다.
　　인간관계도 마찬가지다. 인간관계에서 예금은 호의적인 배려 등으로 타인에게 좋은 인상을 심어주는 일을 말한다. 반대로 인간관계의 인출이란 비호의적인 경우이다. 예컨대 장례식장에 회사 동료가 조문을 와주면 고마운 마음에 계좌는 플러스가 될 것이고, 회사에서 상사가 나를 힘들게 하면 마이너스가 될 것이다.

① 가상계좌
② 휴면계좌
③ 공동계좌
④ 감정은행계좌
⑤ 일반은행계좌

76. 다음 상황에서 당신이 할 수 있는 답변은?

　　A사 체인점은 매월 4주차 목요일에 휴무로 규정되어 있다. 그러나 점장은 명절 연휴를 맞아 잔뜩 주문한 상품을 모두 판매하기 위해 휴무인 날도 가게를 열도록 직원인 당신에게 지시하였다.

① 업무에 대해서 숨김없이 처리하겠습니다.
② 본사에서 정한 규정을 준수해야 합니다.
③ 명절 연휴인 만큼 가게를 여는 것이 맞습니다.
④ 공과 사를 명확히 구분하여 처리하는 것이 맞습니다.
⑤ 명절 연휴인 만큼 상품을 더 주문해야 합니다.

77. 다음 상황에서 당신이 할 수 있는 답변으로 적절하지 않은 것은?

당신은 S사 영업팀장이다. 매주 월요일은 근무 시작과 동시에 회의를 한다. 하지만 A사원이 회의시간에 도착하지 않고 연락되지 않고 있다. 출근시간보다 1시간가량 늦게 도착한 A사원은 출근 도중 바로 앞에서 교통사고를 목격했고, 인적이 드문 도로였기 때문에 자신이 환자를 병원에 실어다주고 왔다는 것이다.

① 도덕적인 일을 했으니 마음에 담지는 말아.
② 직업인으로서 회사에 보고를 잊은 것은 잘못되었어.
③ 선택은 공적인 입장에서 판단해야 돼.
④ 직업인으로서 책임을 망각해버렸군.
⑤ 직업인에게 있어 공무는 최우선이 되어야 해.

78. 다음 사례에 나타난 직장 내 분위기를 저해하는 요인은?

최근 의학 드라마를 보면 이런 장면이 나온다. A씨는 ○○병원에서 10년간 부원장을 지낸 의사이다. 그동안 원장을 보필하며 온갖 뒤치다꺼리를 했던 그는 병원 내에서 주치의들에게는 철저히 '갑'의 입장을 보여준다. 잦은 폭력과 상대방을 내려깎는 언행은 지위를 이용한 해당 캐릭터에 잘 녹아들어 있다.

① 상급자 앞에서 철저히 자신을 낮추고 있다.
② 동료나 하급자 등을 대할 때 반말을 사용하고 있다.
③ 하급자에 대해서 우월적 지위를 이용한 태도를 보이고 있다.
④ 학연을 이유로 부하 직원을 차별하고 있다.
⑤ 수업을 핑계로 성 차별을 하고 있다.

79. 다음 빈칸에 들어갈 개념으로 적절한 것은?

• (㉠)은/는 자신보다 고객의 가치를 최우선으로 하는 서비스 개념이다.
• (㉡)은/는 모든 결과는 나의 선택으로 인한 결과임을 인식하는 태도이다.
• (㉢)은/는 오랜 생활습관을 통해 정립된 관습적으로 행해지는 사회계약적 생활규범이다.

	㉠	㉡	㉢
①	봉사	책임	예절
②	준법	봉사	봉사
③	책임	근면	준법
④	예절	예절	근면
⑤	근면	준법	책임

80. 다음 중 직장에서의 성 예절에 관한 설명으로 옳지 않은 것은?

① 말 한마디가 치명적인 상처가 될 수 있다는 것을 명심한다.
② 성 예절을 지키기 위해 오해의 소지가 있는 행동은 삼간다.
③ 여성과 남성은 동등한 지위를 보장받아야 한다.
④ 남성과 여성의 역할은 엄연히 차이가 있다.
⑤ 성희롱의 기준은 '피해자가 성적 수치심을 느꼈느냐'이다.

1. 다음은 우리나라 서원기업의 국제 거래 내역이다. ㈎~㈐가 반영되는 경상 수지 항목으로 옳은 것은?

> ㈎ 스마트폰을 1억 달러어치 수출하였다.
> ㈏ 외국인 주주들에게 배당금 100만 달러를 지급하였다.
> ㈐ 외국 기업에게 특허권 사용료 200만 달러를 지급하였다.

	㈎	㈏	㈐
①	상품 수지	본원 소득 수지	서비스 수지
②	상품 수지	본원 소득 수지	이전 소득 수지
③	서비스 수지	상품 수지	이전 소득 수지
④	서비스 수지	상품 수지	본원 소득 수지
⑤	본원 소득 수지	이전 소득 수지	서비스 수지

2. 밑줄 친 ㉠~㉢에 대한 설명으로 옳은 것은?

> ㉠삼겹살 소비가 증가하면 쌈 채소인 ㉡상추와 ㉢깻잎의 소비도 변한다. 삼겹살을 좋아하는 갑과 을이 쌈 채소를 소비하는 성향은 다음과 같다.
> 갑 : 삼겹살을 상추와 깻잎 중 어느 하나에만 싸 먹는다. 그리고 둘 중 어느 것과 함께 먹어도 관계없기 때문에 삼겹살을 먹을 때 둘 중 가격이 저렴한 채소를 구입한다.
> 을 : 삼겹살을 상추와 깻잎 모두에 싸 먹을 때 만족감이 크다. 그래서 삼겹살을 먹을 때 항상 상추와 깻잎을 모두 구입한다.

① 갑의 경우 ㉡과 ㉢은 보완재 관계에 있다.
② 갑의 경우 ㉡의 가격 상승은 ㉢의 수요 감소 요인이다.
③ 을의 경우 ㉠의 가격 상승은 ㉢의 수요 증가 요인이다.
④ 을의 경우 ㉡과 ㉢의 관계는 "꿩 대신 닭"이라는 속담으로 표현할 수 있다.
⑤ 을의 경우 ㉠의 가격 하락은 ㉡, ㉢의 소비 지출액 증가 요인이다.

3. 다음의 ㈎, ㈏는 외부 효과의 사례이다. 이에 대한 설명으로 옳은 것은?

> ㈎ ○○마을에는 아름다운 뒷산이 있지만 진입로가 정비되지 않아 경치를 감상하기 어려웠다. 등산을 좋아하는 갑은 이 경치를 즐기기 위해 많은 비용을 들여 진입로를 정비하였다. 이후 마을 사람들도 이 진입로를 이용하여 경치를 즐기고 있지만, 갑에게 어떠한 대가도 지불하지 않고 있다.
> ㈏ 프로야구 □□팀의 경기가 열리는 날이면 야구장 인근에 살고 있는 주민들은 ㉠경기장을 찾아 응원하는 관중들의 소음으로 인해 불편함을 느끼지만, 이에 대한 보상을 받지는 못하고 있다.

① ㈎는 부정적 외부 효과의 사례이다.
② ㈎와 달리 ㈏에서는 자원의 비효율적 배분이 나타나고 있다.
③ ㈎에서 진입로 이용에 따른 갑의 편익과 사회적 편익은 같다.
④ ㈏에서 경기 관람에 따른 ㉠의 편익보다 사회적 편익이 작다.
⑤ ㈏에서 ㉠에게 정부가 보조금을 지급하여 시장 거래량을 최적 거래량으로 유도할 수 있다.

4. 밑줄 친 ㉠~㉡에 대한 설명으로 옳은 것은?

> 갑은 ㉠○○ 음악회 입장권을 10만 원에 구입하여 공연장에 입장하였다. 그런데 ㉡음악회 연주는 기대와 달리 매우 실망스러웠다. 갑은 ㉢연주를 마저 듣는 것보다 그 시간 동안 집에 가서 ㉣TV를 보는 것이 더 낫다고 생각하면서도 ㉤들인 돈이 아까워 ㉥그대로 앉아 연주를 들었다.

① ㉠은 재화를 소비하기 위한 활동이다.
② ㉡은 부가가치를 창출하는 활동이 아니다.
③ ㉢의 기회비용에는 ㉣에서 얻는 만족감이 포함된다.
④ ㉤은 매몰 비용으로 볼 수 없다.
⑤ ㉥은 합리적 선택이다.

5. 국제 거래 (가), (나)에 대한 설명으로 옳은 것은?

> (가) 우리나라 기업인 ○○ 항공이 미국 보험 회사가 판매하는 항공 사고 관련 보험에 가입하였다.
> (나) 우리나라의 신용 등급이 크게 올라가자 외국 투자자들이 국내 주식 시장에서 대규모로 주식을 매입하였다.

① (가)는 우리나라의 서비스 수지를 개선시킨다.
② (나)의 거래 금액은 금융 계정에 반영된다.
③ (가)는 (나)와 달리 국내로 외화를 유입시키는 요인이다.
④ (나)는 (가)와 달리 국내 통화량을 감소시키는 요인이다.
⑤ (가), (나)는 모두 우리나라의 외환 보유고를 증가시킨다.

6. 다음 밑줄 친 '원/달러 환율 변동'에 대한 옳은 설명만을 〈보기〉에서 모두 고른 것은?

> 우리나라는 미국으로부터 X재를 수입한다. X재의 달러화 표시 가격은 10달러로 변하지 않음에도 불구하고 원/달러 환율 변동으로 인해 원화 표시 가격이 10,000원에서 11,000원으로 상승하였다.

> 〈보기〉
> ㉠ 달러화 대비 원화의 가치가 하락했다.
> ㉡ 우리나라 외환 시장에서 달러화 공급이 증가하면 나타난다.
> ㉢ 미국에 수출하는 우리나라 상품의 가격 경쟁력을 높이는 요인이다.
> ㉣ 달러화 표시 외채가 있는 우리나라 기업의 상환 부담을 감소시키는 요인이다.

① ㉠, ㉡   ② ㉠, ㉢
③ ㉡, ㉢   ④ ㉡, ㉣
⑤ ㉢, ㉣

7. 밑줄 친 ㉠, ㉡에 대한 설명으로 옳은 것은?

> 갑은 오래된 책상을 교체하기로 하였다. 처음에는 20만 원짜리 책상을 ㉠시장에서 구입할까도 생각하였지만, ㉡직접 제작하기로 하였다. 책상을 직접 제작하면 목재비, 배송료, 공방 이용료만 하더라도 20만 원이 넘고, 3일간의 제작 기간 동안 아르바이트를 할 수 없게 된다. 하지만 자신이 쓸 책상을 직접 만들었다는 뿌듯함과 자기가 원하는 모양으로 만들 책상으로부터 얻는 즐거움 등을 생각해 본 결과, 책상을 직접 제작하는 것이 합리적이라고 판단하였다.

① 책상 구입비용은 ㉠의 기회비용에 포함되지 않는다.
② ㉡을 선택할 때 명시적 비용과 암묵적 비용을 함께 고려하였다.
③ 명시적 비용은 ㉡보다 ㉠을 선택할 때가 크다.
④ ㉠과 ㉡을 통해 얻는 편익이 같다고 판단하였다.
⑤ ㉠과 달리 ㉡의 순편익이 음(−)의 값이라고 판단하였다.

8. 다음 그림은 민간 경제의 흐름을 나타낸 것이다. 이에 대한 옳은 설명을 모두 고른 것은? (단, (가)와 (나)는 서로 다른 경제 주체이다.)

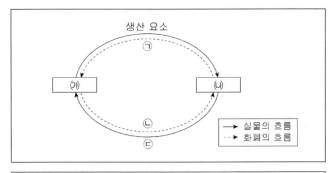

> ㉠ (가)는 효용 극대화를, (나)는 사회적 후생 극대화를 경제 활동의 목적으로 한다.
> ㉡ 개인 주식 투자자가 배당금을 받는 것은 ㉠에 포함된다.
> ㉢ 의사가 환자를 진료하는 것은 ㉢에 포함된다.
> ㉣ ㉠의 증가는 ㉡의 감소를 가져온다.

① ㉠, ㉡   ② ㉠, ㉢
③ ㉡, ㉢   ④ ㉡, ㉣
⑤ ㉢, ㉣

9. 밑줄 친 ⊙으로 인해 나타날 변화에 대한 분석으로 옳지 않은 것은?

그림은 갑국의 X재 시장을 나타낸다. ⊙갑국 정부는 생산자들에게 개당 20원의 생산 보조금을 지급하고자 한다.

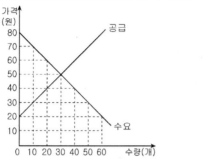

① 균형 가격은 20원 하락한다.
② 균형 거래량은 10개 증가한다.
③ 소비 지출액은 100원 증가한다.
④ 소비자 잉여는 350원 증가한다.
⑤ 모든 가격 수준에서 수요량의 변화는 없다.

10. 다음 표는 A국의 연도별 취업자 수 증가율과 경제 활동 인구 증가율을 나타낸 것이다. 이에 대한 분석으로 옳지 않은 것은? (단, 갑국의 15세 이상 인구는 일정하다.)

(단위 : 전년 대비, %)

구분	2014년	2015년	2016년
취업자 수 증가율	1.0	0	-0.5
경제 활동 인구 증가율	2.0	0	-1.0

① 2014년의 실업자 수는 2013년보다 많다.
② 2014년 ~ 2016년 중 2016년의 비경제 활동 인구가 가장 많다.
③ 2016년의 고용률은 2014년보다 상승하였다.
④ 2016년의 경제 활동 참가율은 2015년보다 하락하였다.
⑤ 2014년과 2015년의 실업률은 같다.

11. 다음 사례에서 도출할 수 있는 정부의 경제적 역할로 가장 적절한 것은?

겨울철 에너지 가격 상승으로 인해 저소득층이 겨울을 보내는 데 큰 부담을 갖게 되자 갑국 정부는 에너지 바우처 정책을 시행하기로 하였다. 에너지 바우처 정책은 기준 소득 미만의 가구를 대상으로 일정 금액에 해당하는 에너지 이용권을 지급하는 제도이다. 정부 관계자는 다른 나라에서도 저소득층의 에너지 비용 부담 경감에 에너지 바우처 정책이 큰 효과가 있었다고 밝히며, "저소득층의 따뜻한 겨울나기에 도움 되길 바란다."라고 말했다.

① 소득 재분배   ② 물가 안정 유도
③ 외부 효과 개선   ④ 경제 성장 촉진
⑤ 불공정 거래 규제

12. 갑은 A 주식회사의 발행주식 중 51%의 지분을 소유하고 있다. 회사에 대한 지배권을 유지하면서 자본을 증가시키는 방법으로 자금을 조달하려고 할 때, 옳지 않은 것은?

① 무의결주식 발행   ② 우선주식 발행
③ 상환주식 발행   ④ 전환주식 발행
⑤ 전환사채 발행

13. 다음 자료에 대한 옳은 분석만을 모두 고른 것은?

A 영화관은 판매 수입 증대를 위해 상영관의 좌석을 Ⅰ ~ Ⅲ 구역으로 나누고, 구역별로 관람권의 가격을 다르게 책정하였다.

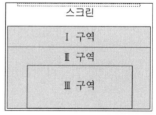

표는 구역별 관람권의 가격 변화율과 그에 따른 판매 수입 변화율을 나타낸다. 단, 각 구역의 관람권이 매진되는 경우는 없으며, 한 구역의 관람권 가격 변화는 다른 구역의 수요에 영향을 미치지 않는다.

구분	가격 변화율(%)	판매 수입 변화율(%)
Ⅰ 구역	-5	5
Ⅱ 구역	5	0
Ⅲ 구역	10	5

○ ㉠ Ⅰ 구역 관람권의 수요는 가격에 대해 탄력적이다.
○ ㉡ Ⅱ 구역 관람권의 판매량은 가격 변화 이전과 동일하다.
○ ㉢ Ⅱ 구역 관람권의 수요는 Ⅲ 구역 관람권의 수요보다 가격 변화에 민감하다.
○ ㉣ 관람권 가격 변화로 인해 A 영화관의 관람권 판매 수입은 10% 증가한다.

① ㉠, ㉡   ② ㉠, ㉢
③ ㉡, ㉢   ④ ㉡, ㉣
⑤ ㉢, ㉣

14. 다음은 소정(주)의 글로벌 경영과 관련된 기사이다. (가)에 해당하는 해외 진출 방식으로 가장 적절한 것은?

> 소정(주)는 최근 베트남 정부로부터 응에안성 꿘랍 지구의 석탄 화력 발전소 건설을 위한 발전 사업권을 공식 인가받았다고 밝혔다. 이 사업은 ____(가)____ 방식으로 추진된다. 소정(주)는 꿘랍 석탄 화력 발전소를 건설하고, 여기서 생산한 전력을 베트남 국영 전력청에 판매하는 방식으로 25년간 운영한 후, 베트남 정부에 발전소를 양도하게 된다.
> — ○○신문, 2017년 5월 11일 자 —

① BOT
② 계약 생산
③ 턴키 계약
④ 국제 프랜차이징
⑤ 국제 경영 관리 계약

15. 최근 실질 국민총소득(GNI)의 증가율이 실질 국내총생산(GDP) 증가율보다 낮아서 경제성장을 체감하기 어려워지고 있는데, 이 현상의 원인으로 알맞은 것은?

① 한국인들의 해외소득이 증가하였기 때문이다.
② 국제무역이 증가하였기 때문이다.
③ 해외재화의 수입단가가 높아졌기 때문이다.
④ 국내재화의 수출단가가 높아졌기 때문이다.
⑤ 국가 간의 자본투자가 증가하였기 때문이다.

16. 밑줄 친 ㉠~㉣에 대한 옳은 설명을 〈보기〉에서 고른 것은?

> [ⓐ ○○ 상품을 소개합니다]
>
> • 개요 : 일정 금액을 계약 기간 동안 예치하는 상품
> • 예치 기간 : 1년 ~ 3년
> • 이자 지급 방식 : 다음의 두 방식 중 하나를 선택함.
> - ⓑ 매월 이자 지급식 : 이자를 매월 지급받는 방식으로, 매월 원금에 약정 금리를 적용하여 이자를 계산함.
> - ⓒ 만기 일시 지급식 : 만기에 한꺼번에 이자를 지급받는 방식으로, 매월 이자가 원금에 더해지고 이자가 더해진 금액이 다음 달 이자 계산의 기준이 됨.
> • 참고 사항 : ⓓ 만기 이전에 중도 해지하면 약정 금리보다 낮은 금리가 적용됨.

> 〈보기〉
> ㉠ ⓐ은 저축성 예금에 해당한다.
> ㉡ ⓑ은 목돈을 맡겨 놓고 매달 이자로 생활하고자 하는 사람에게 적합하다.
> ㉢ ⓒ은 단리로 계산된 이자를 지급한다.
> ㉣ ⓓ은 경제적 유인에 해당하지 않는다.

① ㉠, ㉡   ② ㉠, ㉢
③ ㉡, ㉢   ④ ㉡, ㉣
⑤ ㉢, ㉣

17. 다음은 수연씨가 6월의 가계 수입과 가계 지출을 모두 정리한 것이다. 이에 대한 설명으로 옳은 것은?

> • 수입
> - 인터넷 쇼핑몰 운영 수익   200만 원
> - 남편 월급   300만 원
> - 남편 2분기 상여금   150만 원
> - 돌잔치 축하금(언니)   10만 원
> - 돌잔치 축하금(친구들)   20만 원
> • 지출
> - 식비, 통신료 등 소비 지출   450만 원
> - 세금 등 비소비 지출   130만 원

① 이전 소득은 30만 원이다.
② 근로 소득은 450만 원이다.
③ 비경상 소득은 발생하지 않았다.
④ 처분 가능 소득은 680만 원이다.
⑤ 저축은 발생하지 않았다.

18. '큰 정부와 작은 시장'보다 '작은 정부와 큰 시장'이 더 낫다는 주장의 근거가 되는 것으로 옳지 않은 것은?

① 정부의 생산성이 시장의 생산성보다 낮다.

② 정부가 개입함으로써 문제를 야기하는 경우가 더 많다.

③ 정부는 타율적이나 시장은 자율성을 확대한다.

④ 시장실패보다 정부실패의 파급력이 훨씬 크다.

⑤ 시장정보를 정부가 잘 파악할 수 있으므로 작은 정부로도 충분하다.

19. 최근 고교 무상교육 시행이 발표되었다. 이는 보편적 복지에 대한 사회적 관심을 불러일으켰는데, 다음 중 보편적 복지론에 대한 설명으로 잘못된 것은 무엇인가?

① 중산층에서 빈민으로의 계층이동을 완화한다.

② 계층갈등에 대한 완충장치 역할을 함으로써 사회적 안정성을 높인다.

③ 비용에 비하여 효율적인 서비스를 이루기 어렵다.

④ 보편적 이타심에 기반하여 국가가 사회적 약자를 보살피는 개념이다.

⑤ 특정한 수급대상자에게 가해지는 낙인이 없다.

20. 밑줄 친 ⓐ, ⓑ의 경제적 유인에 대한 옳은 설명을 모두 고른 것은?

A 항공사는 노쇼※를 줄이기 위해 환불 수수료 외에 10만 원의 ⓐ위약금을 부과하는 제도를 시행하였다. 이후 노쇼 비율이 4분의 1 수준으로 감소하였다. 한편 B 항공사는 성인 항공권 2매를 구입할 경우, 12세 미만 동반 자녀 1인에게 동급 좌석 항공권을 무료로 제공하는 2+1의 ⓑ프로모션을 진행한 결과 상반기 이윤이 증가하였다.

※ 노쇼(No-Show, 예약 부도) : 예약 후 취소하지 않고 나타나지 않는 고객

㉠ ⓐ와 같은 성격을 가진 사례로는 불법 주·정차에 대한 과태료 부과를 들 수 있다.

㉡ ⓑ를 이용하여 항공권을 구매한 소비자는 이익을 얻을 수 있다.

㉢ ⓐ는 긍정적 유인, ⓑ는 부정적 유인에 해당한다.

㉣ ⓐ와 달리 ⓑ는 사람들이 합리적으로 행동한다는 것을 전제로 한다.

① ㉠㉡   ② ㉠㉢
③ ㉡㉢   ④ ㉡㉣
⑤ ㉢㉣

21. 자원부국이 자원 수출에 따른 외국 자본 유입으로 일시적 호황을 누리지만, 이로 인해 제조업이 제대로 발달하지 못하면서 결국 경기 침체에 빠지는 현상을 뜻하는 용어로, 유가 상승으로 반짝 호황을 누리다 1960∼1970년대 급랭한 나라의 실제 사례에서 유래한 이 용어는 무엇인가?

① 그리스병   ② 스웨덴병
③ 벨기에병   ④ 뉴질랜드병
⑤ 네덜란드병

22. (가) 기록 유산이 간행된 시기의 역사적 사실로 옳은 것은?

유네스코 지정 기록 유산 [(가)]
• 간행 연도 : ○○○○년
• 간행 장소 : 청주 흥덕사
• 역사적 의의 : 독일 구텐베르크가 인쇄한 책보다 70여 년 앞서 간행된, 현존하는 인쇄물 중 세계에서 가장 오래된 금속활자본임

① 화통도감을 설치하고 화약과 화포를 제작하였다.

② 풍수지리설에 따라 한양을 남경으로 승격시켰다.

③ 청자 제작에 활용된 독창적인 상감법이 개발되었다.

④ 광주 춘궁리 철불을 비롯한 대형 철불이 조성되었다.

⑤ 교장도감을 설치하여 4,700여 권의 전적을 간행하였다.

23. 다음의 사건을 시대 순으로 올바르게 나열한 것은?

㉠ 십자군전쟁
㉡ 아비뇽 유수
㉢ 루터의 95개조 반박문
㉣ 카노사의 굴욕

① ㉠㉡㉢㉣   ② ㉠㉣㉡㉢
③ ㉡㉠㉣㉢   ④ ㉢㉡㉣㉠
⑤ ㉣㉠㉡㉢

24. 수사기관을 사칭하여 가짜 출석 요구서 등 우편물로 보낸 후 출석이 어려운 경우 전화조사를 받을 수 있다고 유도하는 새로운 피싱 수법을 의미하는 용어는?

① 큐싱　　　　　　　　② 스피어피싱
③ 스미싱　　　　　　　④ 보이스피싱
⑤ 레터피싱

25. 사진과 같은 모습이 나타나는 시기에 대한 설명으로 옳지 않은 것은?

▲ 혼마치(충무로)일본인　▲ 화신 백화점
　거리

① 대중가요, 영화 등 대중문화가 형성되었다.
② 서울의 도시 빈민들은 토막집을 짓고 살았다.
③ 양복이 보급되고 모자, 구두의 착용도 유행하였다.
④ 여성들에 대한 전통적인 인습과 의식에는 변화가 없었다.
⑤ 전차, 자동차, 자전거, 인력거, 철도 등 교통이 발달하였다.

26. 사서삼경(四書三經)은 유교의 기본 경전이다. 다음 중 사서에 속하지 않는 것은?

① 논어　　　　　　　　② 대학
③ 맹자　　　　　　　　④ 예기
⑤ 중용

27. 어떤 사물을 평가할 때 편견으로 인해 객관성이 결여되는 현상으로, 첫인상이 좋으면 성격도 좋다고 평가하거나 포장이 세련된 제품은 고급품으로 인식하는 경우 등이 해당되며, 후광 효과로도 불리는 것은?

① 로젠탈 효과　　　　　② 헤일로 효과
③ 스티그마 효과　　　　④ 플라시보 효과
⑤ 피그말리온 효과

▌28~29▐ 다음 지문을 읽고 지문에서 설명하는 이것을 고르시오.

28.

> 이것은 미국 아카데미 시상식 전날 개최하여 미국에서 한 해 동안 제작된 영화들 중 최악의 영화와 최악의 배우를 뽑는 시상식으로, 래지상(Razzie Awards)이라고도 불린다.

① 골든 라즈베리 상　　② 골든 스트로베리 상
③ 골든 블루베리 상　　④ 골든 크랜베리 상
⑤ 골든 레몬 상

29.

> 이것은 개발협력과 문화외교를 결합한 새로운 방식의 ODA 사업으로, 차량을 활용해서 아프리카의 소외된 계층에게 보건, 음식, 문화 등 다양한 서비스를 제공하는 프로그램을 말한다.

① 오피셜 에이드　　　② 코리아 에이드
③ 뉴 에이드　　　　　④ 컬쳐 에이드
⑤ 플러스 에이드

30. 다음 중 공민왕에 대한 설명으로 옳은 것을 모두 고르면?

> ㉠ 성균관의 기술학부를 분리시켜 성균관을 순수 유학 교육 기관으로 확립하였다.
> ㉡ 전민변정도감을 설치하였다.
> ㉢ 쌍성총관부를 공격하여 빼앗긴 영토를 탈환하였다.
> ㉣ 개혁기구인 사림원을 설치하였다.

① ㉠
② ㉠, ㉡
③ ㉡, ㉣
④ ㉠, ㉡, ㉢
⑤ ㉡, ㉢, ㉣

31. 2020년 올림픽 개최국은?

① 영국　　　　　　　　② 브라질
③ 남아공　　　　　　　④ 카타르
⑤ 일본

32. 장비·먹거리·연료 등을 모두 챙기는 캠핑의 번거로움에 착안해 비용이 더 들더라도 간편하게 캠핑을 즐길 수 있도록 한 귀족적 야영을 뜻하는 말은?

① 비부악　　　　　　② 오토캠프
③ 글램핑　　　　　　④ 반더포겔
⑤ 카라반

33. 정치인이나 고위 관료들의 측근에서 대변인 구실을 하는 사람으로, 여론을 수렴해 정책으로 구체화시키거나 반대로 정부정책을 국민들에게 납득시키는 정치 전문가를 무엇이라고 하는가?

① 데마고그　　　　　② 스핀닥터
③ 키친 캐비닛　　　　④ 스케이프고트
⑤ 옴부즈맨

34. 컴퓨터가 여러 데이터를 이용하여 인공신경망을 통해 사람과 같이 생각하고 배울 수 있도록 하는 인공지능 기술을 말하는 것은?

① Deep Learning　　② Machine Learning
③ DeepMind　　　　④ AlphaGo
⑤ Smart Learning

35. 다음 글에서 설명하는 자율주행 자동차를 만드는데 필요하지 않은 장비는?

　　전 세계에서 자율주행 자동차 개발 경쟁이 뜨겁다. 지금까지 자동차 기술은 자동차 제조업체에서 주도했지만, 자율주행 자동차만큼은 정보기술 업체에서 더 활발하게 연구 중이다. 검색엔진으로 출발한 IT기업 구글과 그래픽기술 전문업체 엔비디아가 대표 사례다. 이들은 주변 사물을 인식할 수 있도록 돕는 첨단 센서와 높은 성능을 내는 그래픽 처리 장치(GPU)의 도움을 받아 기술업체다운 자율주행 자동차를 개발하고 있다. 기존 자동차 제조업체도 이에 질세라 자동차의 심장을 배터리로 바꾸고, 기술업체가 이룩한 각종 스마트 기능을 자동차에 적용하는 중이다. 스마트폰이나 스마트워치 같은 모바일 기기와 자동차를 엮으려는 시도가 대표적이다.

① 열적외선 감지　　　② 스마트그리드
③ 레이더 장비　　　　④ 3D 카메라
⑤ 음파 장비

36. 다음에서 제시된 마케팅 기법이 아닌 것은?

- 계단을 밟을 때마다 소리가 나게 하였더니 에스컬레이터 대신 계단을 이용하는 사람이 많아졌다.
- 영화가 개봉하기 전에 영화의 노출장면이 이슈가 되어 결과적으로 영화가 흥행하였다.
- 제품과 관련된 흥미로운 동영상을 공개하였더니 SNS상에서 이슈화되어 매출이 증가하였다.
- 전자제품의 디자인에 명화를 접목시켜 고급화하였더니, 매출이 증가하였다.

① 니치마케팅
② 넛지마케팅
③ 데카르트마케팅
④ 바이럴마케팅
⑤ 노이즈마케팅

37. 다음 (　) 안에 들어갈 말을 순서대로 나열한 것은?

- 아스팔트 길 위에 떨어진 기름막에 무지개 같은 여러 가지 색이 영롱한 무늬로 나타나는 것은 (　)현상 때문이다.
- 소리가 벽의 뒤에서도 들리고 라디오방송을 산너머에서도 청취할 수 있는 것은 전파가 (　)하기 때문이다.
- 뜨거워져서 위로 올라가는 공기와 그렇지 않은 공기 사이를 빛이 통과하면서 (　)되어 아지랑이가 생기는 것이다.

① 편광 – 회절 – 굴절
② 간섭 – 회절 – 굴절
③ 편광 – 굴절 – 회절
④ 간섭 – 굴절 – 회절
⑤ 굴절 – 간섭 – 회절

38. 7세기 전반 일본에서 발생한 최초의 불교문화로 유교와 도교 등 외래학문과 사상이 다양하게 나타나며 풍부한 국제성을 특징으로 하는 문화는?

① 아스카 문화　　　　② 기타야마 문화
③ 메이지 문화　　　　④ 에도 문화
⑤ 하쿠호 문화

39. 다음 밑줄 친 '햇볕정책'을 추진한 정부와 관련된 사실로 옳은 것은?

> 남북한 간의 긴장관계를 완화하고 화해와 포용을 통하여 북한을 개혁·개방으로 유도하기 위해 정부는 <u>햇볕정책</u>을 추진하였다. 이는 대통령이 영국을 방문을 했을 때 런던대학교에서 행한 연설에서 처음 사용된 용어이다. 이는 겨울 나그네의 외투를 벗게 만드는 것은 강한 바람이 아니라 따뜻한 햇볕이라는 이솝우화에서 비롯한 것이다.

① 경부고속도로가 개통되었다.
② 이산가족 상봉이 최초로 이루어졌다.
③ 서울올림픽이 개최되었다.
④ 북한은 핵확산금지조약(NPT)에서 탈퇴하였다.
⑤ 금강산 관광이 시작되었다.

40. 다음 중 한반도에서 시베리아 기단이 활동하는 계절이 들어가는 것을 고르면?

① ( ) 하늘 공활한데 높고 구름 없이
② ( )이 오면 산에 들에 진달래 피네
③ 음악가 슈베르트의 대표 연가곡, ( ) 나그네
④ 문학가 셰익스피어의 희극, 한 ( )밤의 꿈
⑤ 색동옷 갈아입은 ( ) 언덕에

우리은행

필기전형 모의고사

[제 2 회]

영 역	1교시 : NCS직업기초능력평가 2교시 : 경제지식·일반상식
문항 수 / 시간	80문항 / 80분, 40문항 / 40분
비 고	객관식 5지선다형

1. 다음 글의 내용과 가장 부합하는 진술은?

여행을 뜻하는 서구어의 옛 뜻에 고역이란 뜻이 들어 있다는 사실이 시사하듯이 여행은 금리생활자들의 관광처럼 속 편한 것만은 아니다. 그럼에도 불구하고 고생스러운 여행이 보편적인 심성에 호소하는 것은 일상의 권태로부터의 탈출과 해방의 이미지를 대동하고 있기 때문일 것이다. 술 익는 강마을의 저녁노을은 '고약한 생존의 치욕에 대한 변명'이기도 하지만 한편으로는 그 치욕으로부터의 자발적 잠정적 탈출의 계기가 되기도 한다. 그리고 그것은 결코 가볍고 소소한 일이 아니다. 직업적 나그네와는 달리 보통 사람들은 일상생활에 참여하고 잔류하면서 해방의 순간을 간접 경험하는 것이다. 인간 삶의 난경은, 술 익는 강마을의 저녁노을을 생존의 치욕을 견디게 할 있는 매혹으로 만들어 주기도 하는 것이다.

① 여행은 고생으로부터의 해방이다.
② 금리생활자들이 여행을 하는 것은 고약한 생존의 치욕에 대한 변명을 위해서이다.
③ 윗글에서 '보편적인 심성'이라는 말은 문맥으로 보아 여행은 고생스럽다는 생각을 가리키는 것이다.
④ 사람들은 여행에서 일시적인 해방을 맛본다.
⑤ 여행은 금리생활자들의 관광처럼 편안하고 고된 일상으로부터의 탈출과 해방을 안겨준다.

2. 다음 중 ㉠에 들어갈 단어로 적절한 것은?

수원 화성(華城)은 조선의 22대 임금 정조가 강력한 왕도정치를 실현하고 수도 남쪽의 국방요새로 활용하기 위하여 축성한 것이었다. 규장각 문신 정약용은 동서양의 기술서를 참고하여 성화주략(1793년)을 만들었고, 이것은 화성 축성의 지침서가 되었다. 화성은 재상을 지낸 영중추부사 채제공의 ㉠____ 하에 조심태의 지휘로 1794년 1월에 착공에 들어가 1796년 9월에 완공되었다. 축성과정에서 거중기, 녹로 등 새로운 장비를 특수하게 고안하여 장대한 석재 등을 옮기며 쌓는 데 이용하였다. 축성 후 1801년에 발간된 화성성역의궤에는 축성계획, 제도, 법식뿐 아니라 동원된 인력의 인적사항, 재료의 출처 및 용도, 예산 및 임금계산, 시공기계, 재료가공법, 공사일지 등이 상세히 기록되어 있어 건축 기록으로서 역사적 가치가 큰 것으로 평가되고 있다.

화성은 서쪽으로는 팔달산을 끼고 동쪽으로는 낮은 구릉의 평지를 따라 쌓은 평산성인데, 종래의 중화문명권에서는 찾아볼 수 없는 형태였다. 성벽은 서쪽의 팔달산 정상에서 길게 이어져 내려와 산세를 살려가며 쌓았는데 크게 타원을 그리면서 도시 중심부를 감싸는 형태를 띠고 있다. 화성의 둘레는 5,744m, 면적은 130ha로 동쪽 지형은 평지를 이루고 서쪽은 팔달산에 걸쳐 있다. 화성의 성곽은 문루 4개, 수문 2개, 공심돈 3개, 장대 2개, 노대 2개, 포(鋪)루 5개, 포(砲)루 5개, 각루 4개, 암문 5개, 봉돈 1개, 적대 4개, 치성 9개, 은구 2개의 시설물로 이루어져 있었으나, 이 중 수해와 전쟁으로 7개 시설물(수문 1개, 공심돈 1개, 암문 1개, 적대 2개, 은구 2개)이 소멸되었다. 화성은 축성 당시의 성곽이 거의 원형대로 보존되어 있다. 북수문을 통해 흐르던 수원천이 현재에도 그대로 흐르고 있고, 팔달문과 장안문, 화성행궁과 창룡문을 잇는 가로망이 현재에도 성안 도시의 주요 골격을 유지하고 있다. 창룡문·장안문·화서문·팔달문 등 4대문을 비롯한 각종 방어시설들을 돌과 벽돌을 섞어서 쌓은 점은 화성만의 특징이라 하겠다.

① 총괄(總括) ② 활주(滑走)
③ 판서(板書) ④ 감한(憾恨)
⑤ 도둔(逃遁)

3. 다음 글을 읽고 알 수 있는 내용으로 가장 적절한 것은?

어떤 시점에 당신만이 느끼는 어떤 감각을 지시하여 "W"라는 용어의 의미로 삼는다고 하자. 그 이후에 가끔 그 감각을 느끼게 되면, "W라고 불리는 그 감각이 나타났다."라고 당신은 말할 것이다. 그렇지만 그 경우에 당신이 그 용어를 올바로 사용했는지 그렇지 않은지를 어떻게 결정할 수 있는가? 만에 하나 첫 번째 감각을 잘못 기억할 수도 있을 것이고, 혹은 실제로는 단지 희미하고 어렴풋한 유사성밖에 없는데도 첫 번째 감각과 두 번째 감각 사이에 밀접한 유사성이 있는 것으로 착각할 수도 있다. 더구나 그것이 착각인지 아닌지를 판단할 근거가 없다. 만약 "W"라는 용어의 의미가 당신만이 느끼는 그 감각에만 해당한다면, "W"라는 용어의 올바른 사용과 잘못된 사용을 구분할 방법은 어디에도 없게 될 것이다. 올바른 적용에 관해 결론을 내릴 수 없는 용어는 아무런 의미도 갖지 않는다.

① 본인만이 느끼는 감각을 지시하는 용어는 아무 의미도 없다.
② 어떤 용어도 구체적 사례를 통해서 의미를 얻게 될 수 없다.
③ 감각을 지시하는 용어는 사용하는 사람에 따라 상대적인 의미를 갖는다.
④ 감각을 지시하는 용어의 의미는 그것이 무엇을 지시하는 가와 아무 상관이 없다.
⑤ 감각을 지시하는 용어의 의미는 다른 사람들과 공유하는 의미로 확장될 수 있다.

4. 다음 중 ㉠~㉤의 한자 표기로 적절하지 않은 것은?

특허출원 관련 수수료는 다음 각 호와 같다.
1. 특허출원료
  가. 출원서를 서면으로 제출하는 경우 : 매건 5만 8천 원 (단, 출원서의 첨부서류 중 명세서, ㉠도면 및 요약서의 합이 20면을 초과하는 경우 초과하는 1면마다 1천 원을 가산한다)
  나. 출원서를 전자문서로 ㉡제출하는 경우 : 매건 3만 8천 원
2. 출원인변경신고료
  가. 상속에 의한 경우 : 매건 6천 5백 원
  나. 법인의 ㉢분할·합병에 의한 경우 : 매건 6천 5백 원
  다. 기업구조조정 촉진법 제15조 제1항의 규정에 따른 약정을 체결한 기업이 경영정상화계획의 이행을 위하여 행하는 영업양도의 경우 : 매건 6천 5백 원
  라. 가목 내지 다목 외의 사유에 의한 경우 : 매건 1만 3천 원
특허권 관련 수수료는 다음 각 호와 같다.
1. 특허권의 실시권 설정 또는 그 보존등록료
  가. 전용실시권 : 매건 7만 2천 원
  나. 통상실시권 : 매건 4만 3천 원
2. 특허권의 이전등록료
  가. 상속에 의한 경우 : 매건 1만 4천 원
  나. 법인의 분할·합병에 의한 경우 : 매건 1만 4천 원
  다. 기업구조조정 촉진법에 따른 약정을 ㉣체결한 기업이 경영정상화계획의 이행을 위하여 행하는 영업양도의 경우 : 매건 1만 4천 원
  라. 가목 내지 다목 외의 사유에 의한 경우 : 매건 5만 3천 원
3. 등록사항의 경정·변경(행정구역 또는 지번의 ㉤변경으로 인한 경우 및 등록명의인의 표시변경 또는 경정으로 인한 경우는 제외한다)·취소·말소 또는 회복등록료 : 매건 5천 원

① 圖案
② 提出
③ 分割
④ 締結
⑤ 變更

5. 다음 글과 어울리는 사자성어로 적절한 것은?

> 어지러운 시기, 20대 중반 한 청년은 사법고시에 도전했다. 젊은이의 도전은 1차 시험 합격의 기쁨도 잠시, 안타깝게도 이 시기에 그는 동생을 잃었고, 아버지는 마음의 상처로 몸을 제대로 가누지 못했다. 그는 그대로 고시와 출세라는 상념에 빠져 잠을 이루지 못했다.
>
> 반복된 3번의 낙방으로 청년의 자신감은 바닥을 치고 있었고 건강에도 이상이 와 시골로 내려오게 되었다. 아버지는 눈과 귀가 어두워 몸이 불편했지만 한마디 불평 없이 뒷바라지하며 아들의 성공을 의심치 않았다.
>
> 그렇게 젊음의 패기로 도전했던 4번째 시험에 마침내 합격했다. 마을은 일주일 내도록 잔치를 벌였다. 살면서 그 순간만큼 행복을 느낀 적은 없었던 것 같다.

① 유비무환   ② 토사구팽
③ 맥수지탄   ④ 와신상담
⑤ 경국지색

6. 다음 글을 읽고 이 글을 뒷받침할 수 있는 주장으로 가장 적합한 것은?

> X선 사진을 통해 폐질환 진단법을 배우고 있는 의과대학 학생을 생각해 보자. 그는 암실에서 환자의 가슴을 찍은 X선 사진을 보면서, 이 사진의 특징을 설명하는 방사선 전문의의 강의를 듣고 있다. 그 학생은 가슴을 찍은 X선 사진에서 늑골뿐만 아니라 그 밑에 있는 폐, 늑골의 음영, 그리고 그것들 사이에 있는 아주 작은 반점들을 볼 수 있다. 하지만 처음부터 그럴 수 있었던 것은 아니다. 첫 강의에서는 X선 사진에 대한 전문의의 설명을 전혀 이해하지 못했다. 그가 가리키는 부분이 무엇인지, 희미한 반점이 과연 특정질환의 흔적인지 전혀 알 수가 없었다. 전문가가 상상력을 동원해 어떤 가상적 이야기를 꾸며내는 것처럼 느껴졌을 뿐이다. 그러나 몇 주 동안 이론을 배우고 실습을 하면서 지금은 생각이 달라졌다. 그는 문제의 X선 사진에서 이제는 늑골 뿐 아니라 폐와 관련된 생리적인 변화, 흉터나 만성 질환의 병리학적 변화, 급성질환의 증세와 같은 다양한 현상들까지도 자세하게 경험하고 알 수 있게 될 것이다. 그는 전문가로서 새로운 세계에 들어선 것이고, 그 사진의 명확한 의미를 지금은 대부분 해석할 수 있게 되었다. 이론과 실습을 통해 새로운 세계를 볼 수 있게 된 것이다.

① 관찰은 배경지식에 의존한다.
② 과학에서의 관찰은 오류가 있을 수 있다.
③ 과학 장비의 도움으로 관찰 가능한 영역은 확대된다.
④ 관찰정보는 기본적으로 시각에 맺혀지는 상에 의해 결정된다.
⑤ X선 사신의 판독은 과학데이터 해석의 일반적인 원리를 따른다.

7. 다음 제시된 내용을 토대로 관광회사 직원들이 추론한 내용으로 가장 적합한 것은?

> 세계여행관광협의회(WTTC)에 따르면 지난해인 2016년 전 세계 국내총생산(GDP) 총합에서 관광산업이 차지한 직접 비중은 2.7%이다. 여기에 고용, 투자 등 간접적 요인까지 더한 전체 비중은 9.1%로, 금액으로 따지면 6조 3,461억 달러에 이른다. 직접 비중만 놓고 비교해도 관광산업의 규모는 자동차 산업의 2배이고 교육이나 통신 산업과 비슷한 수준이다. 아시아를 제외한 전 대륙에서는 화학 제조업보다도 관광산업의 규모가 큰 것으로 나타났다.
>
> 서비스 산업의 특성상 고용을 잣대로 삼으면 그 차이는 더욱 더 벌어진다. 지난해 전세계 관광산업 종사자는 9,800만 명으로 자동차 산업의 6배, 화학 제조업의 5배, 광업의 4배, 통신 산업의 2배로 나타났다. 간접 고용까지 따지면 2억 5,500만 명이 관광과 관련된 일을 하고 있어, 전 세계적으로 근로자 12명 가운데 1명이 관광과 연계된 직업을 갖고 있는 셈이다. 이러한 수치는 향후 2~3년간은 계속 유지될 것으로 보인다. 실제 백만 달러를 투입할 경우, 관광산업에서는 50명분의 일자리가 추가로 창출되어 교육 부문에 이어 두 번째로 높은 고용 창출효과가 있는 것으로 조사되었다.
>
> 유엔세계관광기구(UNWTO)의 장기 전망에 따르면 관광산업의 성장은 특히 한국이 포함된 동북아시아에서 두드러질 것으로 예상된다. UNWTO는 2010년부터 2030년 사이 이 지역으로 여행하는 관광객이 연평균 9.7% 성장하여 2030년 5억 6,500만명이 동북아시아를 찾을 것으로 전망했다. 전 세계 시장에서 차지하는 비율도 현 22%에서 2030년에는 30%로 증가할 것으로 예측했다.
>
> 그런데 지난해 한국의 관광산업 비중(간접 분야 포함 전체 비중)은 5.2%로 세계 평균보다 훨씬 낮다. 관련 고용자수(간접 고용 포함)도 50만 3,000여 명으로 전체의 2%에 불과하다. 뒤집어 생각하면 그만큼 성장의 여력이 크다고 할 수 있다.

① 상민 : 2016년 전 세계 국내총생산(GDP) 총합에서 관광산업이 차지한 직접 비중을 금액으로 따지면 2조 달러가 넘는다.
② 대현 : 2015년 전 세계 통신 산업의 종사자는 자동차 산업의 종사자의 약 3배 정도이다.
③ 동근 : 2017년 전 세계 근로자 수는 20억 명을 넘지 못한다.
④ 수진 : 한국의 관광산업 수준이 간접 고용을 포함하는 고용 수준에서 현재의 세계 평균 수준 비율과 비슷해지려면 3백억 달리 이상을 관광 산업에 투사해야 한다.
⑤ 영수 : 2020년에는 동북아시아를 찾는 관광객의 수가 연간 약 2억 8,000명을 넘을 것이다.

8. 다음 중 통일성을 해치는 문장은?

> ㉠A연구재단은 지난 2000년부터 인문사회연구역량의 세부사업으로 12개의 사업을 추진하고 있는데, 그 중 하나로 학제 간 융합연구사업을 추진하고 있다. ㉡학제 간 융합연구 사업은 연구와 교육을 연계한 융합연구의 전문 인력 양성을 주요 목적으로 하며, 인문사회분야와 이공계분야 간의 학제 간 융합연구를 지원 대상으로 하고 있다. ㉢이와 같은 학제 간 융합연구 지원 사업은 씨앗형 사업과 새싹형 사업으로 이원화되어 추진되고 있으나, 연구의 저변 확대를 위해 씨앗형 사업에 중점을 두고 있다. ㉣연구지원 신청 자격은 연구책임자를 포함한 6인 이상의 연구팀이나 사업단(센터)에 부여되며, ㉤그 연구팀이나 사업단에는 동일 연구 분야의 전공자 비율이 70%를 넘지 않아야 하는 동시에 2개 이상 연구 분야의 전공자가 참여하는 것이 기본요건이다.

① ㉠   　　　　② ㉡
③ ㉢   　　　　④ ㉣
⑤ ㉤

9. 다음 중 밑줄 친 단어와 같은 의미로 사용된 문장은?

> 종묘(宗廟)는 조선시대 역대 왕과 왕비, 그리고 추존(追尊)된 왕과 왕비의 신주(神主)를 봉안하고 제사를 <u>지내는</u> 왕실의 사당이다. 신주는 사람이 죽은 후 하늘로 돌아간 신혼(神魂)이 의지하는 것으로, 왕과 왕비의 사후에도 그 신혼이 의지할 수 있도록 신주를 제작하여 종묘에 봉안했다. 조선 왕실의 신주는 우주(虞主)와 연주(練主) 두 종류가 있는데, 이 두 신주는 모양은 같지만 쓰는 방식이 달랐다. 먼저 우주는 묘호(廟號), 상시(上諡), 대왕(大王)의 순서로 붙여서 썼다. 여기에서 묘호와 상시는 임금이 승하한 후에 신위(神位)를 종묘에 봉안할 때 올리는 것으로서, 묘호는 '태종', '세종', '문종' 등과 같은 추존 칭호이고 상시는 8글자의 시호로 조선의 신하들이 정해 올렸다.
>
> 한편 연주는 유명증시(有明贈諡), 사시(賜諡), 묘호, 상시, 대왕의 순서로 붙여서 썼다. 사시란 중국이 조선의 승하한 국왕에게 내려준 시호였고, 유명증시는 '명나라 왕실이 시호를 내린다'는 의미로 사시 앞에 붙여 썼던 것이었다. 하지만 중국 왕조가 명나라에서 청나라로 바뀐 이후에는 연주의 표기 방식이 바뀌었는데, 종래의 표기 순서 중에서 유명증시와 사시를 빼고 표기하게 되었다. 유명증시를 뺀 것은 더 이상 시호를 내려줄 명나라가 존재하지 않았기 때문이었고, 사시를 뺀 것은 청나라가 시호를 보냈음에도 불구하고 조선이 청나라를 오랑캐의 나라로 치부하여 그것을 신주에 반영하지 않았기 때문이었다.

① 그는 산속에서 <u>지내면서</u> 혼자 공부를 하고 있다.
② 둘은 전에 없이 친하게 <u>지내고</u> 있었다.
③ 그는 이전에 시장을 <u>지내고</u> 지금은 시골에서 글을 쓰며 살고 있다.
④ 비가 하도 오지 않아 기우제를 <u>지내기</u>로 했다.
⑤ 아이들은 휴양지에서 여름 방학을 <u>지내기</u>를 소원하였다.

10. 다음 글을 읽고 가장 잘 이해한다고 볼 수 있는 사람은?

> 사회에는 위법행위에 호의적인 가치와 호의적이지 않은 가치가 모두 존재한다. 사회 구성원들의 가치와 태도도 그러한 가치들로 혼합되어 나타나는데, 어떤 사람은 위법행위에 호의적인 가치를, 또 어떤 사람은 위법행위에 호의적이지 않은 가치를 더 많이 갖고 있다. 또한 청소년들은 그러한 주변 사람들로부터 가치와 태도를 학습한다. 그들이 위법행위에 더 호의적인 주위 사람과 자주 접촉하고 상호 작용하게 되면 그만큼 위법행위에 호의적인 가치와 관대한 태도를 학습하고 내면화하여, 그러한 가치와 태도대로 행동하다 보면 비행을 하게 된다. 예컨대 청소년 주위에는 비행청소년도 있고 모범청소년도 있을 수 있는데, 어떤 청소년이 모범청소년보다 비행청소년과 자주 접촉할 경우, 그는 다른 청소년들보다 위법행위에 호의적인 가치와 관대한 태도를 보다 많이 학습하게 되어 비행을 더 저지르게 된다.

① 갑 : 바늘 가는데 실 간다.
② 을 : 잘되면 내 탓! 못되면 남의 탓!
③ 병 : 까마귀 노는 곳에 백로야 가지 마라!
④ 정 : 잘못한 일은 누구를 막론하고 벌을 주자!
⑤ 무 : 어릴 때부터 친구는 커서도 친구이다!

11. 다음은 ○○문화회관 전시기획팀의 주간회의록이다. 자료에 대한 내용으로 옳은 것은?

주 간 회 의 록

회의 일시	2018. 7. 2(월)	부서	전시기획팀	작성자	사원 甲

참석자	戊 팀장, 丁 대리, 丙 사원, 乙 사원

회의 안건	1. 개인 주간 스케줄 및 업무 점검 2. 2018년 하반기 전시 일정 조정

	내용	비고
회의 내용	1. 개인 주간 스케줄 및 업무 점검 • 戊 팀장 : 하반기 전시 참여 기관 미팅, 외부 전시장 섭외 • 丁 대리 : 하반기 전시 브로슈어 작업, 브로슈어 인쇄 업체 선정 • 丙 사원 : 홈페이지 전시 일정 업데이트 • 乙 사원 : 2018년 상반기 전시 만족도 조사 2. 2018년 하반기 전시 일정 조정 • 하반기 전시 기간 : 9~11월, 총 3개월 • 전시 참여 기관 : A~I 총 9팀 −관내 전시장 6팀, 외부 전시장 3팀 • 전시 일정 : 관내 2팀, 외부 1팀으로 3회 진행	• 7월 7일 AM 10:00 외부 전시장 사전답사 (戊 팀장, 丁 대리) • 회의 종료 후, 전시 참여 기관에 일정 안내 (7월 4일까지 변경 요청 없을 시 그대로 확정)

장소 기간	관내 전시장	외부 전시장
9월	A, B	C
10월	D, E	F
11월	G, H	I

	내용	작업자	진행일정
결정 사항	브로슈어 표지 이미지 샘플조사	丙 사원	2018. 7. 2~7. 3
	상반기 전시 만족도 설문조사	乙 사원	2018. 7. 2~7. 5

특이 사항	다음 회의 일정 : 7월 9일 • 2018년 상반기 전시 만족도 확인 • 브로슈어 표지 결정, 내지 1차 시안 논의

① 이번 주 금요일 외부 전시장 사전 답사에는 戊 팀장과 丁 대리만 참석한다.

② 丙 사원은 이번 주에 홈페이지 전시 일정 업데이트만 하면 된다.

③ 7월 4일까지 전시 참여 기관에서 별도의 연락이 없었다면, H팀의 전시는 2018년 11월 관내 전시장에 볼 수 있다.

④ 2018년 하반기 전시는 ○○문화회관 관내 전시장에서만 열릴 예성이다.

⑤ 乙 사원은 이번 주 금요일까지 상반기 전시 만족도 설문 조사를 진행할 예정이다.

▌12~13▐ (가)는 카드 뉴스, (나)는 신문 기사이다. 물음에 답하시오.

(가)

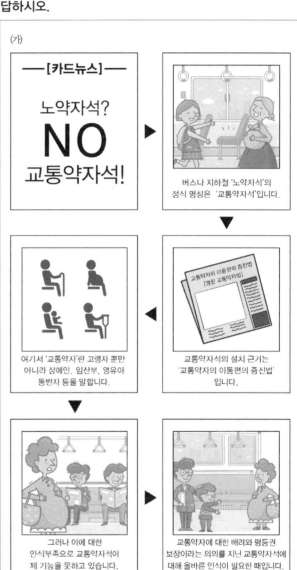

[카드뉴스]
노약자석?
NO
교통약자석!

버스나 지하철 '노약자석'의 정식 명칭은 '교통약자석'입니다.

교통약자석의 설치 근거는 '교통약자의 이동편의 증진법' 입니다.

여기서 '교통약자'란 고령자 뿐만 아니라 장애인, 임산부, 영유아 동반자 등을 말합니다.

그러나 이에 대한 인식부족으로 교통약자석이 제 기능을 못하고 있습니다.

교통약자에 대한 배려와 평등권 보장이라는 의의를 지닌 교통약자석에 대해 올바른 인식이 필요한 때입니다.

(나)

― 교통약자석, 본래의 기능 다하고 있나? ―
좌석에 대한 올바른 인식 필요

요즘 대중교통 교통약자석이 논란이 되고 있다. 실제로 서울 지하철 교통약자석 관련 민원이 2014년 117건에서 2016년 400건 이상으로 대폭 상승했다. 다음은 교통약자석과 관련된 인터뷰 내용이다.

"저는 출근 전 아이를 시댁에 맡길 때 지하철을 이용해요. 가끔 교통약자석에 앉곤 하는데, 그 자리가 어르신들을 위한 자리 같아 마음이 불편해요. 자리다툼이 있었다는 뉴스를 본 후 앉는 것이 더 망설여져요." (회사원 김○○ 씨 (여, 32세))

'교통약자의 이동편의 증진법'에 따라 설치된 교통약자석은 장애인, 고령자, 임산부, 영유아를 동반한 사람, 어린이 등 일상생활에서 이동에 불편을 느끼는 사람이라면 누구나 이용할 수 있다. 그러나 위 인터뷰에서처럼 시민들이 교통약자석에 대해 제대로 알지 못해 교통약자석이 본래의 기능을 다하고 있지 못하는 실정이다. 교통약자석이 제 기능을 다하기 위해서는 이에 대한 시민들의 올바른 인식이 필요하다.

― 2017. 10. 24. ○○신문, □□□기자

---

12. (가)에 대한 이해로 적절하지 않은 것은?

① 의문을 드러내고 그에 답하는 방식을 통해 교통약자석에 대한 잘못된 통념을 환기하고 있다.

② 교통약자석과 관련된 법을 제시하여 글의 정확성과 신뢰성을 높이고 있다.

③ 용어에 대한 설명을 통해 '교통약자'의 의미를 이해하도록 돕고 있다.

④ 교통약자석에 대한 인식 부족으로 인해 발생하는 문제점들을 원인에 따라 분류하고 있다.

⑤ 교통약자석의 설치 의의를 언급함으로써 글의 주제에 대해 공감할 수 있도록 유도하고 있다.

13. (가)와 (나)를 비교한 내용으로 적절한 것은?

① (가)와 (나)는 모두 다양한 통계 정보를 활용하여 주제를 뒷받침하고 있다.

② (가)는 (나)와 달리 글과 함께 그림들을 비중 있게 제시하여 의미 전달을 용이하게 하고 있다.

③ (가)는 (나)와 달리 제목을 표제와 부제의 방식으로 제시하여 뉴스에 담긴 의미를 강조하고 있다.

④ (나)는 (가)와 달리 비유적이고 함축적인 표현들을 주로 사용하여 주제 전달의 효과를 높이고 있다.

⑤ (나)는 (가)와 달리 표정이나 몸짓 같은 비언어적 요소를 활용하여 내용을 실감 나게 전달하고 있다.

14. 다음 글에 나타난 글쓴이의 생각으로 적절하지 않은 것은?

21세기는 각자의 개성이 존중되는 다원성의 시대이다. 역사 분야에서도 역사를 바라보는 관점에 따라 다양한 역사 서술들이 이루어지고 있다. 이렇게 역사 서술이 다양해질수록 역사 서술에 대한 가치 판단의 요구는 증대될 수밖에 없다. 그렇다면 이 시대의 역사 서술은 어떤 기준으로 평가되어야 할까?

역사 서술 방법 중에 가장 널리 알려진 것은 근대 역사가들이 표방한 객관적인 역사 서술 방법일 것이다. 이들에게 역사란 과거의 사실을 어떤 주관도 개입시키지 않은 채 객관적으로만 서술하는 것이다. 하지만 역사가는 특정한 국가와 계층에 속해 있고 이에 따라 특정한 이념과 가치관을 가지므로 객관적일 수 없다. 역사가의 주관적 관점은 사료를 선별하는 과정에서부터 이미 개입되기 시작하며 사건의 해석과 평가라는 역사 서술에 지속적으로 영향을 주게 된다. 따라서 역사 서술에 역사가의 주관은 개입될 수밖에 없으므로 완전히 객관적인 역사 서술은 불가능한 일이다.

이러한 역사 서술의 주관성 때문에 역사가 저마다의 관점에 따른 다양한 역사 서술이 존재하게 된다. 이에 따라 우리는 다양한 역사 서술 속에서 우리에게 가치 있는 역사 서술이 무엇인지를 판단할 필요가 있다. 역사학자 카(E. H. Carr)는 역사 서술에 대해 '역사는 과거와 현재의 대화이다.'라는 말을 남겼다. 이 말은 현재를 거울삼아 과거를 통찰하고 과거를 거울삼아 현재를 바라보며 더 나은 미래를 창출하는 것으로 해석할 수 있다. 이러한 견해에 의하면 역사 서술의 가치는 과거와 현재의 합리적인 소통 가능성에 따라 판단될 수 있다.

과거와 현재의 합리적 소통 가능성은 역사 서술의 사실성, 타당성, 진정성 등을 준거로 판단할 수 있다. 이 기준을 지키지 못한 역사 서술은 과거나 현재를 왜곡할 우려가 있으며, 결과적으로 미래를 올바르게 바라보지 못하게 만드는 원인이 될 수 있다. 이를테면 수많은 반증 사례가 있음에도 자신의 관점에 부합하는 사료만을 편파적으로 선택한 역사 서술은 '사실성'의 측면에서 신뢰받기 어렵다. 사료를 배열하고 이야기를 구성하는 과정이 지나치게 자의적이라면 '타당성'의 측면에서 비판받을 것이다. 또한 사료의 선택과 해석의 방향이 과거의 잘못을 미화하기 위한 것이라면 '진정성'의 측면에서도 가치를 인정받지 못하게 될 것이다.

요컨대 역사가의 주관이 다양하고 그에 따른 역사 서술도 다양할 수밖에 없다면 그 속에서 가치 있는 역사 서술을 가려낼 필요가 있다. '사실성, 타당성, 진정성'에 바탕을 둔 합리적 소통 가능성으로 역사 서술을 평가하는 것은 역사를 통해 미래를 위한 혜안을 얻는 한 가지 방법이 될 것이다.

① 역사 서술에서 완전한 객관성의 실현은 불가능하다.
② 역사 서술들이 다양해질수록 가치 판단 요구는 증대된다.
③ 역사가를 둘러싼 환경은 역사 서술 관점 형성에 영향을 준다.
④ 역사 서술의 사실성을 높이려면 자신의 관점에 어긋난 사료는 버려야 한다.
⑤ 역사 서술은 과거와 현재의 합리적 소통 가능성으로 가치를 평가할 수 있다.

15. 서울에서 부산까지 자동차를 타고 가는데, 갑이 먼저 출발하였고, 갑이 출발한 후 30분이 지나 을이 출발하였다. 갑이 시속 80km로 가고, 을이 시속 100km의 속력으로 간다고 할 때, 을이 출발한지 몇 시간 후에 갑을 따라잡을 수 있는가?

① 1시간
② 1시간 30분
③ 2시간
④ 2시간 30분
⑤ 3시간

16. 다음 A, B 두 국가 간의 시간차와 비행시간으로 옳은 것은?

⟨A↔B 국가 간의 운항 시간표⟩

구간	출발시각	도착시각
A→B	09 : 00	13 : 00
B→A	18 : 00	06 : 00(다음날)

• 출발 및 도착시간은 모두 현지시각이다.
• 비행시간은 A→B 구간, B→A 구간 동일하다.
• A가 B보다 1시간 빠르다는 것은 A가 오전 5시일 때, B가 오전 4시임을 의미한다.

	시차	비행시간
①	A가 B보다 4시간 느리다.	12시간
②	A가 B보다 4시간 빠르다.	8시간
③	A가 B보다 2시간 느리다.	10시간
④	A가 B보다 2시간 빠르다.	8시간
⑤	A가 B보다 4시간 느리다.	10시간

17. 용인의 한 놀이공원의 입장료는 어른이 8,000원이고, 학생은 6,000원이다. 오늘 하루 입장권이 총 1,200장이 팔렸는데 입장료 총 수입이 8,320,000원이라고 할 때, 입장한 학생의 수는 몇 명인가?

① 540명
② 560명
③ 600명
④ 640명
⑤ 720명

18. 다음은 2017년도 에어컨 매출액 상위 10개 업체와 매출액 증가에 관한 자료이다. 이를 참고하여 2018년도 에어컨 매출액 중 세 번째로 높은 업체는?

〈2017년도 에어컨 매출액 상위 10개 업체〉

(단위 : 십억 원)

업체명	매출액
A	1,139
B	1,097
C	285
D	196
E	154
F	149
G	138
H	40
I	30
J	27

〈2018년도 전년 대비 에어컨 매출액 증가율〉

(단위 : %)

업체명	전년 대비 매출액 증가율
A	15
B	19
C	10
D	80
E	25
F	90
G	46
H	61
I	37
J	58

① B
② D
③ F
④ H
⑤ J

19. 다음은 일자별 교통사고에 관한 자료이다. 이를 참고로 보고서를 작성할 때, 알 수 없는 정보는?

〈일자별 하루 평균 전체교통사고 현황〉

(단위 : 건, 명)

구분	1일	2일	3일	4일
사고	822.0	505.3	448.0	450.0
부상자	1,178.0	865.0	1,013.3	822.0
사망자	17.3	15.3	10.0	8.3

〈보고서〉

㉠ 1~3일의 교통사고 건당 입원자 수
㉡ 평소 주말 평균 부상자 수
㉢ 1~2일 평균 교통사고 증가량
㉣ 4일간 교통사고 부상자 증감의 흐름

① ㉠㉡
② ㉢㉣
③ ㉠㉡㉢
④ ㉡㉢㉣
⑤ ㉠㉡㉢㉣

20. 다음은 동석이의 7월 보수 지급 명세서이다. 이에 대한 설명으로 옳지 않은 것은?

〈보수 지급 명세서〉

(단위 : 원)

실수령액 : ( )			
보수		공제	
보수항목	보수액	공제항목	공제액
봉급	( )	소득세	150,000
중요직무급	130,000	지방소득세	15,000
시간외수당	320,000	일반기여금	184,000
정액급식비	120,000	건강보험료	123,000
직급보조비	200,000	장기요양보험료	9,800
보수총액	( )	공제총액	( )

① 소득세는 지방소득세의 8배 이상이다.
② 소득세가 공제총액에서 차지하는 비율은 30% 이상이다.
③ 봉급이 193만 원 이라면 보수총액은 공제총액의 6배 이상이다.
④ 시간외수당은 정액급식비와 15만 원 이상 차이난다.
⑤ 공제총액에서 차지하는 비율이 가장 낮은 것은 장기요양보험료이다.

21. 다음은 서원이가 매일하는 운동에 관한 기록지이다. 1회당 정문에서 후문을 왕복하여 달리는 운동을 할 때, <u>정문에서 후문까지의 거리 ㉠</u>과 <u>후문에서 정문으로 돌아오는데 걸린 시간 ㉡</u>은? (단, 매회 달리는 속도는 일정하다고 가정한다.)

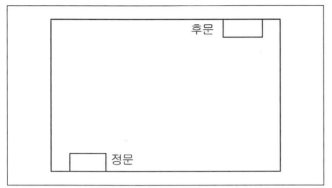

회차	속도		시간
1회	정문→후문	20m/초	5분
	후문→정문		
⋮			⋮
5회			70분

※ 총 5회 반복
※ 마지막 바퀴는 10분을 쉬고 출발

	㉠	㉡
①	6,000m	7분
②	5,000m	8분
③	4,000m	9분
④	3,000m	10분
⑤	2,000m	11분

22. 다음은 H국의 연도별 청소기 매출에 관한 자료이다. 다음의 조건에 따를 때, 2002년과 2010년의 청소기 매출액의 차이는?

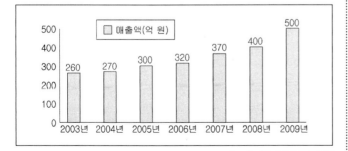

〈조건〉
㉠ 2006년 대비 2010년의 청소기 매출액 증가율은 62.5%
㉡ 2002년 대비 2004년의 청소기 매출액 감소율은 10%

① 190억 원　　　　② 200억 원
③ 210억 원　　　　④ 220억 원
⑤ 230억 원

23. 다음은 C지역의 알코올 질환 환자 동향에 관한 자료이다. 이를 참고하여 글로 정리할 때, 다음 빈칸에 들어갈 적절한 것을 구하면?

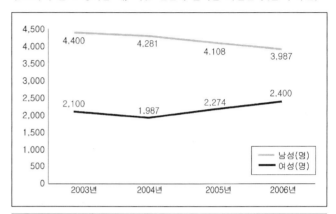

　　C지역의 음주 관련 범죄가 날로 심해지자 시 차원에서 알코올 질환 환자를 대상으로 프로그램을 실시했다. 프로그램 시행 첫 해인 2003년의 알코올 질환 환자는 남성이 여성보다 ㉠___ 명 더 많았다. 2004년의 알코올 질환 환자 수는 전년 대비 남성과 여성 모두 100명 이상 ㉡___하였다. 2005년의 알코올 질환 환자 수는 남성은 전년 대비 173명이 감소하였지만, 여성은 전년 대비 287명이 ㉢___하였다. 2003년부터 2006년까지 4년간 알코올 질환 환자 동향을 평가하면, 2003년 대비 2006년의 남성 알코올 질환 환자는 413명 감소하였지만, 여성 알코올 질환 환자는 ㉣___명 증가하였다. 따라서 이 프로그램은 남성에게는 매년 효과가 있었지만 여성에게는 두 번째 해를 제외하면 효과가 없었다고 볼 수 있다.

	㉠	㉡	㉢	㉣
①	2,200	감소	증가	200
②	2,300	감소	증가	300
③	2,400	감소	감소	400
④	2,500	증가	감소	500
⑤	2,600	증가	감소	600

24. 다음은 연도별 ICT산업 생산규모 관한 자료이다. 다음 상황을 참고하여 ㈜에 들어갈 값으로 적절한 것은?

(단위 : 천억 원)

구분 \ 연도		2005	2006	2007	2008
정보 통신 방송 서비스	통신 서비스	37.4	38.7	40.4	42.7
	방송 서비스	8.2	9.0	9.7	9.3
	융합 서비스	3.5	㈎	4.9	6.0
	소계	49.1	㈏	55.0	58.0
정보 통신 방송 기기	통신 기기	43.4	43.3	47.4	61.2
	정보 기기	14.5	㈐	㈑	9.8
	음향 기기	14.2	15.3	13.6	㈒
	소계	72.1	㈓	71.1	85.3
합계		121.2	㈝	126.1	143.3

〈상황〉
㉠ 2006년 융합서비스의 생산규모는 전년대비 1.2배가 증가하였다.
㉡ 2007년 정보기기의 생산규모는 전년대비 3천억 원이 감소하였다.

① 121.4 ② 122.8
③ 123.6 ④ 124.9
⑤ 125.2

25. 다음은 두 회사의 주가에 관한 자료이다. 다음 중 B사 주가의 최댓값과 주가지수의 최솟값은?

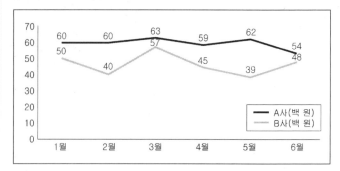

※주가지수 $= \dfrac{\text{해당 월 } A \text{사의 주가} + \text{해당 월 } B \text{사의 주가}}{1 \text{월 } A \text{사의 주가} + 1 \text{월 } B \text{사의 주가}} \times 100$

	B사 주가의 최댓값	주가지수의 최솟값
①	57	90.9
②	50	91.8
③	48	94.5
④	45	100.0
⑤	40	109.1

26. 다음은 문화산업부문 예산에 관한 자료이다. 다음 중 출판 분야의 예산 ㈎와 예산의 총합 ㈑를 구하면?

분야	예산(억 원)	비율(%)
출판	㈎	㈐
영상	40.85	19
게임	51.6	24
광고	㈏	31
저작권	23.65	11
총합	㈑	100

	출판 분야의 예산 ㈎	예산의 총합 ㈑
①	29.25	185
②	30.25	195
③	31.25	205
④	32.25	215
⑤	33.25	225

27. 다음은 E국의 연도별 연령별 인구에 관한 자료이다. 다음 중 옳지 않은 것들로 묶인 것은?

연령＼연도	2000년	2005년	2010년
전체 인구	85,553,710	89,153,187	90,156,842
0~30세	36,539,914	35,232,370	33,257,192
0~10세	6,523,524	6,574,314	5,551,237
11~20세	11,879,849	10,604,212	10,197,537
21~30세	18,136,541	18,053,844	17,508,418

> ㉠ 11~20세 인구의 10년간 흐름은 전체 인구의 흐름과 일치한다.
> ㉡ 20세 이하의 인구는 2000, 2005, 2010년 중 2000년에 가장 많다.
> ㉢ 2010년의 21~30세의 인구가 전체 인구에서 차지하는 비율은 20% 이상이다.
> ㉣ 2000년 대비 2010년의 30세 이하 인구는 모두 감소하였다.

① ㉠㉡ ② ㉠㉢
③ ㉡㉢ ④ ㉡㉣
⑤ ㉢㉣

28. 그림과 같이 가로의 길이가 2, 세로의 길이가 1인 직사각형이 있다. 이 직사각형과 넓이가 같은 정사각형의 한 변의 길이는?

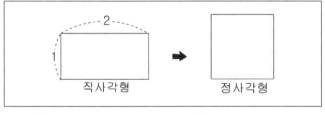

① $\sqrt{2}$ ② $\sqrt{3}$
③ 2 ④ 3
④ $\sqrt{5}$

29. 피자 1판의 가격이 치킨 1마리의 가격의 2배인 가게가 있다. 피자 3판과 치킨 2마리의 가격의 합이 80,000원일 때, 피자 1판의 가격은?

① 10,000원 ② 12,000원
③ 15,000원 ④ 18,000원
⑤ 20,000원

30. 현재 어머니의 나이는 아버지 나이의 $\frac{4}{5}$이다. 2년 후면 아들의 나이는 아버지의 나이의 $\frac{1}{3}$이 되며, 아들과 어머니의 나이를 합하면 65세가 된다. 현재 3명의 나이를 모두 합하면 얼마인가?

① 112세 ② 116세
③ 120세 ④ 124세
⑤ 128세

31. 소금물 300g에서 물 110g을 증발시킨 후 소금 10g을 더 녹였더니 농도가 처음 농도의 2배가 되었다. 처음 소금물의 농도는 얼마인가?

① 8% ② 9%
③ 10% ④ 11%
⑤ 12%

32. 그림과 같이 P도시에서 Q도시로 가는 길은 3가지이고, Q도시에서 R도시로 가는 길은 2가지이다. P도시를 출발하여 Q도시를 거쳐 R도시로 가는 방법은 모두 몇 가지인가?

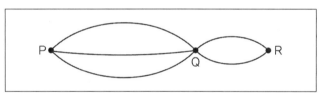

① 3가지 ② 4가지
③ 5가지 ④ 6가지
⑤ 7가지

33. 두 정육면체 A, B의 닮음비가 1 : 2일 때, 큰 정육면체 B의 부피는 작은 정육면체 A의 부피의 몇 배인가?

① 2배 ② 4배
③ 6배 ④ 8배
⑤ 10배

34. 다음은 업무 평가 점수 평균이 같은 다섯 팀의 표준편차를 나타낸 것이다. 직원들의 평가 점수가 평균에 가장 가깝게 분포되어 있는 팀은?

팀	인사팀	영업팀	총무팀	홍보팀	관리팀
표준편차	$\sqrt{23}$	$\sqrt{10}$	5	$\sqrt{15}$	3

① 인사팀 ② 영업팀

③ 총무팀 ④ 홍보팀

⑤ 관리팀

35. 김대리는 모스크바 현지 영업소로 출장을 갈 계획이다. 4일 오후 2시 모스크바에서 회의가 예정되어 있어 모스크바 공항에 적어도 오전 11시 이전에는 도착하고자 한다. 인천에서 모스크바까지 8시간이 걸리며, 시차는 인천이 모스크바보다 6시간이 더 빠르다. 김대리는 인천에서 늦어도 몇 시에 출발하는 비행기를 예약하여야 하는가?

① 3일 09 : 00 ② 3일 19 : 00

③ 4일 09 : 00 ④ 4일 11 : 00

⑤ 5일 02 : 00

36. 경찰서에서 목격자 세 사람이 범인에 관하여 다음과 같이 진술하였다.

> A : 은이가 범인이거나 영철이가 범인입니다.
> B : 영철이가 범인이거나 숙이가 범인입니다.
> C : 은이가 범인이 아니거나 또는 숙이가 범인이 아닙니다.

경찰에서는 이미 이 사건이 한 사람의 단독 범행인 것을 알고 있었다. 그리고 한 진술은 거짓이고 나머지 두 진술은 참이라는 것이 나중에 밝혀졌다. 그러나 안타깝게도 어느 진술이 거짓인지는 밝혀지지 않았다면 다음 중 반드시 거짓인 것은?

① 은이가 범인이다.

② 영철이가 범인이다.

③ 숙이가 범인이다.

④ 숙이는 범인이 아니다.

⑤ 은이가 범인이 아니면 영철이도 범인이 아니다.

37. 다음 글을 읽고 이 글의 내용과 부합되는 것을 고르시오.

> 말갈은 고구려의 북쪽에 있으며 읍락마다 추장이 있으나 서로 하나로 통일되지는 못했다. 무릇 7종이 있으니 첫째는 속말부라 부르며 고구려에 접해 있고, 둘째는 백돌부로 속말의 북쪽에 있다. 셋째. 안차골부는 백돌의 동북쪽에 있고, 넷째, 불열부는 백돌의 동쪽에 있다. 다섯째는 호실부로 불열의 동쪽에 있고, 여섯째는 흑수부로 안차골의 서북쪽에 있으며, 일곱째는 백산부로 속말의 동쪽에 있다. 정병은 3천이 넘지 않고 흑수부가 가장 강하다.

① 벽돌부는 호실부의 서쪽에 있다.

② 흑수부는 백산부의 동쪽에 있다.

③ 백산부는 불열부의 북쪽에 있다.

④ 안차골부는 속말부의 서북쪽에 있다.

⑤ 안차골부는 고구려에 인접해 있다.

38. 다음 다섯 사람 중 오직 한 사람만이 거짓말을 하고 있다. 거짓말을 하고 있는 사람은 누구인가?

> • A : B는 거짓말을 하고 있지 않다.
> • B : C의 말이 참이면 D의 말도 참이다.
> • C : E는 거짓말을 하고 있다.
> • D : B의 말이 거짓이면 C의 말은 참이다.
> • E : A의 말이 참이면 D의 말은 거짓이다.

① A ② B

③ C ④ D

⑤ E

39. 다음 글의 내용이 참일 때 최종 선정되는 단체는 어디인가?

문화체육관광부는 우수 문화예술 단체 A, B, C, D, E 중 한 곳을 선정하여 지원하려 한다. 문화체육관광부의 금번 선정 방침은 다음 두 가지이다. 첫째, 어떤 형태로든 지원을 받고 있는 단체는 최종 후보가 될 수 없다. 둘째, 최종 선정 시 올림픽 관련 단체를 엔터테인먼트 사업(드라마, 영화, 게임) 단체보다 우선한다.

A 단체는 자유무역협정을 체결한 필리핀에 드라마 콘텐츠를 수출하고 있지만 올림픽과 관련한 사업은 하지 않는다. B 단체는 올림픽의 개막식 행사를, C 단체는 올림픽의 폐막식 행사를 각각 주관하는 단체이다. E 단체는 오랫동안 한국 음식문화를 세계에 보급해 온 단체이다. A와 C 단체 중 적어도 한 단체가 최종 후보가 되지 못한다면, 대신 B와 E 중 적어도 한 단체는 최종 후보가 된다. 반면 게임 개발로 각광을 받는 단체인 D가 최종 후보가 된다면, 한국과 자유무역협정을 체결한 국가와 교역을 하는 단체는 모두 최종 후보가 될 수 없다.

후보 단체들 중 가장 적은 부가가치를 창출한 단체는 최종 후보가 될 수 없고, 최종 선정은 최종 후보가 된 단체 중에서만 이루어진다.

문화체육관광부의 조사 결과, 올림픽의 개막식 행사를 주관하는 모든 단체는 이미 보건복지부로부터 지원을 받고 있다. 그리고 위 문화예술 단체 가운데 한국 음식문화 보급과 관련된 단체의 부가가치 창출이 가장 저조하였다.

① A   ② B

③ C   ④ D

⑤ E

40. 토요일 오후 한 금은방에서 목걸이를 도난당했다. 용의자로 유력한 네 사람이 다음과 같은 진술을 했다고 할 때, 거짓말을 하고 있는 사람은? (단, 거짓말은 한 명만 하고 있다.)

• 조정 : 나는 범인이 아니다.
• 근석 : 명기는 범인이다.
• 명기 : 근석이는 범인이다.
• 용준 : 명기는 범인이다.

① 조정   ② 명기

③ 근석   ④ 용준

⑤ 없음

41. 영호, 준희, 담비, 사연이는 모두 배드민턴, 골프, 낚시, 자전거 동호회 4개 중 2개에 가입하고 있다. 3명은 배드민턴 동호회에 가입하여 활동 중이고, 2명은 골프 동호회에서, 2명은 낚시 동호회에서 활동 중이다. 준희는 자전거 동호회에, 담비는 낚시 동호회에, 사연이는 배드민턴과 골프 동호회에 가입한 것을 알았을 때, 다음 중 항상 옳지 않은 것은?

① 영호와 준희가 배드민턴 동호회에 가입되어 있다면 담비는 배드민턴 동호회에 가입하지 않았다.

② 담비가 골프 동호회에 가입되어 있다면 배드민턴 동호회에 가입하지 않았다.

③ 준희가 낚시 동호회에 가입되어 있다면 영호도 낚시 동호회에 가입되어 있다.

④ 사연이는 낚시 동호회에 가입하지 않았다.

⑤ 영호는 자전거 동호회에 가입하지 않았다.

42. 현경이네 가족은 주말을 맞아 집안 청소를 하기로 하였다. 현경이네 가족은 현경, 현수, 현우, 현아, 현성, 현진이다. 다음 조건에 따라 청소 당번을 정하기로 할 때, 청소 당번이 아닌 사람으로 짝지어진 것은?

〈조건〉
㉠ 현경이 당번이 되지 않는다면, 현아가 당번이 되어야 한다.
㉡ 현경이 당번이 된다면, 현우도 당번이 되어야 한다.
㉢ 현우와 현성이 당번이 되면, 현아는 당번이 되어서는 안 된다.
㉣ 현아나 현성이 당번이 된다면, 현진도 당번이 되어야 한다.
㉤ 현수가 당번이 되지 않는다면, 현우와 현성이 당번이 되어야 한다.
㉥ 현수는 당번이 되지 않는다.

① 현수, 현아

② 현경, 현수

③ 현우, 현아, 현진

④ 현수, 현우, 현진, 현성

⑤ 현경, 현우, 현아, 현성, 현진

43. 다음 조건을 통해 추론을 할 때, 서로 대화가 가능한 사람끼리 짝지어진 것은?

- 갑, 을, 병, 정은 사용가능한 언어만으로 대화를 할 수 있다.
- 갑, 을, 병, 정은 모두 2개 국어를 사용한다.
- 갑은 영어와 한국어를 사용한다.
- 을은 한국어와 프랑스를 사용한다.
- 병은 독일어와 영어를 사용한다.
- 정은 프랑스어와 중국어를 사용한다.
- 무는 태국어와 한국어를 사용한다.

① 갑, 정   ② 을, 병

③ 병, 무   ④ 정, 병

⑤ 무, 갑

44. 다음은 1년간 판매율이 가장 높았던 제품 4종에 대한 소비자 평가 점수이다. 이 자료를 참고할 때, 제시된 네 명의 구매자에게 선택받지 못한 제품은?

〈제품에 대한 소비자 평가 점수〉

(단위 : 점)

제품명 / 평가기준	B	D	K	M
원료	10	8	5	8
가격	4	9	10	7
인지도	8	7	9	10
디자인	5	10	9	7

〈구매 기준〉

㉠ 제인 : 나는 제품을 고를 때, 가격과 원료를 꼼꼼히 확인하겠어.

㉡ 데이먼 : 고민 없이 소비자 평가 총점이 높은 제품을 구매하겠어.

㉢ 밀러 : 내 기준에서 제품의 인지도와 디자인이 중요하다고 봐.

㉣ 휴즈 : 화장품은 원료, 가격, 인지도 모두가 중요한 요소라고 생각해.

① B   ② D

③ K   ④ M

⑤ 없음

45. 다음의 기사는 CRM에 대한 것이다. 이를 읽고 밑줄 친 부분에 관련해서 가장 옳지 않은 사항을 추론하면?

어딜 가든 고객에게 필요한 것을 생각하고 사소한 부분이라도 챙기기 위해 노력한다고 말하는 이용덕 전무는 타고난 영업맨이다.

이 전무는 대구상고 졸업 후 지난 1979년 스무 살의 나이로 입행했다. 대구 지점에서 영업으로 기반을 닦았고, 2008년 범일동 지점장과 2010년 본리동 지점장을 역임했다. 이후 2012년 대구지점 수석지점장을 거쳐 1년 만에 2013년 동대구지역본부장으로 승진, 2015년에는 중소기업금융그룹 대표로 자리를 잡았다. 그는 자신의 평소 좋아하는 문구로 '천운·지운·인운'을 꼽았다.

이 전무는 "천운은 하늘의 뜻이고 지운은 부모로부터 재능을 의미한다면 인운은 자기 스스로 맺는 인간관계를 말한다"라며 "셋 중에 인운이 가장 중요하다"라고 말했다. 이어 "사람을 대할 때 당장의 이익보다는 마음으로 대하고 순간의 이득을 위해서 배신하지 않는다면 결과는 돌아오게 된다"라고 덧붙였다.

실제로 그는 서울 본사로 부임한 이후에도 여전히 대구에 있는 기존 고객관리도 소홀히 하지 않는다. 유익한 경제 정보가 있으면 신문을 스크랩해 카톡 등으로 지인들에게 보내주거나 지방에 좋은 음식을 현지에서 직배송하여 감사의 마음을 표하는 방식이다. 이 전무는 "몸에 좋은 음식이나 정보를 보내는 것은 제 자신이 늘 고객을 생각하고 있다는 것을 드러내는 가장 중요한 수단 중 하나다"라며 "고가의 상품이 아니더라도 사소한 관심이 사람들에게 예상외로 크게 다가간다는 걸 깨달았다"라고 말했다.

그는 "경북 영천에 놀러 간 적이 있었는데 거기서 당뇨병에 누에고치가 좋다고 하여 당뇨를 앓고 있는 대구 고객이 생각나 현지에서 배송한 적이 있다"라며 "이후 영업적으로만 대하던 고객과의 관계가 인간적인 관계로 발전했다"라고 회상했다.

① CRM은 소비자에 대한 이해가 선행되어야 한다.

② CRM이 효과적으로 정착되게 되면 추후 고객들에 대한 광고비를 감소시킬 수 있다.

③ CRM은 기술보다 소비자에 우선적인 초점을 두어야 한다.

④ CRM은 가격을 통해 고객을 얻을 수 있고 그로 인해 자사의 경쟁력 확보가 가능하다.

⑤ CRM은 고객중심이어야 한다.

46. 다음 빈칸에 들어갈 적절한 용어는?

> 누구나 안전하고 행복하게 이용할 수 있는 지하철이 될 수 있도록 최선을 다하겠습니다.
> 장난꾸러기 지하철 친구
> "또타"
> 또, 또, 타고 싶은 서울지하철!
> 시민들에게 어떻게 웃음을 주나 늘 고민하는 장난꾸러기 친구, "또타"를 소개합니다.
>
> 서울지하철의 공식 (   ) "또타"는 시민 여러분과 늘 함께하는 서울지하철의 모습을 밝고 유쾌한 이미지로 표현합니다.
>
> 전동차 측면 모양으로 캐릭터 얼굴을 디자인하여 일상적으로 이용하는 대중교통수단의 모습을 참신한 느낌으로 담아냈고, 메인 컬러로 사용한 파란색은 시민과 공사 간의 두터운 신뢰를 상징하고 있습니다.
>
> 안전하며 편리한 서울지하철, 개구쟁이 "또타"와 함께라면 자꾸만 타고 싶은 즐겁고 행복한 공간이 됩니다.

① 슬로건   ② 캐릭터
③ 로고송   ④ 홍보영화
⑤ 사이버홍보관

47. A~E 중에서 다음의 조직도를 올바르게 이해한 사람은?

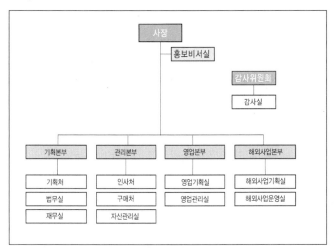

① A : 조직도를 보면 4개 본부, 3개 처와 감사실을 포함한 총 7개실로 구성되었군.
② B : 해외사업본보는 해외사업기획과 해외사업영업으로 구분되겠군.
③ C : 사장 직속으로는 4개의 본부가 있는데 그 중 한 본부는 관리를 맡고 있군.

④ D : 자산관리실과 영업관리실처럼 관리를 담당하는 곳은 관리본부에 속해 있군.
⑤ E : 감사실과 홍보비서실은 사장 직속이 아니라 독립된 부서로 구성되어 있네.

48. 최근 업무 성과에 따라 보수를 지급하는 성과연봉제가 공공부문에 도입되는 것에 대한 반대의견이 많다. 그 이유는 '성과'라는 것이 공정하게 측정되기 어렵고, 특히 공공부문의 경우 얻을 수 있는 성과를 수치화한다는 것이 현실적이지 않은 경우가 많기 때문이다 또한 장기적인 관점에서 집행되어야 할 사업들이 성과를 이유로 철폐되는 등 공공부문에 부작용을 가져올 가능성이 크다는 점에서 지속적인 반대의견이 제시되고 있다. 그렇다면 이와 반대로 성과연봉제를 도입하려는 이유로 가장 적절한 것은?

① 이미 완벽한 측정지표가 있기 때문이다.
② 조직의 성과가 높아질 수 있기 때문이다.
③ 성과는 공정하게 측정할 수 있는 확실한 기준이기 때문이다.
④ 공공부문은 개별 구성원의 성과를 측정하기 용이하기 때문이다.
⑤ 일을 성실하게 하는 사람에게 더 많은 보상이 돌아갈 수 있기 때문이다.

49. 다음의 기사를 읽고 밑줄 친 부분과 관련한 내용으로 가장 적절하지 못한 것은?

> 최근 포항·경주 등 경북지역 기업들에 정부의 일학습병행제가 본격 추진되면서 큰 관심을 보이고 있는 가운데, 포스코 외주파트너사인 ㈜세영기업이 지난 17일 직무개발훈련장의 개소식을 열고 첫 발걸음을 내디뎠다. 청년층의 실업난 해소와 고용 창출의 해법으로 정부가 시행하는 일학습병행제는 기업이 청년 취업희망자를 채용해 이론 및 실무교육을 실시한 뒤 정부로부터 보조금을 지원받을 수 있는 제도로, ㈜세영기업은 최근 한국산업인력공단 포항지사와 함께 취업희망자를 선발했고 오는 8월 1일부터 본격적인 실무교육에 나설 전망이다.
> ㈜세영기업 대표이사는 "사업 전 신입사원 <u>OJT</u>를 단기간 수료해 현장 배치 및 직무수행을 하면서 직무능력 수준 및 조직적응력 저하, 안전사고 발생위험 등 여러 가지 문제가 있었다."며 "이번 사업을 통해 2~3년 소요되던 직무능력을 1년 만에 갖출 수 있어 생산성 향상과 조직만족도가 향상될 것"이라고 밝혔다.

① 종업원들이 수행해야 하는 훈련은 추상적이 아닌 실제적이다.

② 다수의 종업원을 훈련하는 데에 있어 가장 적절한 훈련기법이다.

③ 교육훈련에 대한 내용 및 수준에 있어서의 통일성을 기하기 어렵다.

④ 상사 또는 동료 간 이해 및 협조정신 등을 높일 수 있다.

⑤ 이는 전사적인 교육훈련이 아닌 통상적으로 각 부서의 장이 주관하여 업무에 관련된 계획 및 집행의 책임을 지는 일종의 부서 내 교육훈련이다.

50. 다음의 ㈜서원각이 새롭게 개편한 조직에 대한 설명으로 가장 적절한 것은?

㈜서원각은 점차 복잡해지고 불확실성이 높아 가는 비즈니스 환경에 대비하기 위해 조직을 개편하였다. 기존의 개발부, 영업부, 자재부, 생산부 등으로 구성된 기능별 조직을 가전제품, 반도체 제품, 휴대 전화 등 제품별 조직으로 개편하였다.

① 사업 단위별로 조직의 권한을 분산시키는 조직이다.

② 특정 과제가 해결되면 해체되는 일시적인 조직이다.

③ 최고 경영자의 명령이 수직적으로 전달되는 조직이다.

④ 라인 조직에 조언하는 스텝 조직이 상호 연결된 조직이다.

⑤ 각 부분에서 선정된 사람으로 위원회를 구성하는 조직이다.

51. 아래 워크시트에서 부서명[E2:E4]을 번호[A2:A11] 순서대로 반복하여 발령부서[C2:C11]에 배정하고자 한다. 다음 중 [C2] 셀에 입력할 수식으로 옳은 것은?

	A	B	C	D	E
1	번호	이름	발령부서		부서명
2	1	황현아	기획팀		기획팀
3	2	김지민	재무팀		재무팀
4	3	정미주	총무팀		총무팀
5	4	오민아	기획팀		
6	5	김혜린	재무팀		
7	6	김윤중	총무팀		
8	7	박유미	기획팀		
9	8	김영주	재무팀		
10	9	한상미	총무팀		
11	10	서은정	기획팀		

① = INDEX($E$2:$E$4, MOD(A2, 3))

② = INDEX($E$2:$E$4, MOD(A2, 3) + 1)

③ = INDEX($E$2:$E$4, MOD(A2 − 1, 3) + 1)

④ = INDEX($E$2:$E$4, MOD(A2 − 1, 3))

⑤ = INDEX($E$2:$E$4, MOD(A2 − 1, 3) − 1)

52. 아래 워크시트에서 매출액[B3:B9]을 이용하여 매출 구간별 빈도수를 [F3:F6] 영역에 계산하고자 한다. 다음 중 이를 위한 배열 수식으로 옳은 것은?

	A	B	C	D	E	F
1						
2		매출액		매출구간		빈도수
3		75		0	50	1
4		93		51	100	2
5		130		101	200	3
6		32		201	300	1
7		123				
8		257				
9		169				

① { = PERCENTILE(B3:B9, E3:E6)}

② { = PERCENTILE(E3:E6, B3:B9)}

③ { = FREQUENCY(B3:B9, E3:E6)}

④ { = FREQUENCY(E3:E6, B3:B9)}

⑤ { = PERCENTILE(E3:E9, B3:B9)}

53. 다음 중 아래 워크시트의 [A1] 셀에 사용자 지정 표시 형식 '#,###,'을 적용했을 때 표시되는 값은?

	A	B
1	2451648.81	
2		

① 2,451   ② 2,452

③ 2   ④ 2.4

⑤ 2.5

54. 다음 중 아래 워크시트에서 수식 ' = SUM($B$2:C2)'이 입력된 [D2]셀을 [D4] 셀에 복사하여 붙여 넣었을 때의 결과 값은?

	D2		▼	fx	=SUM($B$2:C2)
	A	B	C	D	E	F
1						
2		5	10	15		
3		7	14			
4		9	18			
5						

① 15　　　　　　　　② 27

③ 42　　　　　　　　④ 63

⑤ 72

55. 다음 [조건]에 따라 작성한 [함수식]에 대한 설명으로 옳은 것을 〈보기〉에서 고른 것은?

[조건]

• 품목과 수량에 대한 위치는 행과 열로 표현한다.

행＼열	A	B
1	품목	수량
2	설탕	5
3	식초	6
4	소금	7

예
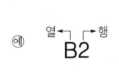
열 ┌→ 행
B2

[함수 정의]

• IF(조건식, ㉠, ㉡) : 조건식이 참이면 ㉠ 내용을 출력하고, 거짓이면 ㉡ 내용을 출력한다.

• MIN(B2, B3, B4) : B2, B3, B4 중 가장 작은 값을 반환한다.

[함수식]
= IF(MIN(B2, B3, B4) > 3, "이상 없음", "부족")

〈보기〉

㉠ 반복문이 사용되고 있다.

㉡ 조건문이 사용되고 있다.

㉢ 출력되는 결과는 '부족'이다.

㉣ 식초의 수량(B3) 6을 1로 수정할 때 출력되는 결과는 달라진다.

① ㉠, ㉡　　　　　　② ㉠, ㉢

③ ㉡, ㉢　　　　　　④ ㉡, ㉣

⑤ ㉢, ㉣

56. ㈜서원각에서 근무하는 김 대리는 제도 개선 연구를 위해 영국 런던에서 관계자와 미팅을 하려고 한다. 8월 10일 오전 10시 미팅에 참석할 수 있도록 해외출장 계획을 수립하려고 한다. 김 대리는 현지 공항에서 입국 수속을 하는데 1시간, 예약된 호텔까지 이동하여 체크인을 하는데 2시간, 호텔에서 출발하여 행사장까지 이동하는데 1시간 이내의 시간이 소요된다는 사실을 파악하였다. 또한 서울 시각이 오후 8시 45분일 때 런던 현지 시각을 알아보니 오후 12시 45분이었다. 비행운임 및 스케줄이 다음과 같을 때, 김 대리가 선택할 수 있는 가장 저렴한 항공편은 무엇인가?

항공편	출발시각	경유시간	총 비행시간	운임
0001	8월 9일 19 : 30	7시간	12시간	60만 원
0002	8월 9일 20 : 30	5시간	13시간	70만 원
0003	8월 9일 23 : 30	3시간	12시간	80만 원
0004	8월 10일 02 : 30	직항	11시간	100만 원
0005	8월 10일 05 : 30	직항	9시간	120만 원

① 0001　　　　　　　② 0002

③ 0003　　　　　　　④ 0004

⑤ 0005

57. 정수는 친구와 함께 서울에서 부산까지 여행을 가려고 한다. 다음 자료를 보고 보완적 평가방식을 활용하여 정수의 입장에서 종합평가점수가 가장 높아 구매대안이 될 수 있는 운송수단을 고르면?

평가기준	중요도	운송수단에 대한 평가				
		KTX	고속버스	승용차	자전거	비행기
속도	40	8	5	4	1	9
승차감	30	7	8	8	1	7
경제성	20	5	8	3	9	4
디자인	10	7	7	5	1	7

① KTX　　　　　　　② 고속버스

③ 승용차　　　　　　④ 자전거

⑤ 비행기

58. 다음은 책꽂이 1개를 제작하기 위한 자재 소요량 계획이다. [주문]을 완료하기 위해 추가적으로 필요한 칸막이와 옆판의 개수로 옳은 것은?

〈자재 소요량 계획〉

[주문] 책꽂이 20개 제작

[자재 명세서]

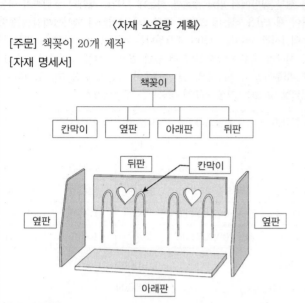

[재고 현황]

책꽂이	칸막이	옆판	아래판	뒤판
0개	40개	30개	20개	20개

[조건]

1. 책꽂이 1개를 만들기 위해서는 칸막이 4개, 옆판 2개, 아래판 1개, 뒤판 1개가 필요하다.
2. 책꽂이를 제작할 때 자재 명세서에 제시된 부품 이외의 기타 부품은 고려하지 않는다.

	칸막이	옆판
①	20	10
②	20	20
③	40	10
④	40	20
⑤	40	40

59. 다음은 소정기업의 재고 관리 사례이다. 금요일까지 부품 재고 수량이 남지 않게 완성품을 만들 수 있도록 월요일에 주문할 A~C 부품 개수로 옳은 것은? (단, 주어진 조건 이외에는 고려하지 않는다)

○○ 기업 재고 관리 사례

[부품 재고 수량과 완성품 1개당 소요량]

부품명	부품 재고 수량	완성품 1개당 소요량
A	500	10
B	120	3
C	250	5

[완성품 납품 수량]

항목 \ 요일	월	화	수	목	금
완성품 납품 개수	없음	30	20	30	20

[조건]

1. 부품 주문은 월요일에 한 번 신청하며 화요일 작업 시작 전 입고된다.
2. 완성품은 부품 A, B, C를 모두 조립해야 한다.

	A	B	C
①	100	100	100
②	100	180	200
③	500	100	100
④	500	150	200
⑤	500	180	250

60. 다음은 ○○기업의 인적 자원 관리 사례이다. 이에 대한 설명으로 옳은 것만을 모두 고른 것은?

- 직무 분석 결과에 따른 업무 조정 및 인사 배치
- 기업 부설 연수원에서 사원 역량 강화 교육 실시
- 건강 강좌 제공 및 전문 의료진과의 상담 서비스 지원

⊙ 법정 외 복리 후생 제도를 실시하고 있다.
ⓒ 인적 자원 관리의 원칙 중 '단결의 원칙'을 적용하고 있다.
ⓒ OJT(On the Job Training) 형태로 사원 교육을 진행하고 있다.

① ⊙
② ⓒ
③ ⊙, ⓒ
④ ⓒ, ⓒ
⑤ ⊙, ⓒ, ⓒ

61. 다음은 장식품 제작 공정을 나타낸 것이다. 이에 대한 설명으로 옳은 것만을 〈보기〉에서 있는 대로 고른 것은? (단, 주어진 조건 이외의 것은 고려하지 않는다)

〈조건〉
• A~E의 모든 공정 활동을 거쳐 제품이 생산되며, 제품 생산은 A 공정부터 시작된다.
• 각 공정은 공정 활동별 한 명의 작업자가 수행하며, 공정 간 부품의 이동 시간은 고려하지 않는다.

〈작업순서〉

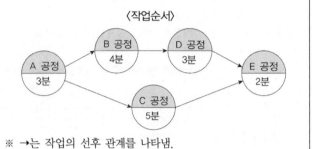

※ →는 작업의 선후 관계를 나타냄.

〈보기〉
㉠ 첫 번째 완제품은 생산 시작 12분 후에 완성된다.
㉡ 제품은 최초 생산 후 매 3분마다 한 개씩 생산될 수 있다.
㉢ C 공정의 소요 시간이 2분 지연되어도 첫 번째 완제품을 생산하는 총소요시간은 변화가 없다.

① ㉠
② ㉡
③ ㉠, ㉢
④ ㉡, ㉢
⑤ ㉠, ㉡, ㉢

62. 다음은 정보 통신 기술과 융합된 첨단 기술의 사례이다. ㈎, ㈏에 융합된 기술로 가장 적절한 것은?

㈎ 여러 명의 의료진이 증강 현실 기기를 통해 3차원으로 구현된 환자의 상태를 살펴보면서 원격으로 동시에 진료할 수 있는 바이오 기술이 개발되었다.
㈏ 스마트폰용 증강 현실 게임은 위치 기반 서비스를 활용하여 가상의 동물을 얻거나 경기를 할 수 있는 애플리케이션으로 많은 인기를 얻고 있다.

	㈎	㈏
①	환경 기술	문화 기술
②	환경 기술	나노 기술
③	문화 기술	환경 기술
④	생명 공학 기술	문화 기술
⑤	생명 공학 기술	환경 기술

63. 다음은 어떤 수를 구하는 과정이다. 이에 대한 설명으로 옳은 것을 〈보기〉에서 고른 것은?(단, 처음에 입력하는 A와 B는 자연수이다.)

• 1단계 : A에 10, B에 5를 입력한다.
• 2단계 : A를 B로 나눈 나머지 값을 A에 저장한다.
• 3단계 : A와 B를 교환한다.
• 4단계 : B가 0이면 6단계로 진행한다.
• 5단계 : B가 0이 아니면 2단계로 진행한다.
• 6단계 : A에 저장된 수를 출력하고 프로그램을 종료한다.

〈보기〉
㉠ 출력되는 수는 1이다.
㉡ 5단계는 한 번도 실행되지 않는다.
㉢ 최대공약수를 구하는 알고리즘이다.
㉣ A에 B보다 작은 수를 입력하면 무한 반복된다.

① ㉠, ㉡   ② ㉠, ㉢
③ ㉡, ㉢   ④ ㉡, ㉣
⑤ ㉢, ㉣

64. 다음은 프린터의 에러표시과 이에 대한 조치사항을 설명한 것이다. 에러표시에 따른 조치로 적절하지 못한 것은?

에러표시	원인 및 증상	조치
Code 02	용지 걸림	프린터를 끈 후, 용지나 이물질을 제거하고 프린터의 전원을 다시 켜십시오.
	용지가 급지되지 않거나 한 번에 두 장 이상의 용지가 급지됨	용지를 다시 급지하고 ◎버튼을 누르십시오.
	조절레버 오류	급지된 용지에 알맞은 위치와 두께로 조절레버를 조정하십시오.
Code 03	잉크 잔량이 하단선에 도달	새 잉크 카트리지로 교체하십시오.
	잉크 잔량 부족	잉크 잔량이 하단선에 도달할 때까지 계속 사용할 것을 권장합니다.
	잉크카트리지가 인식되지 않음	• 잉크 카트리지의 보호 테이프가 제거되었는지 확인하십시오. • 잉크 카트리지를 아래로 단단히 눌러 딸깍 소리가 나는 것을 확인하십시오.
	지원하지 않는 잉크 카트리지가 설치됨	프린터와 카트리지 간의 호환 여부를 확인하십시오.
	잉크패드의 수명이 다 되어감	잉크패드를 고객지원센터에서 교체하십시오. ※ 잉크패드는 사용자가 직접 교체할 수 없습니다.
Code 04	메모리 오류	• 메모리에 저장된 데이터를 삭제하십시오. • 해상도 설정을 낮추십시오. • 스캔한 이미지의 파일 형식을 변경하십시오.

① Code 02 : 프린터를 끈 후 용지가 제대로 급지되었는지 확인하였다.

② Code 03 : 잉크 카트리지 잔량이 부족하지만 그대로 사용하였다.

③ Code 03 : 카트리지의 보호테이프가 제거되었는지 확인 후 다시 단단히 결합하였다.

④ Code 03 : 잉크패드 수명이 다 되었으므로 고객지원센터에서 정품으로 구매하여 교체하였다.

⑤ Code 04 : 스캔한 이미지를 낮은 메모리방식의 파일로 변경하였다.

65. 다음은 새로운 맛의 치킨을 개발하는 과정이다. 단계 1~5를 프로그래밍 절차에 비유했을 경우, 이에 대한 설명으로 옳은 것을 모두 고른 것은?

> 단계 1 : 소비자가 어떤 맛의 치킨을 선호하는지 온라인으로 설문 조사한 결과 ○○ 소스 맛을 가장 좋아한다는 것을 알게 되었다.
> 단계 2 : ○○ 소스 맛 치킨을 만드는 과정을 이해하기 쉽도록 약속된 기호로 작성하였다.
> 단계 3 : 단계 2의 결과에 따라 ○○ 소스를 개발하여 새로운 맛의 치킨을 완성하였다.
> 단계 4 : 새롭게 만든 치킨을 손님들에게 무료로 시식할 수 있도록 제공하였다.
> 단계 5 : 시식 결과 손님들의 반응이 좋아 새로운 메뉴로 결정하였다.

> ㉠ 단계 1은 '문제 분석' 단계이다.
> ㉡ 단계 2는 '코딩 · 입력' 단계이다.
> ㉢ 단계 4는 '논리적 오류'를 발견할 수 있는 단계이다.
> ㉣ 단계 5는 '프로그램 모의 실행' 단계이다.

① ㉠, ㉡   ② ㉠, ㉢

③ ㉡, ㉢   ④ ㉡, ㉣

⑤ ㉢, ㉣

66. 다음은 진로 선택 과정에 대한 설명이다. 이 과정에서 내담자가 질문할 수 있는 사항으로 적절한 것을 〈보기〉에서 고른 것은?

> 이 과정은 내담자가 자신이 가진 자원을 탐색하고 객관적인 검증을 거치면서 합리적인 진로 선택을 할 수 있는 충분한 자료를 수집하는 과정이다. 이때 수집된 기초 자료를 통하여 내담자는 진로 계획 수립이라는 목표에 도달할 수 있다.

〈보기〉

> ㉠ 나의 성향에 맞는 직업은 무엇일까요?
> ㉡ 나에 대해 자세히 알고 싶은데 어떻게 할까요?
> ㉢ 내가 대학에 진학하려면 어떤 준비를 해야 하나요?
> ㉣ 나의 취업 능력을 향상시킬 수 있는 교육이 있을까요?

① ㉠, ㉡   ② ㉠, ㉣

③ ㉡, ㉢   ④ ㉡, ㉣

⑤ ㉢, ㉣

67. 다음은 A, B 사원의 직업 기초 능력을 평가한 결과이다. 이에 대한 설명으로 가장 적절한 것은?

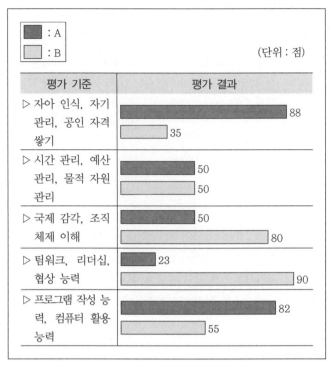

① A는 B보다 스스로를 관리하고 개발하는 능력이 우수하다.
② A는 B보다 조직의 체제와 경영을 이해하는 능력이 우수하다.
③ A는 B보다 업무 수행 시 만나는 사람들과 원만하게 지내는 능력이 우수하다.
④ B는 A보다 정보를 검색하고 정보 기기를 활용하는 능력이 우수하다.
⑤ B는 A보다 업무 수행에 필요한 시간, 자본 등의 자원을 예측 계획하여 할당하는 능력이 우수하다.

68. 당신은 자기소개서를 작성하는 과정에서 자신의 성격에 대해 서술하기 위해 조하리의 창(Johari's Window)에 대한 이론을 검색해 보았다. 조하리의 창은 나의 성격에 대해 '타인의 인지'와 '나의 인지' 정도를 기준으로 자아에 대해 분석할 수 있게 해주는 이론이다. 이를 활용하여 당신은 자신의 다양한 측면의 자아를 탐색하고, 자기소개서에 반영하기 위해 당신의 친구에게 당신의 성격(A)에 대해 물어 보았다. 그리고 다음 날 '애니어그램'을 통해 자신이 어떤 사람(B)인지 확인하여 자기소개서에 자신에 대해 좀 더 풍부하게 반영하였다. 조하리의 창을 기준으로 하여 A와 B에 해당하는 자아로 적절하게 짝지어진 것은?

	A	B
①	미지의 자아	눈먼 자아
②	숨겨진 자아	미지의 자아
③	눈먼 자아	미지의 자아
④	공개된 자아	공개된 자아
⑤	미지의 자아	숨겨진 자아

69. 당신은 업무에만 집중하는 입사 3년 차 사원이다. 당신이 경력에 비해 능숙하게 업무를 처리하며, 좋은 성과를 보이자 회사의 기대가 높아졌다. 그래서 당신에게는 점점 중요한 업무들이 주어졌고, 이로 인해 귀하는 연이은 야근과 주말 출근으로 정신과 신체가 모두 탈진 상태에 이르게 되었다. 어느 날은 건강이 너무 안 좋은 것같아 부득이하게 병원에 가게 되었는데, 과도한 업무로 인해 전신이 쇠약해진 상태라 앞으로는 워크 & 라이프 밸런스를 고려한 삶을 살아야 한다는 조언을 받았다. 당신은 체계적인 자기관리를 위해 다음과 같은 시간 관리 매트릭스를 참고하여 업무 및 개인용무를 분류해 보았는데 다음 중 2사분면에 해당하는 것으로 옳은 것은?

(고) ↑ 중요도 (저) ↓	1사분면	2사분면
	3사분면	4사분면
	(고) 긴급도 (저) ← →	

① 운동
② 연애
③ 분기 실적 보고
④ 거래처와의 미팅
⑤ 각종 계약서의 검토

70. 당신은 홍보팀에 입사한 지 3년 차 되는 사원이다. 당신은 올해 상반기 인사부와 상담을 하면서 경력개발계획을 구체적으로 수립해 나갈 것을 지시받았다. 경력개발계획은 다음과 같은 단계를 가지고 있는데, 다음 중 빈칸에 해당하는 단계에 적합한 당신의 개발계획으로 적합한 것은?

직무정보 탐색→자신과 환경 이해→(　　　)→경력개발
전략 수립→실행 및 평가

① 수립한 계획을 바탕으로 인사부와 협의하기
② 홍보팀장님과 상담을 통해 자신에 대한 객관적인 평가 듣기
③ 홍보팀의 업무를 이해하고, 자신에게 가장 잘 맞는 업무 선별하기
④ 내 경력개발에 도움이 되는 팀장님, 선배 사원, 외부 인사를 찾아다니며 인적 네트워크를 구축하기
⑤ 홍보팀 내에서 성장할 수 있는 단기적 목표와 장기적 관점에서 내가 추구하는 삶에 대한 목표를 설정하기

71. 다음에 제시된 협상 절차 중 빈칸에 들어갈 협상 절차에 해당하는 단계의 특징으로 옳은 것은?

① 상대방이 원하는 이슈들을 수집한다.
② 협상을 위한 협상 대상 안건을 결정한다.
③ 이전 단계에서 도출된 대안들을 평가한다.
④ 협상 당사자들 사이에 상호 친근감을 쌓는다.
⑤ 상대방이 겉으로 주장하는 것과 실제로 원하는 것을 구분하여 실제로 원하는 것을 찾아낸다.

72. 당신은 소프트웨어를 제작하는 ○○소프트사의 컨설팅 부서에서 근무하고 있다. 다음과 같은 상황에서 당신 또는 당신의 부서가 취할 조치로 가장 알맞은 것은?

당신의 회사는 작은 규모의 거래를 여러 회사와 하는 성향이 있다. 그런데 최근 한 고객사가 당신의 회사 담당자에게 매우 까다롭게 굴었다. 고객사의 요구는 다소 추상적이어서 답변하기 곤란할 뿐만 아니라, 상담하는 직원들에게 무례한 태도로 일관해 부서원들이 해당 회사와의 미팅 날이면 노이로제에 걸릴 판이었다. 결국, 몇몇 직원은 더는 해당 고객사와 대화하기 어렵다며 미팅 날이 잡히면 결근을 하거나 휴가를 가버리는 지경에 이르렀다.

① 해당 고객사와의 계약을 파기한다.
② 해당 고객사를 전경련에 신고한다.
③ 해당 고객사의 추가 주문을 거절한다.
④ 해당 고객사로부터 대량 주문을 요구한다.
⑤ 해당 고객사에게 인정받을 때까지 정중하게 다가간다.

73. 당신은 강의를 통해 갈등에 대응하는 유형은 총 다섯 가지로 구분할 수 있다는 것을 알게 되었다. 다음은 분류한 유형에 관한 내용이다. 해당 유형과 이에 대한 설명의 연결이 바르지 않은 것은?

① 회피형 : 사안이 해결되지 않고, 상대방을 의심하게 되는 문제가 있다.
② 경쟁형 : 자신의 목표를 달성하는 대신 상대와의 관계는 희생하는 경향이 있다.
③ 타협형 : 상대방과 비슷한 역량을 가지고 상호 견제 하에 각자의 목표를 추구하는 유형이다.
④ 협력형 : 소통을 통해 다양한 의견을 통합해 문제를 해결하는 유형이다.
⑤ 순응형 : 갈등을 통해 자존심을 지키고, 원만한 갈등 해결이 가능하다.

74. 당신은 ㈜서원각에서 근무하는 신입사원이다. 지난주 금요일 회의에서 당신은 최근 국제 정세가 전제된 회의 내용을 제대로 알아 듣지 못해 적극적으로 참여하지 못했다. 당신은 다음 회의 때에는 반드시 어리숙하게 앉아만 있다 오지 않기로 결심했고, 적극적인 회의 참석을 위해 국제 정세에 관해 충분히 숙지해 두기로 마음먹었다. 이를 위해 매주 수요일마다 선배 사원에게 국제 정세와 관련된 대화를 나눠줄 것을 부탁했고, 충분한 대화가 안 되는 것 같으면 지적해줄 것을 요청하였다. 당신의 이러한 대처방안에 대한 설명으로 가장 적절한 것은?

① 연습의 질을 높이면 목표를 설정할 수 있게 된다.

② 선배 사원과의 대화는 목표 정립 과정 중 피드백 과정에 해당한다.

③ 선배 사원으로부터 양질의 평가를 받으면, 결과목표를 달성한 것이 된다.

④ 다음 회의에서 회의 내용을 알아듣기 위한 것이 결과목표를 설정한 것이다.

⑤ 선배 사원과의 대화에서 좋은 평가를 받는 것을 목표로 하고, 연습을 통해 실제로 그렇게 된다면 이는 수행목표를 달성한 것이다.

75. 당신은 ㈜소정의 신입사원이다. 당신은 아직 조직 문화에 적응하지 못하고 있어, 선배 사원들의 행동을 모방하며 적응해 가려고 한다. 그런데 회사의 내부 분위기는 상사가 업무 전반을 지휘하고, 그 하급자들은 명령에 무조건 복종하는 '상명하복 문화'가 지배적인 업무환경으로 판단된다. 또한 대부분의 선배 사원들은 상사의 업무 지휘에 대해 큰 불만을 가지지 않고, 맡겨진 업무에 대해서는 빠르게 처리하는 분위기이다. 이러한 조직 문화에 적응하려 할 때, 당신이 팔로워로서 발현하게 될 특징으로 가장 적절한 것은?

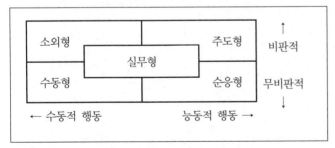

① 조직 변동에 민감하게 반응한다.

② 가치를 창조하는 직무활동을 수행한다.

③ 조직을 위해 자신과 가족의 요구를 양보한다.

④ 조직이 나의 아이디어를 원치 않는다고 생각한다.

⑤ 독립적인 사고와 비판적인 입장으로 생각한다.

76. 다음 사례에서 파악할 수 있는 민수씨의 직업의식으로 적절한 것을 〈보기〉에서 고른 것은?

신발 회사의 대표를 맡고 있는 민수씨는 최고의 구두를 만들겠다는 일념으로 세계 유명 구두 디자인에 대한 사례 연구를 통해 독창적인 모델을 출시하여 대성공을 거두었다. 또한 민수씨는 회사 경영에 있어서도 인화와 협동을 중시하여 직원들을 대상으로 가족 초청 어버이날 행사, 단체 체육대회 등 노사가 함께하는 행사를 개최하여 유대를 강화하고 있다.

〈보기〉
㉠ 전문 의식 　　　　　㉡ 귀속 의식
㉢ 연대 의식 　　　　　㉣ 귀천 의식

① ㉠, ㉡ 　　　　　② ㉠, ㉢
③ ㉡, ㉢ 　　　　　④ ㉡, ㉣
⑤ ㉢, ㉣

77. 다음 수철씨의 진로 선택 사례에서 알 수 있는 내용으로 옳은 것을 모두 고른 것은?

특성화 고등학교 출신인 A 씨는 자신의 진로 유형 검사가 기계적 기술이나 신체적 운동을 요구하는 업무에 적합한 유형으로 나온 것을 고려하여 ○○ 기업 항공기 정비원으로 입사하였다. 또한 A 씨는 보수나 지위에 상관없이 사회 구성원의 일원으로서 긍지와 자부심을 갖고 최선을 다해 일하고 있다.

㉠ 직업에 대해 소명 의식을 가지고 있다.
㉡ 홀랜드의 직업 흥미 유형 중 관습적 유형에 해당한다.
㉢ 직업의 개인적 의의보다 경제적 의의를 중요시하고 있다.
㉣ 한국 표준 직업 분류 중 기능원 및 관련 기능 종사자에 해당한다.

① ㉠, ㉡ 　　　　　② ㉠, ㉣
③ ㉡, ㉢ 　　　　　④ ㉡, ㉣
⑤ ㉢, ㉣

78. 당신은 우리은행 입사 지원자이다. 서류전형 통과 후, NCS 기반의 면접을 보기 위해 면접장에 들어가 있는데, 면접관이 당신에게 다음과 같은 질문을 하였다. 다음 중 면접관의 질문에 대한 당신의 대답으로 가장 적절한 것은?

> 면접관 : 최근 많은 회사들이 윤리경영을 핵심 가치로 내세우며, 개혁을 단행하고 있습니다. 그건 저희 회사도 마찬가지입니다. 윤리경영을 단행하고 있는 저희 회사에 도움이 될 만한 개인 사례를 말씀해 주시기 바랍니다.
> 당신 : (   )

① 저는 시간관념이 철저하므로 회의에 늦은 적이 한 번도 없습니다.

② 저는 총학생회장을 역임하면서, 맡은 바 책임이라는 것이 무엇인지 잘 알고 있습니다.

③ 저는 상담사를 준비한 적이 있어서, 타인의 말을 귀 기울여 듣는 것이 얼마나 중요한지 알고 있습니다.

④ 저는 동아리 생활을 할 때, 항상 동아리를 사랑하는 마음으로 남들보다 먼저 동아리실을 청소하고, 시설을 유지하기 위해 노력했습니다.

⑤ 저는 모든 일이 투명하게 이뤄져야 한다고 생각합니다. 그래서 어린 시절 반에서 괴롭힘을 당하는 친구가 있으면 일단 선생님께 말씀드리곤 했습니다.

79. (가), (나)의 사례에 나타난 직업관의 유형으로 옳은 것은?

> (가) 힘들고, 위험한 일을 기피하는 현상 때문에 노동력은 풍부하지만 생산인력은 부족한 실정이다. 하지만 주윤발씨는 개인의 소질, 능력, 성취도를 최우선으로 하고 있어 생산직 사원 모집 광고를 보고 원서를 제출하였다.
>
> (나) 사장은 장비씨의 연로한 나이와 그의 성실성을 고려하여 근무시간을 줄여 주고 월급도 50 % 인상해 주었다. 그러자 장비씨는 회사에 사표를 내고 다른 직장으로 이직을 원하였다. 이에 사장이 그만두는 이유를 묻자 "저는 돈을 벌기 위하여 일을 하는 것이 아니라 남은 인생을 될 수 있는 한 많은 사람을 위해 일하고 싶은 것인데, 근무 시간이 줄어들었으니 그만둘 수밖에 없습니다."라고 대답하였다.

	(가)	(나)
①	업적주의적 직업관	개인중심적 직업관
②	업적주의적 직업관	귀속주의적 직업관
③	귀속주의적 직업관	결과지향적 직업관
④	귀속주의적 직업관	개인중심적 직업관
⑤	개인중심적 직업관	결과지향적 직업관

80. 다음은 직업윤리에 대한 강좌에서 강사와 수강생들의 대화이다. 강사의 질문에 대한 답변으로 옳은 것만을 모두 고른 것은?

> 수강생 A : 직업 일반 윤리는 직업을 가지고 있는 모든 사람이 지켜야 할 도리입니다.
> 수강생 B : 직업별 윤리는 각각의 직업에 종사하는 직업인에게 요구되는 윤리적 규범을 말합니다.
> 강사 : 그럼 직업별 윤리에는 어떤 것이 있을까요?

> ㉠ 봉사, 책임 등의 공동체 윤리
> ㉡ 노사 관계 안에서의 근로자 및 기업가의 윤리
> ㉢ 직종별 특성에 맞는 법률, 규칙, 선언문, 윤리 요강

① ㉠   ② ㉡

③ ㉠, ㉢   ④ ㉡, ㉢

⑤ ㉠, ㉡, ㉢

1. 다음은 국제 수지 변동의 원인이 되는 각각의 사례들이다. 이를 통해 알 수 있는 국제 수지에 해당하지 않는 것은?

> • 수입업자인 영도씨는 농산물 수입 대금 3천 달러를 미국에 송금하였다.
> • 성수씨는 미국 현지 지사를 방문하여 체류 경비 7천 달러를 지출하였다.
> • 동규씨는 외국에 있는 기업에 취업하여 2만 달러의 임금을 국내에 송금하였다.
> • 정부는 천재지변으로 고통 받는 외국 이재민에게 5만 달러를 무상으로 지원하였다.

① 상품수지
② 소득수지
③ 투자수지
④ 서비스수지
⑤ 경상이전수지

2. 수요–공급에 대한 다음 설명 중 가장 옳지 않은 것은?

① 어떤 상품에 대한 수요가 증가하고 공급이 감소하면 균형 가격은 증가한다.
② 공급의 변화란 공급곡선 자체의 이동을 말한다.
③ 수박 값이 오르면 대체재인 참외의 수요는 증가한다.
④ 수요는 소비자가 특정 상품을 구입하고자 하는 사전적인 욕망이다.
⑤ 소득이 증가하면 상품수요곡선은 항상 오른쪽으로 이동한다.

3. 다음 중에서 실업률이 높아지는 경우를 모두 고른 것은?

> ㉠ 정부가 실업보험 급여액을 인상하였다.
> ㉡ 산업구조에 커다란 변화가 초래되었다.
> ㉢ 최저임금이 인하되었다.
> ㉣ 경기가 불황에 접어들었다.
> ㉤ 정보통신 산업의 발전에 힘입어 구인현황에 대한 정보가 쉽게 알려질 수 있게 되었다.

① ㉠, ㉡, ㉣
② ㉠, ㉢, ㉣
③ ㉠, ㉣, ㉤
④ ㉡, ㉢, ㉣
⑤ ㉠, ㉡, ㉢, ㉣

4. 다음 사례를 통해 알 수 있는 공급의 가격 탄력성 결정 요인으로 가장 적절한 것은?

> 상추를 재배하는 농가와 인삼을 재배하는 농가를 비교해 보자. 상추는 대략 한 달이면 수확이 가능하므로 가격이 상승하는 경우 공급량을 쉽게 늘릴 수 있지만, 인삼은 수확에 이르기까지 여러 해가 걸리므로 가격이 상승하더라도 공급량을 쉽게 늘리기 어렵다. 따라서 상추보다 인삼 공급의 가격 탄력성이 작다.

① 생산 설비의 규모
② 공급자 간 경쟁 정도
③ 생산에 소요되는 기간
④ 생산 기술의 발달 수준
⑤ 공급 가능한 상품의 범위

5. 다음 중 주식가치를 평가하는 데 활용되는 지표가 아닌 것은?

① CSR
② PER
③ PBR
④ TOBIN'S Q
⑤ EBITDA

6. 원빈은 현재 소유하고 있는 자동차를 계속 보유하면서 신형 스포츠카를 사려고 계획하고 있다. 원빈이 합리적인 소비자라면, 새 자동차를 구입할 때 가장 고려해야 할 것은?

① 새 차를 샀을 때 증가되는 총 편익을 생각한다.
② 새 차를 샀을 때 증가되는 한계편익을 생각한다.
③ 두 대의 차를 소유할 때의 총 편익과 총 비용을 생각한다.
④ 새로 산 차로부터 얻는 총 편익과 추가되는 총 비용을 생각한다.
⑤ 차를 한 대 더 샀을 때 발생하는 한계편익과 한계비용을 생각한다.

7. 다음 그래프에 나타난 우리나라 외환 시장의 변화 요인과 이에 따른 환율 변동으로 인해 나타날 수 있는 경제 상황으로 옳은 것은?

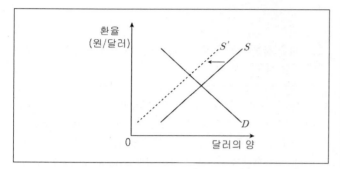

	변화 요인	경제 상황
①	상품 수출 감소	상품 수지 악화
②	상품 수입 증가	서비스 수지 개선
③	내국인의 해외 투자 증가	외채 상환 부담 증가
④	외국인의 국내 투자 감소	수출품의 가격 경쟁력 상승
⑤	외국인의 국내 여행 감소	원자재 수입 비용 부담 감소

8. 다음 중 매몰비용의 오류(sunk cost's fallacy)와 관련이 없는 것은?

① 다른 직장으로 이직할 때 지금 받는 급여는 고려하지 않는다.

② 공무원 시험에 계속 불합격했지만 10년 동안 공부한 게 아까워 계속 공부한다.

③ 근교에 위치한 아울렛에 쇼핑을 가면 대부분 과소비를 하게 된다.

④ 주문한 음식이 맛이 없었지만 아까워서 남기지 않고 다 먹게 된다.

⑤ 재미없는 영화지만 요금이 아까워 끝까지 관람한다.

9. 다음은 동일한 수량의 한 상품을 생산하는 데 요구되는 노동(L)과 자본(K)의 투입비율을 표현한 등량곡선이다. 생산기술이 발전할 경우 예상할 수 있는 변화는 어느 것인가? (Q=생산량)

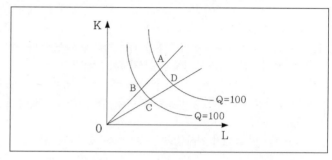

① A→C   ② D→B

③ B→D   ④ D→A

⑤ C→A

10. 다음 글을 근거로 하여 우리나라 임대 주택 시장변화를 바르게 나타난 것은?

우리나라의 전·월세 가격이 폭등하자, 이에 부담을 느낀 세입자들은 계속 임대 주택에 살 것인지, 주택을 구입할 것인지 고민하고 있었다. 그러던 중 주택 담보 대출 이자율이 낮아지자 전·월세 수요자 중 다수가 주택을 구입하였다. 또한 정부는 임대 주택 시장의 안정화를 위해 공공 임대 주택을 추가로 건설하였다.

①

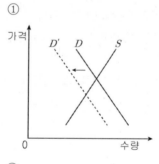

②

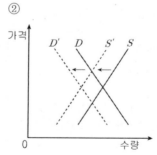

③

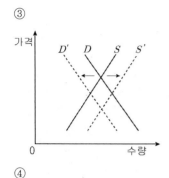

④

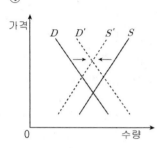

⑤

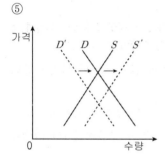

11. 다음은 우리나라의 경제 현상을 나타낸 기사이다. 이와 같은 상황을 해결하기 위해 한국은행이 취할 수 있는 통화신용정책으로 적절한 것을 모두 고른 것은? (단, 통화량만 고려한다.)

> 통계청에 따르면 5월 소비자 물가가 작년 같은 달보다 2.0% 올랐다고 한다. 이와 더불어 서울을 중심으로 부동산 가격도 오르고 있다. 소비자 물가나 부동산 가격은 국민들이 가장 민감하게 느끼는 부분이기 때문에 국민들에게 가장 절실한 것은 물가 안정이다. 그러므로 물가 안정을 위한 적극적인 정책이 필요하다.
> – ○○신문, 2017년 6월 1일 자 –

> ㉠ 기준 금리 인상
> ㉡ 지급 준비율 인하
> ㉢ 통화안정증권 발행
> ㉣ 시중 은행에 대한 대출액 증대

① ㉠, ㉡
② ㉠, ㉢
③ ㉡, ㉢
④ ㉡, ㉣
⑤ ㉢, ㉣

12. 홍콩에서 해외기업이 발행하는 위안화 표시 채권을 부르는 말은?

① 딤섬본드
② 판다본드
③ 드래곤본드
④ 아리랑본드
⑤ 사무라이본드

13. 세계적인 경제침체에 대응하여 각국은 정부지출을 증가시키고 있다. 다음 중 정부지출이 총수요에 미치는 효과를 더욱 크게 만들어주는 조건을 모두 고른 것은?

> ㉠ 정부지출이 증가할 때 이자율이 크게 상승하는 경우
> ㉡ 정부지출이 증가할 때 이자율이 크게 반응하지 않는 경우
> ㉢ 소득이 증가할 때 소비가 크게 반응하여 증가하는 경우
> ㉣ 소득이 증가할 때 소비가 크게 반응하지 않는 경우

① ㉠, ㉡
② ㉠, ㉢
③ ㉠, ㉣
④ ㉡, ㉢
⑤ ㉡, ㉣

14. 다음은 한국은행이 통화신용정책을 수립하는 과정이다. (가)에 들어갈 내용으로 옳은 것은?

> • 기준 금리 인하 배경
>
> | (가) |
>
> • 기준 금리 결정
> 금융통화위원회는 기준 금리를 현재 2.75%에서 0.25%내려 연 2.5%로 통화 정책을 운용하기로 의결함.
>
> • 향후 기준 금리 정책
> 중·장기적으로 급격한 금리 변동은 가계와 기업의 재무 구조 변화에 영향을 미칠 수 있으므로 추후 금리 변동은 시장 상황에 따라 고려하여 결정함.

① 화폐 가치가 하락하고 있다.
② 물가 상승 현상이 나타나고 있다.
③ 경기 부양 현상이 나타나고 있다.
④ 국내 기업의 투자 심리가 위축되고 있다.
⑤ 국내 소비가 증가하고 있다.

15. 다음 글에서 강조하는 자산관리의 원칙으로 가장 적절한 것은?

조선 시대에는 조선왕조실록을 보관하는 사고(史庫)가 5곳이나 되었다. 창덕궁의 춘추관을 비롯하여 강화도 정족산, 무주 적상산, 태백산과 오대산에 위치한 사고가 그것이다. 임진왜란과 같은 외침의 경험을 통해서 중요 문서를 안전하게 보관할 필요성을 깨달았기 때문이다. '계란을 한 바구니에 담지 마라.'라는 서양 격언과 같이 자산 관리에서도 이러한 원칙은 준수되어야 한다.

① 생애주기를 고려하여 투자해라.
② 여러 자산에 분산해서 투자해라.
③ 수입과 지출을 고려하여 투자해라.
④ 수익성이 높은 자산에 집중 투자해라.
⑤ 단기보다 장기 목표에 맞추어 투자해라.

16. 1990년대부터 2000년대 초까지 정보통신 기술의 발달에 따라 등장한 이른바 신경제(혹은 디지털 경제)하에서 관찰된 경제적 특징과 관계없는 것은?

① 경제의 장기호황
② 거래비용의 감소
③ 수확체감의 현상
④ 인플레이션 없는 성장
⑤ 지식집약형 산업의 성장

17. 아래의 사건을 잘 설명해주는 경제이론은?

2000년 11월 경북 안동 와룡면 축산농가에서 돼지 구제역이 발생하였다. 한 달 사이에 경기 양주, 강원, 인천 강화 등 4개 시·도로 구제역이 확산되자 방역당국은 가축전염병 위기경보를 '경계'에서 최고단계인 '심각'으로 격상시켰다. 그러나 1월 한 달 사이에 충남, 충북, 대구, 경남까지 8개 시·도에 걸쳐 구제역이 확산되었고 결국 농림축산식품부 장관이 사의를 표명하기에 이르렀다. 최초의 구제역 감염에 대하여 베트남 농장을 방문한 안동의 축산농장 주들이 귀국하는 과정에서 검역 검사를 제대로 받지 않고 국내 축산농가와 접촉한 것이 원인으로 추정된다. 이에 대하여, 해마다 구제역 사태가 되풀이되는 것은 구제역 피해농가에 대한 정부의 실비보상 원칙 때문이라는 의견이 적지 않다.

① 외부효과　　　　② 공급독점
③ 도덕적 해이　　　④ 경제적 지대
⑤ 역선택

18. 다음의 ○○전자(주)가 새롭게 개편한 조직에 대한 설명으로 가장 적절한 것은?

○○전자(주)는 점차 복잡해지고 불확실성이 높아 가는 비즈니스 환경에 대비하기 위해 조직을 개편하였다. 기존의 개발부, 영업부, 자재부, 생산부 등으로 구성된 기능별 조직을 가전제품, 반도체 제품, 휴대 전화 등 제품별 조직으로 개편하였다.

① 사업 단위별로 조직의 권한을 분산시키는 조직이다.
② 특정 과제가 해결되면 해체되는 일시적인 조직이다.
③ 최고 경영자의 명령이 수직적으로 전달되는 조직이다.
④ 라인 조직에 조언하는 스탭 조직이 상호 연결된 조직이다.
⑤ 각 부분에서 선정된 사람으로 위원회를 구성하는 조직이다.

19. 그리스 등 남유럽 국가들은 방만한 재정 운용으로 위기에 빠져 있다. 다음 중 재정위기가 초래할 상황이 아닌 것은?

① 정부는 재정을 긴축할 수 밖에 없고 재량의 범위도 줄어든다.
② 국채 발행이 늘어나면 국채 가격이 높아질 것이다.
③ 중앙은행이 국채 매입에 나서면서 인플레이션이 발생할 것이다.
④ 정부가 적자를 메우기 위해 국채발행을 늘릴 것이다.
⑤ 가계와 기업들은 시중 금리가 높아져 부채 부담이 커질 것이다.

20. 다음은 무역 불공정 행위와 관련된 제소 내용의 일부이다. 이에 따라 A국의 정부가 취할 수 있는 조치로 적절한 것만을 바르게 고른 것은? (단, 제시된 자료 외에는 고려하지 않는다.)

> A국의 ○○기업은 경쟁사인 B국의 △△기업이 아래와 같은 무역 불공정 행위를 했다고 A국 정부에 B국의 △△기업을 상대로 무역 제소를 하였다.
>
> **[B국의 △△기업의 무역 불공정 행위]**
> • B국의 판매 가격보다 낮은 가격으로 수출을 하여, A국의 동종 상품보다 저렴한 가격으로 판매하고 있음.
> • B국의 정부로부터 해외 수출 상품에 대한 보조금을 받고 있음.

> ㉠ 상계 관세를 부과한다.
> ㉡ 덤핑 방지 관세를 부과한다.
> ㉢ 수입 담보금 제도를 확대한다.

① ㉠
② ㉢
③ ㉠, ㉡
④ ㉡, ㉢
⑤ ㉠, ㉡, ㉢

21. 다음 각 설명에 해당하는 단어들의 영문자 첫 번째 알파벳을 차례대로 나열한 것은?

> • 문자 메시지를 이용한 휴대폰 해킹 기법으로, 웹사이트 링크를 포함한 문자 메시지를 보내 사용자가 이 링크를 클릭하면 트로이 목마를 주입해 휴대폰에서 개인정보를 유출하는 것
> • 직장에 다니면서도 끊임없이 자기계발을 위해 공부하는 직장인
> • 스마트폰을 이용해 인터넷상의 서버에 저장된 다양한 정보를 언제 어디서든 이용하는 것

① M - S - C
② P - S - S
③ S - S - M
④ M - M - C
⑤ M - S - C

22. 택시 요금이 크게 상승하였는데도 택시 회사의 총수입은 오히려 감소하였다고 할 때 이에 대한 설명으로 옳은 것은?

① 택시는 필수재이다.
② 버스와 지하철은 택시의 보완재이다.
③ 택시 탑승 수요가 가격에 대해 비탄력적이다.
④ 택시 요금이 너무 적게 올라서 총수입이 감소한 것이다.
⑤ 택시 요금 인상률보다 택시를 이용하는 수요 변화율이 더 컸다.

23. 미국과의 실리적 통상외교를 지향하면서 남한 정부의 참여를 봉쇄하는 북한의 외교 전략으로, 핵협상에서 북한이 주로 보여 온 태도를 의미하는 말은?

① 통남봉북
② 통민봉관
③ 통중봉남
④ 통미봉남
⑤ 통남봉미

24. 인터넷으로 상품에 대한 정보를 취합한 후 매장을 방문해 상품을 구매하는 행위를 의미하는 것은?

① 그루밍(Grooming)
② 모루밍(Morooming)
③ 루밍(Looming)
④ 쇼루밍(Showrooming)
⑤ 웹루밍(Webrooming)

25. 저소득층의 소비 증대가 기업 부문의 생산 및 투자 활성화로 이어져 경기를 부양시키는 효과를 의미하는 것은?

① 낙수효과
② 분수효과
③ 샤워효과
④ 기저효과
⑤ 폭포효과

26. 휴가를 국내 호텔에서 즐기는 것을 의미하는 신조어는?

① 스테이케이션
② 호캉스
③ 아메리카니즘
④ 욜로
⑤ 백캉스

27.

- 동태평양에서 평년보다 0.5도 낮은 저 수온 현상이 5개월 이상 일어나는 이상해류현상을 말함
- 세계 각 지역에 장마, 가뭄, 추위 등 각기 다른 영향을 끼치지만 아직까지 발생과정이나 활동주기에 대해 뚜렷하게 밝혀진 것은 없음
- 에스파냐어로 '여자아이'를 뜻함

① 무역풍   ② 스콜
③ 라니냐   ④ 엘니뇨
⑤ 허리케인

28.

원래 2011년 창간한 미국 포틀랜드의 라이프스타일 잡지로, 이 잡지를 만든 부부가 동네 이웃들 및 친구들과 함께 자신들의 일상을 수록하는 내용의 잡지를 만들기 시작하면서 3년 만에 세계 각국으로 번역 출간되며 발행 부수 7만 부에 달하는 인기 매체로 자리매김했다. 현재는 자연 친화적이고 건강한 생활양식을 추구하는 사회현상을 의미한다.

① 스칸디 스타일   ② 포미족
③ 우피족   ④ 미니멀 라이프
⑤ 킨포크 라이프

29. 다음 빈칸에 들어갈 숫자를 모두 더하면?

- ( )시그마 : 100만 개 중 불량품이 3 ~ 4개 정도로 발생하는 것을 목표로 하여 획기적인 품질 향상을 추구하는 기업경영 전략
- 대통령 임기 기간은 ( )년이다.
- 훈민정음은 국보 제( )호이다.

① 81   ② 83
③ 85   ④ 87
⑤ 89

30. 다음 활동을 펼친 인물로 옳은 것은?

황성신문 및 대한매일신보의 주필로 활동한 그는 합병 후 대한민국 임시정부에 합류하며 국민 대표 회의의 창조파로 활동하였다. 이후 〈조선 혁명 선언〉을 통해 민중의 직접 혁명을 강조하였으며 대표적 저술로는 〈조선 상고사〉, 〈조선사 연구초〉 등이 있다.

① 신채호   ② 박은식
③ 정인보   ④ 백남운
⑤ 김규식

31. 다음 제시된 마케팅에 해당되지 않는 것은?

- 유명 예술가 또는 디자이너의 작품을 제품 디자인에 적용하여 소비자의 감성에 호소하고 브랜드 이미지를 높이는 마케팅
- 누리꾼이 이메일이나 다른 전파 가능한 매체를 통해 자발적으로 어떤 기업이나 기업의 제품을 홍보하기 위해 널리 퍼뜨리는 마케팅
- 사람들을 원하는 방향으로 유도하되 선택의 자유는 여전히 개인에게 주는 마케팅
- 기존의 중간유통단계를 배제하여 유통마진을 줄이고 관리비, 광고비, 샘플비 등 제비용을 없애 회사는 싼값으로 소비자에게 직접 제품을 공급하고 회사수익의 일부분을 소비자에게 환원하는 시스템

① 니치 마케팅   ② 데카르트 마케팅
③ 바이럴 마케팅   ④ 넛지 마케팅
⑤ 네트워크 마케팅

32. 다음 지문에서 공통으로 유추할 수 있는 것은?

> ㉠ 이것은 음력 3월에 드는 24절기의 다섯 번째 절기로 하늘이 차츰 맑아진다는 뜻을 지닌 말이다. 이 날은 한식 하루 전 날이거나 같은 날일 수 있으며, 춘분과 곡우 사이에 있다.
> ㉡ 24절기의 여섯 번째 절기로 청명과 입하 사이에 있으며, 음력 3월 중순 경이고 양력 4월 20일 무렵에 해당한다. 봄 비가 내려 백곡을 기름지게 한다는 뜻이다.
> ㉢ 24절기 중 여덟 번째 절기로 음력 4월에 들었으며, 양력으로는 5월 21일 무렵이다. 입하와 망종 사이에 들어 햇볕이 풍부하고 만물이 점차 생장하여 가득 찬다는 의미가 있다.
> ㉣ 24절기 중 아홉 번째에 해당하는 절기로 소만과 하지 사이에 들며 음력 5월, 양력으로는 6월 6일 무렵이 된다. 벼, 보리 같이 수염이 있는 까끄라기 곡식의 종자를 뿌려야 할 적당한 시기라는 뜻이다.

① 봄
② 비
③ 농사
④ 여름
⑤ 가을

33. 외부 충격에 의해 타이어의 바람이 새거나 손상된 경우에도 최대 90km/h의 속도로 계속 주행 가능하도록 설계된 특수 타이어는 무엇인가?

① 스페어타이어
② 템퍼러리 타이어
③ 레이디얼 타이어
④ 런플랫 타이어
⑤ 다이애거널 타이어

34. 다음과 관련 있는 인물은?

> ㉠ 호랑이로 하여금 당시 조선 유학자들의 곡학아세와 부정한 행위에 대해 비판하고 더 나아가 조선후기 사회의 모순에 대해 풍자 비판한 작품
> ㉡ 비천한 거지의 순진성과 거짓 없는 인격을 그려 양반이나 서민이나 인간은 모두 똑같다는 것을 강조하고 권모술수가 판을 치던 당시 양반사회를 은근히 풍자한 작품
> ㉢ 유능한 재주와 포부를 가지고 있으면서도 펼 수 없는 조선 말기의 무반 계통을 풍자적으로 설정한 작품

① 유득공
② 박제가
③ 박지원
④ 정약용
⑤ 이이

35. 다음 중 등장하지 않는 동물은?

> ㉠ 무장공자(無腸公子)로써 사람들의 썩은 창자 및 부도덕을 풍자함
> ㉡ 영영지극(營營之極)으로써 인간이란 골육상쟁을 일삼는 소인들이라고 매도함
> ㉢ 쌍거쌍래(雙去雙來)로써 문란해진 부부의 윤리를 규탄함
> ㉣ 반포지효(反哺之孝)로써 효심을 잃은 요즘 청년들을 비판함

① 호랑이
② 원앙
③ 게
④ 파리
⑤ 까마귀

36. 다음 글에서 설명된 원리와 다른 하나는?

> 인간의 가청음역(20 ~ 20,000Hz)보다 주파수가 높은 20,000Hz 이상의 초음파를 인체 내부에 투과해 확산·흡수·산란을 통해 나타나는 영상을 제공하는 초음파영상진단장치는 X-ray, CT, MRI 등 다른 영상진단기기에 비해 상대적으로 저렴하면서 안전하다는 장점을 가지고 있어 심장과 복부, 산부인과 및 혈관의 진단에 널리 사용되고 있다.

① 스피드건
② 진동식 가습기
③ 금속탐지기
④ 후방센서
⑤ 수중음파탐지기

37. 다음 빈칸에 들어갈 알파벳을 조합하여 완성되는 단어는?

> - (   )WOT 분석 : 기업의 경영전략을 수립하기 위해 기업 내부의 강점과 약점, 기업을 둘러싼 외부환경의 기회와 위협이라는 4가지 요소를 분석하는 것
> - (   )ig data : 기존의 데이터 관리 방법으로는 수집, 저장, 검색, 분석이 어려울 정도로 기존 데이터에 비해 생성되는 양이나 주기, 형식의 규모가 큰 데이터
> - (   ) - Health care : 원격 기술을 활용하여 시간과 공간의 제약 없이 진료를 받을 수 있는 의료 서비스

① Age
② Bus
③ Ink
④ Per
⑤ Fox

38. 다음 중 사무실내 호칭 예절이 옳지 않은 것은?

① 김과장은 상사에게 자기를 지칭할 때 "김과장입니다."라고 하였다.

② 김부장은 국장님의 이름을 모르기 때문에 직위에만 '님'의 존칭을 붙였다.

③ 동급자이나 나보다 연장자이기 때문에 '님'을 붙였다.

④ 상사에 대한 예의를 지키기 위해 문서에도 상사의 존칭을 써서 '부장님 지시'라고 하였다.

⑤ 김대리는 바이어에게 자신을 소개할 때 직함을 이름보다 앞에 붙여 '대리 김○○'이라고 하였다.

39. 다음은 1930년대 이후 만주 무장 투쟁 단체에 대한 설명이다. 바르게 연결한 것은?

> (가) 양세봉이 주도한 단체로, 중국 의용군과 연합하여 영릉가 전투, 흥경성 전투에서 승리 하였다.
> (나) 지청천이 주도한 단체로, 중국 호로군과 연합하여 쌍성보 전투, 사도하자 전투에서 승리 하였다.
> (다) 임시정부의 군대 조직으로, 연합군으로 2차 세계대전에 가담하고 국내 진공작전을 준비하였다.

① (가) – 한국 독립군 (나) – 조선 혁명군 (다) – 한국 광복군
② (가) – 조선 혁명군 (나) – 한국 광복군 (다) – 한국 독립군
③ (가) – 조선 혁명군 (나) – 한국 독립군 (다) – 한국 광복군
④ (가) – 한국 광복군 (나) – 한국 독립군 (다) – 조선 혁명군
⑤ (가) – 한국 광복군 (나) – 조선 혁명군 (다) – 한국 독립군

40. 원재료의 수급부터 고객에게 제품을 전달할 때까지 제품의 생산과 유통과정을 하나의 통합망으로 관리하는 경영전략을 말하는 것은?

① SCM ② CRM
③ DSS ④ ERP
⑤ MIS

한 눈에 쏙!

부동산 / 시사 / 경제

용어사전 시리즈

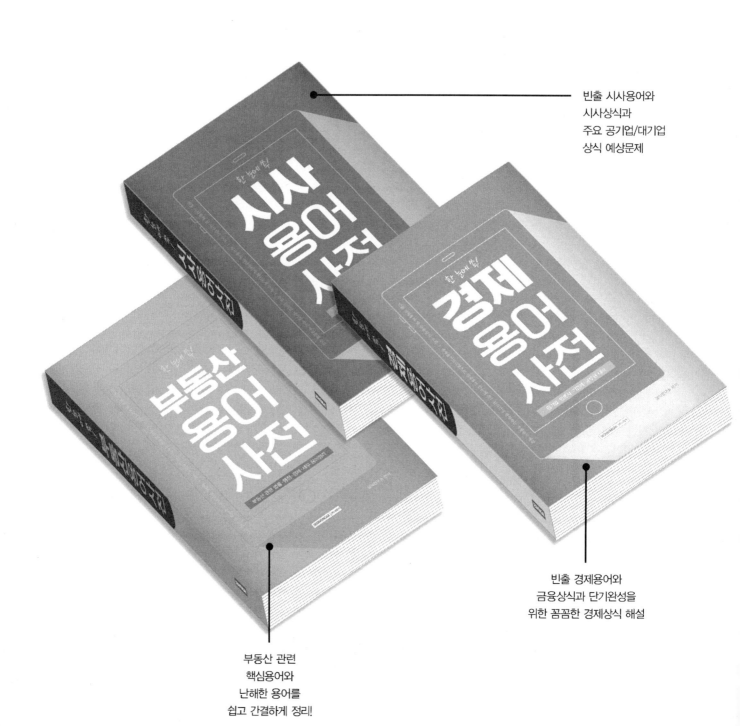

빈출 시사용어와
시사상식과
주요 공기업/대기업
상식 예상문제

빈출 경제용어와
금융상식과 단기완성을
위한 꼼꼼한 경제상식 해설

부동산 관련
핵심용어와
난해한 용어를
쉽고 간결하게 정리!

우리은행

필기전형 모의고사

[제 3 회]

영 역	1교시 : NCS직업기초능력평가 2교시 : 경제지식·일반상식
문항 수 / 시간	80문항 / 80분, 40문항 / 40분
비 고	객관식 5지선다형

SEOWONGAK
(주)서원각

1. 다음 밑줄 친 단어의 의미와 동일하게 쓰인 것을 고르시오.

> 김동연 경제부총리 겸 기획재정부 장관은 26일 최근 노동이슈 관련 "다음 주부터 시행되는 노동시간 단축 관련 올해 말까지 계도기간을 설정해 단속보다는 제도 정착에 초점을 두고 추진할 것"이라고 밝혔다.
> 김동연 부총리는 이날 정부서울청사에서 노동현안 관련 경제현안간담회를 주재하고 "7월부터 노동시간 단축제도가 시행되는 모든 기업에 대해 시정조치 기간을 최장 6개월로 늘리고, 고소·고발 등 법적인 문제의 처리 과정에서도 사업주의 단축 노력이 충분히 참작될 수 있도록 하겠다."라며 이같이 말했다.
> 김 부총리는 "노동시간 단축 시행 실태를 면밀히 조사해 탄력근로단위기간 확대 등 제도개선 방안도 조속히 마련하겠다."라며 "불가피한 경우 특별 연장근로를 인가받아 활용할 수 있도록 구체적인 방안을 강구할 것"이라고 밝혔다.

① 우리는 10년 만에 넓은 평수로 늘려 이사했다.

② 그 집은 알뜰한 며느리가 들어오더니 금세 재산을 늘려 부자가 되었다.

③ 적군은 세력을 늘린 후 다시 침범하였다.

④ 실력을 늘려서 다음에 다시 도전해 보아라.

⑤ 대학은 학생들의 건의를 받아들여 쉬는 시간을 늘리는 방안을 추진 중이다.

2. 다음 밑줄 친 단어의 의미와 동일하게 쓰인 것을 고르시오.

> 농림축산식품부를 비롯한 농정 유관기관들이 제7호 태풍 '쁘라삐룬'과 집중호우 피해 최소화에 총력을 모으고 나섰다.
> 농식품부는 2일 오전 10시 농식품부 소관 실국과 농촌진흥청, 농어촌공사, 농협중앙회 등 유관기관이 참여하는 '태풍 쁘라삐룬 2차 대책회의'를 열고 집중호우에 따른 농업분야 피해 및 대책 추진상황을 긴급 점검했다.
> 농식품부가 지자체 등의 보고를 토대로 집계한 농업분야 피해는 이날 오전 6시 현재 농작물 4258ha, 저수지 1개소 제방유실, 용수간선 4개소 유실·매몰 피해가 발생했다.

① 안전기의 스위치를 열고 퓨즈가 끊어진 것을 확인한다.

② 아직 교육의 혜택을 제대로 받지 못한 오지에 학교를 열었다.

③ 정상회담에 앞서서 준비회담을 열었으나 그 회담 내용은 알려지지 않았다.

④ 사람들이 토지에 정착하여 살 수 있게 됨으로써 인류 역사에 농경 시대를 열게 되었다.

⑤ 모든 사람에게 마음을 열고 살기 위해서는 무엇보다도 타인에 대한 사랑과 이해가 우선되어야 한다.

3. 아래의 글을 읽고 ⓐ의 내용을 뒷받침할 수 있는 경우로 보기 가장 어려운 것을 고르면?

> 범죄 사건을 다루는 언론 보도의 대부분은 수사기관으로부터 얻은 정보에 근거하고 있고, 공소제기 전인 수사 단계에 집중되어 있다. 따라서 언론의 범죄 관련 보도는 범죄사실이 인정되는지 여부를 백지상태에서 판단하여야 할 법관이나 배심원들에게 유죄의 예단을 심어줄 우려가 있다. 이는 헌법상 적법절차 보장에 근거하여 공정한 형사재판을 받을 피고인의 권리를 침해할 위험이 있어 이를 제한할 필요성이 제기된다. 실제로 피의자의 자백이나 전과, 거짓말탐지기 검사 결과 등에 관한 언론 보도는 유죄판단에 큰 영향을 미친다는 실증적 연구도 있다. 하지만 보도 제한은 헌법에 보장된 표현의 자유에 대한 침해가 된다는 반론도 만만치 않다. 미국 연방대법원은 어빈 사건 판결에서 지나치게 편향적이고 피의자를 유죄로 취급하는 언론 보도가 예단을 형성시켜 실제로 재판에 영향을 주었다는 사실이 입증되면, 법관이나 배심원이 피고인을 유죄라고 확신하더라도 그 유죄판결을 파기하여야 한다고 했다. 이 판결은 이른바 '현실적 예단의 법리를 형성시켰다. 이후 리도 사건 판결에 와서는, 일반적으로 보도의 내용이나 행태 등에서 예단을 유발할 수 있다고 인정이 되면, 개개의 배심원이 실제로 예단을 가졌는지의 입증 여부를 따지지 않고, 적법 절차의 위반을 들어 유죄판결을 파기할 수 있다는 '일반적 예단의 법리로 나아갔다.
> 셰퍼드 사건 판결에서는 유죄 판결을 파기하면서, '침해 예방'이라는 관점을 제시하였다. 즉, 배심원 선정 절차에서 상세한 질문을 통하여 예단을 가진 후보자를 배제하고, 배심원이나 증인을 격리하며, 재판을 연기하거나, 관할을 변경하는 등의 수단을 언급하였다. 그런데 법원이 보도기관에 내린 '공판 전 보도금지명령'에 대하여 기자협회가 연방대법원에 상고한 네브래스카 기자협회 사건 판결에서는 침해의 위험이 명백하지 않은 데도 가장 강력한 사전 예방 수단을 쓰는 것은 위헌이라고 판단하였다.
> 이러한 판결들을 거치면서 미국에서는 언론의 자유와 공정한 형사절차를 조화시키면서 범죄 보도를 제한할 수 있는 방법을 모색하였다. 그리하여 셰퍼드 사건에서 제시된 수단과 함께 형사 재판의 비공개, 형사소송 관계인의 언론에 대한 정보제공금

지 등이 시행되었다. 하지만 ⓐ 예단 방지 수단들의 실효성을 의심하는 견해가 있고, 여전히 표현의 자유와 알 권리에 대한 제한의 우려도 있어, 이 수단들은 매우 제한적으로 시행되고 있다. 그런데 언론 보도의 자유와 공정한 재판이 꼭 상충된다고만 볼 것은 아니며, 피고인 측의 표현의 자유를 존중하는 것이 공정한 재판에 도움이 된다는 입장에서 네브래스카 기자협회 사건 판결의 의미를 새기는 견해도 있다. 이 견해는 수사기관으로부터 얻은 정보에 근거한 범죄 보도로 인하여 피고인을 유죄로 추정하는 구조에 대항하기 위하여 변호인이 적극적으로 피고인 측의 주장을 보도기관에 전하여, 보도가 일방적으로 편향되는 것을 방지할 필요가 있다고 한다. 일반적으로 변호인이 피고인을 위하여 사건에 대해 발언하는 것은 범죄 보도의 경우보다 적법절차를 침해할 위험성이 크지 않은데도 제한을 받는 것은 적절하지 않다고 보며, 반면에 수사기관으로부터 얻은 정보를 기반으로 하는 언론 보도는 예단 형성의 위험성이 큰데도 헌법상 보호를 두텁게 받는다고 비판한다. 미국과 우리나라의 헌법상 변호인의 조력을 받을 권리는 변호인의 실질적 조력을 받을 권리를 의미한다. 실질적 조력에는 법정 밖의 적극적 변호 활동도 포함된다. 따라서 형사절차에서 피고인 측에게 유리한 정보를 언론에 제공할 기회나 반론권을 제약하지 말고, 언론이 검사 측 못지않게 피고인 측에게도 대등한 보도를 할 수 있도록 해야 한다.

① 법원이 재판을 장기간 연기했지만 재판 재개에 임박하여 다시 언론 보도가 이어진 경우

② 검사가 피의자의 진술거부권 행사 사실을 공개하려고 하였으나 법원이 검사에게 그 사실에 대한 공개 금지명령을 내린 경우

③ 변호사가 배심원 후보자에게 해당 사건에 대한 보도를 접했는지에 대해 질문했으나 후보자가 정직하게 답변하지 않은 경우

④ 법원이 관할 변경 조치를 취하였으나 이미 전국적으로 보도가 된 경우

⑤ 법원이 배심원을 격리하였으나 격리 전에 보도가 있었던 경우

4. 아래에 제시된 글을 읽고 20세기 중반 이후의 정당 체계에서 발생한 정당 기능의 변화로 볼 수 없는 것을 고르면?

대의 민주주의에서 정당의 역할에 대한 대표적인 설명은 책임 정당정부 이론이다. 이 이론에 따르면 정치에 참여하는 각각의 정당은 자신의 지지 계급과 계층을 대표하고, 정부 내에서 정책 결정 및 집행 과정을 주도하며, 다음 선거에서 유권자들에게 그 결과에 대해 책임을 진다. 유럽에서 정당은 산업화 시기 생성된 노동과 자본 간의 갈등을 중심으로 다양한 사회 경제적 균열을 이용하여 유권자들을 조직하고 동원하였다. 이 과정에서 정당은 당원 중심의 운영 구조를 지향하는 대중정당의 모습을 띠었다. 당의 정책과 후보를 당원 중심으로 결정하고, 당내 교육과정을 통해 정치 엘리트를 충원하며, 정치인들이 정부 내에서 강한 기율을 지니는 대중정당은 책임정당정부 이론을 뒷받침하는 대표적인 정당 모형이었다. 대중정당의 출현 이후 정당은 의회의 정책 결정과 행정부의 정책 집행을 통제하는 정부 속의 정당 기능, 지지자들의 이익을 집약하고 표출하는 유권자 속의 정당 기능, 그리고 당원을 확충하고 정치 엘리트를 충원하고 교육하는 조직으로서의 정당 기능을 갖추어 갔다. 그러나 20세기 중반 이후 발생한 여러 원인으로 인해 정당은 이러한 기능에서 변화를 겪게 되었다. 산업 구조와 계층 구조가 다변화됨에 따라 정당들은 특정 계층이나 집단의 지지만으로는 집권이 불가능해졌고 이에 따라 보다 광범위한 유권자 집단으로부터 지지를 획득하고자 했다. 그 결과 정당 체계는 특정 계층을 뛰어넘어 전체 유권자 집단에 호소하여 표를 구하는 포괄정당 체계의 모습을 띠게 되었다. 선거 승리라는 목표가 더욱 강조될 경우 일부 정당은 외부 선거 전문가로 당료들을 구성하는 선거전문가정당 체계로 전환되기도 했다. 이 과정에서 계층과 직능을 대표하던 기존의 조직 라인은 당 조직의 외곽으로 밀려나기도 했다. 한편 탈산업사회의 도래와 함께 환경, 인권, 교육 등에서 좀 더 나은 삶의 질을 추구하는 탈물질주의가 등장함에 따라 새로운 정당의 출현에 대한 압박이 생겨났다. 이는 기득권을 유지해 온 기성 정당들을 위협했다. 이에 정당들은 자신의 기득권을 유지하기 위해 공적인 정치 자원의 과점을 통해 신생 혹은 소수당의 원 내 진입이나 정치 활동을 어렵게 하는 카르텔정당 체계를 구성하기도 했다. 다양한 정치관계법은 이런 체계를 유지하는 대표적인 수단으로 활용되었다.

정치관계법과 관련된 선거 제도의 예를 들면, 비례대표제에 비해 다수대표제는 득표 대비 의석 비율을 거대정당에 유리하도록 만들어 정당의 카르텔화를 촉진하는 데 활용되기도 한다. 이러한 정당의 변화 과정에서 정치 엘리트들의 자율성은 증대되었고, 정당 지도부의 권력이 강화되어 정부 내 자당 소속의 정치인들에 대한 통제력이 증가되었다. 하지만 반대로 평당원의 권력은 약화되고 당원 수는 감소하여 정당은 지지 계층 및 집단과의 유대를 잃어가기 시작했다. 뉴미디어가 발달하면서 정치에 관심은 높지만 정당과는 거리를 두는 '인지적' 시민이 증가함에 따라 정당 체계는 또 다른 도전에 직면하게 되었다. 정당 조직과 당원들이 수행했던 기존의 정치적 동원은 소셜 네트워크 내 시민들의 자기 조직적 참여로 대체 되었다. 심지어 정당을 우회하는 직접 민주주의의 현상도 나타났다. 이에 일부

정당은 카르텔 구조를 유지하면서도 공직 후보 선출권을 일반 국민에게 개방하는 포스트카르텔정당 전략이나, 비록 당원으로 유입시키지 못할지라도 온라인 공간에서 인지적 시민과의 유대를 강화하려는 네트워크정당 전략으로 위기에 대응하고자 했다. 그러나 이러한 제반의 개혁 조치가 대중 정당으로의 복귀를 의미하지는 않았다. 오히려 당원이 감소되는 상황에서 선출권자나 후보들을 정당 밖에서 충원함으로써 고전적 의미의 정당 기능은 약화되었다. 물론 이러한 상황에서도 20세기 중반 이후 정당 체계들이 여전히 책임정당정치를 일정하게 구현하고 있다는 주장이 제기되기도 했다.

예를 들어 국가 간 비교를 행한 연구는 최근의 정당들이 구체적인 계급, 계층 집단을 조직하고 동원하지는 않지만 일반 이념을 매개로 정치 영역에서 유권자들을 대표하는 기능을 강화했음을 보여주었다. 유권자들은 좌우의 이념을 통해 정당의 정치적 입장을 인지하고 자신과 이념적으로 가까운 정당에 정치적 이해를 표출하며, 정당은 집권 후 이를 고려하여 책임정치를 일정하게 구현하고 있다는 것이다. 이때 정당은 포괄정당에서 네트워크정당까지 다양한 모습을 띨 수 있지만, 이념을 매개로 유권자의 이해와 정부의 책임성 간의 선순환적 대의 관계를 잘 유지하고 있다는 것이다. 이와 같이 정당의 이념적 대표성을 긍정적으로 평가하는 주장에 대해 몇몇 학자 및 정치인들은 대중정당론에 근거한 반론을 제기하기도 한다. 이들은 여전히 정당이 계급과 계층을 조직적으로 대표해야 하며, 따라서 정당의 전통적인 기능과 역할을 복원하여 책임정당정치를 강화해야 한다는 주장을 제기하고 있다.

① 조직으로서의 정당 기능의 강화
② 유권자의 일반 이념을 대표하는 기능의 강화
③ 유권자를 정치적으로 동원하는 기능의 약화
④ 정부 속의 정당 기능의 강화
⑤ 유권자 속의 정당 기능의 약화

┃5~6┃ 아래의 내용을 읽고 각 물음에 답하시오

윤리학에서는 선(善, god) 즉 좋음과 관련하여 여러 쟁점이 있다. 선이란 무엇인가? 선을 쾌락이라고 간주해도 되는가? 선은 도덕적으로 옳음 또는 정의와 어떤 관계에 있는가? 이러한 쟁점 중의 하나가 바로 "선은 객관적으로 존재하는가?"의 문제이다. 플라톤은 우리가 감각으로 지각하는 현실 세계는 가변적이고 불완전하지만, 우리가 이성으로 인식할 수 있는 이데아의 세계는 불변하고 완전하다고 보았다. 그에 따르면, 현실 세계는 이데아 세계를 모방한 것이기에 현실 세계에서 이루어지는 인간들의 행위도 불완전할 수밖에 없다. 이데아 세계에는 선과 미와 같은 여러 이데아가 존재한다. 그중에서 최고의 이데아는 선의 이데아이며, 인간 이성의 최고 목표는 선의 이데아를 인식하는 것이다. 선은 말로 표현할 수 없고, 신성하며, 독립적이고, 오랜 교육을 받은 후에만 알 수 있는 것이다. 우리는 선을 그것이 선이기 때문에 욕구한다. 이렇게 인간의 관심 여부와는 상관없이 선이 독립적으로 존재한다고 보는 입장을 선에 대한 ㉠'고전적 객관주의'라고 한다.

이러한 플라톤적 전통을 계승한 무어도 선과 같은 가치가 객관적으로 실재한다고 주장한다. 그에 따르면 선이란 노란색처럼 단순하고 분석 불가능한 것이기에, 선이 무엇인지에 대해 정의를 내릴 수 없으며 그것은 오직 직관을 통해서만 인식될 수 있다. 노란색이 무엇이냐는 질문에 노란색이라고 답할 수밖에 없듯이 선이 무엇이냐는 질문에 "선은 선이다."라고 답할 수밖에 없다는 것이다. 무어는 선한 세계와 악한 세계가 있을 때 각각의 세계 안에 욕구를 지닌 존재가 있는지 없는지와 관계없이 전자가 후자보다 더 가치 있다고 믿었다. 선은 인간의 욕구와는 상관없이 그 자체로 존재하며 그것은 본래부터 가치가 있다는 것이다. 그는 선을 최대로 산출하는 행동이 도덕적으로 옳은 행동이라고 보았다.

반면에 ㉡'주관주의'는 선을 의식적 욕구의 산물에 불과한 것으로 간주한다. 페리는 선이란 욕구와 관심에 의해 창조된다고 주장한다. 그에 따르면 가치는 관심에 의존하고 있으며, 어떤 것에 관심이 주어졌을 때 그것은 비로소 가치를 얻게 된다. 대상에 가치를 부여하는 것은 관심이며, 인간이 관심을 가지는 대상은 무엇이든지 가치의 대상이 된다. 누가 어떤 것을 욕구하든지 간에 그것은 선으로서 가치를 지니게 된다. 페리는 어떤 대상에 대한 관심이 깊으면 깊을수록 그것은 그만큼 더 가치가 있게 되며, 그 대상에 관심을 표명하는 사람의 수가 많을수록 그것의 가치는 더 커진다고 말한다. 이러한 주장에 대해 고전적 객관주의자는 우리가 욕구하는 것과 선을 구분해야 한다고 비판한다. 만약 쾌락을 느끼는 신경 세포를 자극하여 매우 강력한 쾌락을 제공하는 쾌락 기계가 있다고 해 보자. 그런데 누군가 쾌락 기계 속으로 들어가서 평생 살기를 욕구한다면, 우리는 그것이 선이 아니라고 말할 수 있다. 쾌락 기계에 들어가는 사람이 어떤 불만도 경험하지 못한다고 하더라도, 그것은 누가 보든지 간에 나쁘다는 것이다.

ⓒ'온건한 객관주의'는 선을 창발적인 속성으로서, 인간의 욕구와 사물의 객관적 속성이 결합하여 생기는 것이라고 본다. 이 입장에 따르면 물의 축축함이 H2O 분자들 안에 있는 것이 아니라 그 분자들과 우리의 신경 체계 간의 상호 작용을 통해 형성되듯이, 선도 인간의 욕구와 객관적인 속성 간의 관계 속에서 상호 통합적으로 형성된다. 따라서 이 입장은 욕구를 가진 존재가 없다면 선은 존재하지 않을 것이라고 본다. 그러나 일단 그러한 존재가 있다면, 쾌락, 우정, 건강 등이 가진 속성은 그의 욕구와 결합하여 선이 될 수 있을 것이다. 하지만 이러한 입장에서는 우리의 모든 욕구가 객관적 속성과 결합하여 선이 되는 것은 아니기에 적절한 욕구가 중시된다. 결국 여기서는 적절한 욕구가 어떤 것인지를 구분할 기준을 제시해야 하는 문제가 발생한다. 이와 같은 객관주의와 주관주의의 논쟁을 해결하기 위한 한 가지 방법은 불편부당하며 모든 행위의 결과들을 알 수 있는 '이상적 욕구자'를 상정하는 것이다. 그는 편견이나 무지로 인한 잘못된 욕구를 갖고 있지 않기에 그가 선택하는 것은 선이 될 것이고, 그가 선택하지 않는 것은 악이 될 것이기 때문이다.

5. 위의 글 내용과 일치하지 않는 것을 고르면?

① 무어는 선이 단순한 것이어서 그것을 정의할 수 없다고 본다.

② 플라톤은 인간이 행한 선이 완전히 선한 것은 아니라고 본다.

③ 무어는 도덕적으로 옳은 행동을 판별할 기준을 제시할 수 없다고 본다.

④ 페리는 더욱 많은 사람들이 더욱 깊은 관심을 가질수록 가치가 증가한다고 본다.

⑤ 플라톤은 선의 이데아를 이성을 통해서 인식할 수 있다고 본다.

6. 위의 내용을 읽고 ㉠에 대한 ㉡과 ㉢의 공통된 문제 제기로써 옳은 사항을 고르면?

① 선을 향유하는 존재가 없다면 그것이 무슨 가치가 있겠는가?

② 선은 욕구하는 주관에 전적으로 의존하여 형성되지 않는가?

③ 사람들이 선을 인식할 수 없다고 보는 것은 과연 타당한가?

④ 사람들이 선호한다고 그것이 항상 선이라고 할 수 있는가?

⑤ 선과 악을 구분할 수 없다면 어떤 행위라도 옳다는 것인가?

7. 다음의 기사를 읽고 문맥 상 괄호 안에 들어갈 말로 가장 적절한 것을 고르면?

> 지하철 9호선 2·3단계를 운영하는 서울 메트로 9호선 운영㈜ 노조가 공영화를 요구하며 오는 27일 파업에 돌입한다.
>
> 서울 메트로 9호선 운영㈜ 노조인 서울 메트로 9호선 지부는 지난 8일 서울 중구 민주노총에서 기자회견을 열고 "오늘 오전 5시부로 2018년 임·단투 승리와 노동권, 시민 안전, 공영화 쟁취를 위한 쟁의행위에 들어갔다."라며 "오는 27일 오전 5시를 기해 파업을 시작할 것"이라고 밝혔다.
>
> 서울 메트로 9호선 운영㈜에 따르면 지난 6월 22일 이후 노사는 총 6차례에 걸친 임금교섭을 통해 협상을 지속했지만 주요 쟁점사항인 연봉제 폐지 호봉제 도입, 2017년 총액 대비 24.8%(연간 1인 당 약 1,000만 원)의 임금인상 요구로 합의점을 찾지 못했다. 노조는 최근 사측과 진행하던 교섭이 결렬된 뒤 조합원 100명이 쟁의행위 찬반 투표를 한 결과 투표율 92%에 94.6%의 찬성률을 기록했다고 설명했다. 하지만 서울 메트로 9호선 지부는 필수 유지업무 인력을 투입할 계획이다. 김시문 서울 메트로 9호선 지부장은 "필수 유지업무 인력은 남기고 (   )에 들어간다."라며 "하지만 준법 투쟁의 수위는 계속해서 올라갈 것"이라고 말했다. 한편 서울 메트로 9호선 운영㈜는 27일 이러한 상황 하에서도 열차는 100% 정상 운행할 것이라고 밝혔다. 지하철은 필수 공익사업장으로 구분돼 이 같은 기간에도 최소한의 인원을 유지해 업무가 중단되지 않기 때문이다.

① 복귀(復歸)

② 개업(開業)

③ 고문(拷問)

④ 이직(移職)

⑤ 파업(罷業)

8. 다음은 야구선수들이 국어시간에 배운 아래의 작품에 대해 토론하고 있다. 이에 대한 설명을 바르게 하지 않은 사람을 고르면?

> ㉠ 공무도하(公無渡河) - 임이여 물을 건너지 마오
> ㉡ 공경도하(公竟渡河) - 임은 결국 물을 건너시네
> ㉢ 공무도하(墮河而死) - 물에 빠져 죽었으니
> ㉣ 장내공하(將奈公何) - 장차 임을 어이할꼬
> ㉤ 위 작품에 대한 평가 - 두 가지로 대표되는 종족 간의 대립, 갈등을 노래한 집단적인 서사시로써 가요의 형태상의 변화뿐만 아니라, 인간의 생활 감정이 복잡해져 감에 따른 예술의 분화 과정을 이해할 수 있다.

① 선동열 - ㉠은 '물' 다시 말해 저 임이 건너지 말아야 할 물은 임과 나를 영원히 이별하게 만들 수 있으므로, 여기서 시적 화자가 부르는 '公'은 간절한 사랑이 담겨 있는 절박한 호소라 할 수 있어.

② 최동원 - ㉡의 '竟'과 결합되는 '물'은 사랑의 종말을 의미함과 동시에 임의 부재를 불러일으킨다. 이 경우 물은 사랑을 뜻하기보다는 임과의 이별을 뜻하므로 죽음의 이미지가 강하다고 할 수 있어.

③ 김인식 - ㉢ '물'은 임의 부재라는 소극적인 뜻이 아니라, 죽음의 의미로 확대되고 있고, 사랑하는 임의 죽음을 통해 깊은 단절감을 느끼게 됨을 알 수 있어.

④ 이광환 - ㉣ 서정적 자아의 심정이 집약된 구절로 탄식과 원망의 애절한 울부짖음을 나타내며, 이 비극적 심리의 폭발은 결국 여인의 자살을 몰고 왔다고 할 수 있어.

⑤ 김기태 - ㉤ 화희와 치희로 대표되는 종족 간의 대립을 의미하고 있으며, 이 노래를 우리나라에 현존하는 최초의 개인적 서사시로 이해하는 것이 옳아.

9. 아래의 기사를 읽고 문맥 상 괄호 안에 들어갈 말로 가장 적절한 것을 고르면?

> "이제 신생팀이 아닌 프로구단 kt의 이름을 걸고 야구를 해야 한다."
> 프로야구 '막내' kt 위즈의 형님 김상현의 한 마디에는 결연함이 묻어났다. 올해는 팀 뿐만 아니라 김상현에게도 특별하다. FA 계약 후 첫 시즌이기 때문이다. 김상현은 지난 2000년 2차 6라운드 전체 42순위 지명을 받아 해태 타이거즈에 입단했다.
> 그러나 지난 시즌 134경기에 출전해 타율 0.280 27홈런 88타점으로 활약하고 나서야 뒤늦게 프로 첫 FA 자격을 얻었다. SK 와이번스 소속이던 2014시즌 생애 첫 FA가 될 수 있었지만 42경기 출전에 그치면서 1년 늦게 FA를 획득했고, 지난해 4년 최대 17억 원에 도장을 찍고 잔류했다. 이후 개인 훈련을 통해 몸을 만든 뒤 지난 1월15일부터 49일간 미국 애리조나 투산 및 LA 샌버나디노에서 치른 스프링캠프를 완주했다.
> 김상현은 "부상 없이 캠프를 잘 마친 것에 만족한다. kt 소속으로 두 번째 맞는 캠프지만 여전히 훈련은 고됐다"라고 웃으며 말했다. 캠프 동안 김상현은 단순히 홈런 개수나 타점에 목표를 맞추지 않고 시즌을 버틸 수 있는 체력을 만드는 데 집중했다. 더불어 심리적인 변화를 줬다. 김상현은 "긍정적인 마음 가짐을 갖고 팀에 어떻게 내가 도움이 될 수 있을 지 고민했다"라고 말했다.
> 김상현이 바라본 kt의 올 시즌도 긍정적인 기운이 가득하다. 오프시즌 이진영, 유한준 등 고참 선수들이 새롭게 합류해 녹아들었고, 백업 선수들의 기량도 지난해보다 훨씬 좋아졌다. 김상현은 "전체적으로 전력이 보강됐다. 지난해보다 고참 선수들이 늘어나면서 어린 선수들에게 보다 많은 노하우를 전수할 수 있었다"라며 "주전과 비주전의 기량 차이가 줄어들었고 팀 분위기도 좋다"라고 미소 지었다. 그래서 이제 배려 받는 '막내' 꼬리표를 뗄 수 있겠다는 판단이다.
> 김상현은 "이제 2년차에 접어든 만큼 신생팀이 아닌 프로구단 kt의 이름을 걸고 야구를 해야 한다. 분명 작년보다 성적이 더 좋아질 것으로 확신한다"라고 힘주어 말했다. 개인 목표는 따로 없다. 그저 부상 없이 한 시즌을 뛰면 성적은 자연스럽게 따라올 것으로 믿는다. 믿음과 기대는 그 대상을 바라는 대로 실현시켜준다는 김상현의 (   )가 kt에 스며들고 있다.

① 플라시보 효과 (Placebo Effect)

② 피그말리온 효과 (Pygmalion Effect)

③ 펠츠만 효과 (Feltsman Effect)

④ 노시보 효과 (Nocebo Effect)

⑤ 안데르센 효과 (Andersen Effect)

10. 다음 중 밑줄 친 부분과 같은 의미로 쓰인 것은?

"자숙 말고 자수하라" 이는 공연·연극·문화·예술계 전반에 퍼진 미투(#MeToo) 운동을 지지하는 위드유(with you) 집회에서 울려 퍼진 구호이다. 성범죄 피해자에 대한 제대로 된 사과와 진실규명을 바라는 목소리라고 할 수 있다. 그동안 전 ○○거리패 연출가를 시작으로 유명한 중견 남성 배우들의 성추행 폭로가 줄을 이었는데, 폭로에 의해 밝혀지는 것보다 스스로 밝히는 것이 나을 것이라 판단한 것인지 자진신고자도 나타났다. 연극계에 오랫동안 몸담고서 영화와 드라마에서도 인상 깊은 연기를 펼쳤던 한 남성 배우는 과거 성추행 사실을 털어 놓으며 공식 사과했다.

① 그는 공부 말고도 운동, 바둑, 컴퓨터 등 모든 면에서 너보다 낫다.
② 뜨거운 숭늉에 밥을 말고 한 술 뜨기 시작했다.
③ 그는 땅바닥에 털썩 주저앉아 종이에 담배를 말고 피우기 시작했다.
④ 유치한 소리 말고 가만있으라는 말에 입을 다물었다.
⑤ 거짓말 말고 사실대로 대답하라.

11. 다음의 사례는 FABE 화법을 활용한 대화 내용이다. 이를 읽고 밑줄 친 부분에 대한 내용으로 가장 옳은 것으로 추정되는 항목을 고르면?

〈개인 보험가입에 있어서의 재무 설계 시 이점〉
상담원 : 저희 보험사의 재무 설계는 고객님의 자산 흐름을 상당히 효과적으로 만들어 줍니다.
상담원 : 그로 인해 고객님께서는 언제든지 원하는 때에 원하는 일을 이룰 수 있습니다.
상담원 : <u>그 중에서도 가장 소득이 적고 많은 비용이 들어가는 은퇴시기에 고객님은 편안하게 여행을 즐기시고, 또한 언제든지 친구들을 부담 없이 만나 행복한 시간을 보낼 수 있습니다.</u>
상담원 : 저희 보험사에서 재무 설계는 우선 예산을 조정해 드리고 있으며, 선택과 집중을 통해 고객님의 생애에 있어 가장 중요한 부분들을 먼저 준비할 수 있도록 도와드리기 때문입니다.

① 해당 이익이 고객에게 반영될 시에 발생 가능한 상황을 공감시키는 과정이라고 할 수 있다.
② 해당 상품 및 서비스의 설명이 완료되어 마무리하는 부분이라 할 수 있다.
③ 제시하는 상품의 특징을 언급하는 부분이라 할 수 있다.
④ 이득이 발생할 수 있음을 예시하는 것이라 할 수 있다.
⑤ 이익이 발생하는 근거를 설명하는 부분이다.

12. 다음의 기사를 읽고 괄호 안에 공통적으로 들어갈 내용에 대한 설명으로 가장 바르지 않은 것을 고르시오.

"냉정하게 말하면, 고객을 모두 줄 세울 수 있다."

한정적인 자원으로 최대의 효율을 추구해야 하는 기업들이 모든 고객을 대상으로 마케팅 활동을 할 수는 없다. 표적 시장 또는 고객을 선정하는 타깃팅이 기업의 중요한 마케팅 전략 중 하나로 꼽히는 이유다. 한 기업이 제공하는 재화나 상품을 꾸준하게 구매하거나 이용하는 소비자, 즉 충성 고객의 마음을 얼마나 적은 비용으로 사로잡느냐가 관건이 된다.

빅 데이터를 활용하면 목표 고객을 찾고 그들의 (   )를 분석해낼 수 있다. (   )란 한 고객이 기업의 고객으로 있는 동안 기대되는 재무적 공헌도의 총합을 이르는 말이다.

(   )가 높다는 건 해당 기업과 오래 관계 맺으면서 많은 돈을 쓴다는 뜻이다. 즉, 이 수치가 높은 대상은 그 기업과 맞는 고객이라고 볼 수 있는 셈이다.

전통적 방식으로 '설정'하는 개념이던 목표 전략도 빅 데이터 시대를 맞아 '예측'하는 쪽으로 변하고 있다는 것이다. 소비자들은 상품을 선택하고 구매한다. 얼핏 보면 간단한 행동이다. 하지만 소비자가 물건을 구매할 때까지는 온라인에서 검색을 하고, 사람을 만나거나 친구들과 대화를 한다.

매장에 들어선 이후에도 이곳저곳을 들르고, 다른 상품들과 비교도 한다. 겉으로 보기에는 단순한 행동에 불과하다. 그럼에도 구매에 이르기까지의 과정에서는 의식과 무의식의 끊임없는 작용이 일어난다. 빅 데이터는 대량의 데이터를 분석해 특정 고객들의 성향과 배경을 파악할 수 있게 해준다. 이는 누가 앞으로 어떤 제품을 선택할지 여부를 판단할 수 있는 준거로 활용될 수 있다.

과거에는 기업이 정보를 손에 쥐고 소비자들의 취향을 스스로 정의하는 마케팅 전략을 썼다. 하지만 빅 데이터로 정보의 비대칭성이 완화되면서 소비자들도 기업이 시장과 고객을 바라보는 시각에 영향력을 행사할 수 있게 됐다. 결국 빅 데이터는 마케팅을 기존의 틀에 박힌 방식이 아닌 세분화된 다수의 시장에 개별적으로 접근하는 방식으로 변화시킨다.

① 잠재가치는 실현되지 않은 미래의 잠재적 수익에 대한 순 현재가치를 의미한다.
② 실현가치는 이미 실현된 이익의 순 현재가치를 말한다.
③ 실현가치와 잠재가치로 구분된다.
④ 기존 고객과 잠재고객의 생애가치를 극소화시킴으로써 기업은 자신의 단기적인 이익극대화의 달성이 가능하다.
⑤ 한 고객이 한 기업의 고객으로 존재하는 전체 기간 동안 기업에게 제공할 것으로 추정되는 이익의 합계이다.

13. 다음의 내용은 VOC(Voice Of Customer ; 고객의 소리)의 일부 사례로써 병원 측과 환자 측과의 대화를 나타낸 것이다. 이로 미루어 보아 가장 옳지 않은 설명을 고르면?

㉮ 물리치료센터

환자 : 처음에는 뜨거운 물로 치료를 해줬으나 이제는 그렇게 치료하지 않더군요. 물리치료사에게 물어보니 치료를 뜨겁게 생각하는 분들이 많이 없었다고 했습니다. 하지만 저처럼 뜨거운 물을 이용한 치료를 원하는 고객들이 많을 테니 치료 자체를 없애는 대신 두꺼운 수건을 깔아서 문제를 해결했으면 좋았을 것이라 생각합니다. 조금 더 고객의 마음을 헤아려줬으면 좋겠습니다.

병원 : 앞으로는 치료 자체를 없애기보다는 그것을 개선시키는 방향을 택하도록 노력하겠습니다.

㉯ 진료 과정

환자 : 다른 병원에서 무릎 치료에 실패하고 지인의 소개로 XX 병원에 방문했습니다. 오른쪽 다리뿐만 아니라 왼쪽 다리에도 문제가 있어서 두 쪽 다 수술 받기를 원했지만 아직은 왼쪽 다리 수술이 필요 없다는 진단을 들었습니다. 결국 왼쪽 다리에는 주사 시술만 받은 후 수영 등 무릎 건강에 도움이 된다는 운동을 해봤습니다. 하지만 전혀 개선이 되지 않더군요. 오른쪽 다리 수술을 할 때 같이 왼쪽 다리도 수술해 주셨으면 좋았을 겁니다.

병원 : XX 병원은 무조건 수술을 권유하지 않고, 고객의 상태를 고려한 맞춤 치료를 진행합니다. 하지만 고객님의 의견을 마음에 새겨 진료 프로세스에 적극적으로 반영하겠습니다.

㉰ 건강검진센터

환자 : 대기하고 있을 때 피 검사, 엑스레이 검사 등을 미리 해주면 좋을 텐데 시간이 닥쳐서 검사를 시작하니까 대기 시간이 길어집니다. 심지어 오전 11시에 와서 오후 6시에 검사가 끝난 적도 있었습니다. 점심시간이 걸리고, 제 차례가 됐을 때가 돼서야 피 검사를 하라고 하니 검사 결과가 나오는 데는 또 한 시간이 이상이 걸리더군요. 고객이 오면 자기 차례가 됐을 때 신속하게 검사가 진행되길 바랍니다.

병원 : 앞으로 건강검진센터는 자체적인 진료 프로세스를 만들어 고객님들의 대기 시간을 줄일 수 있도록 노력하겠습니다.

---

① 환자 측의 불편사항을 추후에 개선이 될 수 있게 만드는 연결 통로가 된다.

② 환자들의 불만을 접수하면서 병원경영혁신의 기초자료로 서비스 제공을 위한 예상 밖의 아이디어를 얻을 수 있다.

③ 환자 측의 요구사항을 잘 처리해도 그들의 만족도는 낮고 환자 측과의 관계유지는 더욱 악화될 것이다.

④ 환자들의 요구사항을 충족시키는 방법에 대해서 신뢰할 수 있는 정확한 정보는 오직 환자만이 줄 수 있다는 것을 알 수 있다.

⑤ 환자 측과의 접점에서 그들의 니즈에 기초한 표준화된 대응의 서비스가 가능하다.

┃14~15┃ 다음 글을 읽고 물음에 답하시오.

저금리가 유지되고 있는 사회에서는 저축에 대한 사람들의 인식이 상당히 회의적이다. 저축은 미래의 소비를 위해 현재의 소비를 억제하는 것을 의미하는데, 이때 그 대가로 주어지는 것이 이자이다. 하지만 저금리 상황에서는 현재의 소비를 포기하는 대가로 보상받는 비용인 이자가 적기 때문에 사람들은 저축을 신뢰하지 못하게 되는 것이다.

화폐의 효용성과 합리적인 손익을 따져 본다면 저금리 시대의 저축률은 줄어드는 것이 당연하다. 물가 상승에 비해 금리가 낮을 때에는 시간이 경과할수록 화폐의 가치가 떨어지게 되어 저축으로부터 얻을 수 있는 실질적인 수익이 낮아지거나 오히려 손해를 입을 수 있기 때문이다.

그런데 한국은행이 발표한 최근 자료를 보면, 금리가 낮은 수준에 머물고 있을 때에도 저축률이 상승하였음을 알 수 있다. 2012년에 3.4%였던 가계 저축률이 2014년에는 6.1%로 상승한 것이다. 왜 그럴까? 사람들이 저축을 하는 데에는 단기적인 금전상의 이익 이외에 또 다른 요인이 작용하기 때문이다. 살아가다 보면 예기치 않은 소득 감소나 질병 등으로 인해 갑자기 돈이 필요한 상황이 생길 수 있다. 이자율이 낮다고 해서 돈이 필요한 상황에 대비할 필요가 없어지는 것은 아니다. 이런 점에서 볼 때 금리가 낮음에도 불구하고 사람들이 저축을 하는 것은 장래에 닥칠 위험을 대비하기 위한 적극적인 의지의 반영인 것이다.

저금리 상황 속에서 저축을 하지 않는 것이 당장은 경제적인 이득을 얻는 것처럼 보일 수 있다. 하지만 이는 미래에 쓸 수 있는 경제 자원을 줄어들게 만들고 개인의 경제적 상황을 오히려 악화시킬 수도 있다. 또한 고령화가 급격하게 진행되는 추세 속에서 노후 생활을 위한 소득 보장의 안전성을 저해하는 등 사회 전반의 불안감을 높일 수도 있다. 따라서 눈앞에 보이는 이익에만 치우쳐서 저축이 가지는 효용 가치를 단기적인 측면으로 한정해서 바라보아서는 안 된다.

우리의 의사 결정은 대개 미래가 불확실한 상황에서 이루어지며 우리가 직면하는 불확실성은 확률적으로도 파악하기 힘든 것이 대부분이다. 따라서 저축의 효용성은 단기적 이익보다 미래의 불확실성에 대비하기 위한 거시적 관점에서 그 중요성을 생각해야 한다.

---

14. 윗글에 대한 평가로 가장 적절한 것은?

① 핵심 개념을 소개한 후 관련 이론을 제시하고 있다.

② 주장을 여러 항목으로 나누어 순차적으로 제시하고 있다.

③ 전문 기관의 자료를 활용하여 논의의 근거로 삼고 있다.

④ 다양한 계층의 시각으로 균형 있는 정보를 제공하고 있다.

⑤ 유사한 사례를 비교하여 공통점과 차이점을 부각하고 있다.

15. 윗글의 글쓴이가 다음에 대해 보일 수 있는 반응으로 적절하지 않은 것은?

> 요즘 저축 이자율은 떨어지고 물가 상승률은 증가하고 있다. 그래서 A는 저축을 하지 않고 있다. 하지만 B는 A에게 저축을 하는 것이 좋겠다고 조언한다.

① A가 저축을 하지 않는 이유는 화폐 가치의 하락을 우려하고 있기 때문이군.

② A가 저축을 하지 않는 이유는 당장의 경제적인 이익을 중요하게 생각하기 때문이군.

③ B가 저축을 해야 한다고 조언하는 이유는 단기적인 금전상의 이익이 아닌 또 다른 요인을 고려하기 때문이군.

④ B가 저축을 해야 한다고 조언하는 이유는 저축을 미래의 불확실성에 대비하기 위한 방안이라고 보기 때문이군.

⑤ B가 저축을 해야 한다고 조언하는 이유는 현재 소비를 포기한 대가로 받는 이자를 더 중요하게 생각하기 때문이군.

16. 甲의 견해에 근거할 때 정치적으로 가장 불안정할 것으로 예상되는 정치체제의 유형은?

> 민주주의 정치체제 분류는 선거제도와 정부의 권력구조(의원내각제 혹은 대통령제)를 결합시키는 방식에 따라 크게 A, B, C, D, E 다섯 가지 유형으로 나눌 수 있다. A형은 의원들이 비례대표제에 의해 선출되는 의원내각제의 형태다. 비례대표제는 총 득표수에 비례해서 의석수를 배분하는 방식이다. B형은 단순다수대표제 방식으로 의원들을 선출하는 의원내각제의 형태다. 단순다수대표제는 지역구에서 1인의 의원을 선출하는 방식이다. C형은 의회 의원들을 단순다수대표 선거제도에 의해 선출하는 대통령제 형태다. D형의 경우 의원들은 비례대표제 방식을 통해 선출하며 권력구조는 대통령제를 선택하고 있는 형태다. 마지막으로 E형은 일종의 혼합형으로 권력구조에서는 상당한 권한을 가진 선출직 대통령과 의회에 기반을 갖는 수상이 동시에 존재하는 형태다. 의회 의원은 단순다수대표제에 의해 선출된다.
> 한편 甲은 "한 국가의 정당체제는 선거제도에 의해 영향을 받는다. 민주주의 국가들에 대한 비교 연구 결과에 의하면 비례대표제를 의회 선거제도로 운용하고 있는 국가들의 정당체제는 대정당과 더불어 군소정당이 존립하는 다당제 형태가 일반적이다. 전국을 다수의 지역구로 나누고 그 지역구별로 1인을 선출하는 단순다수대표제의 경우 군소정당 후보자들에게 불리하며, 따라서 두 개의 지배적인 정당이 출현하는 양당제의 형태가 자리 잡게 된다. 또한 정치적 안정 여부는 정당체제가 어떤 권력구조와 결합하는가에 따라 결정된다. 의원내각제는 양당제와 다당제 모두와 조화되어 정치적 안정을 도모할 수 있는 반면 혼합형과 대통령제의 경우 정당체제가 양당제일 경우에만 정치적으로 안정되는 현상을 보인다."라고 주장하였다.

① A형
② B형
③ C형
④ D형
⑤ E형

17. 두 기업 서원각, 소정의 작년 상반기 매출액의 합계는 91억 원이었다. 올해 상반기 두 기업 서원각, 소정의 매출액은 작년 상반기에 비해 각각 10%, 20% 증가하였고, 두 기업 서원각, 소정의 매출액 증가량의 비가 2 : 3이라고 할 때, 올해 상반기 두 기업 서원각, 소정의 매출액의 합계는?

① 96억 원
② 100억 원
③ 104억 원
④ 108억 원
⑤ 112억 원

18. 5%의 소금물과 15%의 소금물로 12%의 소금물 200g을 만들고 싶다. 각각 몇 g씩 섞으면 되는가?

	5% 소금물	15% 소금물
①	40g	160g
②	50g	150g
③	60g	140g
④	70g	130g
⑤	80g	120g

19. 한 학년에 세 반이 있는 학교가 있다. 학생수가 A반은 20명, B반은 30명, C반은 50명이다. 수학 점수 평균이 A반은 70점, B반은 80점, C반은 60점일 때, 이 세 반의 평균은 얼마인가?

① 62점
② 64점
③ 66점
④ 68점
⑤ 70점

20. ㈜○○에서는 신제품 출시 때마다 적절한 수요에 대처하지 못해 재고관리비, 신제품개발비가 상당히 많이 소요되고 있는 상황이다. 그래서 올해에는 불필요한 자원의 낭비를 막기 위해 많은 연구를 하게 되었고, 경제적 주문량(EOQ)를 적용하여 효율적인 제품 관리를 하게 되었다. 아래의 내용은 ㈜ 빛더미에서 제공하고 있는 자료이다. 이를 토대로 여러분들이 제품담당자라고 가정하였을 시에 경제적 주문량(EOQ)을 구하면? (단, 1년은 52주로 적용하고 EOQ 산출 값은 소수점 첫째자리에서 내림한다.)

> ㈜○○의 물류센터에서 주당 100개의 부품 수요가 예상된다. 매 주문 당 발생되는 주문처리비용은 500원이며, 재고품 단위 당 원가는 500원이다. 재고유지비는 재고품원가의 20%를 차지한다.

① 약 245개   ② 약 239개

③ 약 228개   ④ 약 212개

⑤ 약 203개

21. 타이어 전문회사인 ㈜○○는 매년 업계에서 매출 1위를 기록한 회사이다. 하지만 몇 년 전부터 고객서비스 마인드 상실과 고가격 등으로 인해 소비자들로부터 외면받기 시작하였다. 하지만 이 회사의 더 큰 문제는 수요예측치를 전혀 맞추지 못하는 데 있었던 것이다. 아래에 제시된 표를 보고 ㈜○○의 타이어 판매기록 자료를 기반으로 4기간 단순이동평균법을 적용했을 시에 10월 수요예측치를 구하면 얼마인가?

(단위 : 개)

월	5월	6월	7월	8월	9월
수요량	20,000	24,000	23,000	27,000	26,000

① 17,000개   ② 19,000개

③ 21,000개   ④ 23,000개

⑤ 25,000개

22. 유리는 기말고사를 끝내고 3박 4일 간의 제주도 여행 일정을 마친 후 집에 가기 위해 지하철역으로 가고 있다. 다음 아래의 지하철 노선도 및 조건을 참조하여 유리가 지하철을 이용할 시 출발역에서 도착역까지 걸리는 시간을 구하면?

> (조건 1) 출발역은 5호선 김포공항역이며, 도착역은 5호선 양평역이다.
> (조건 2) 역과 역 사이 구간은 2분 정도 걸리는 것으로 가정한다.
> (조건 3) 환승으로 인해 걸리는 시간(걷거나 또는 기다리거나)은 없는 것으로 가정한다.

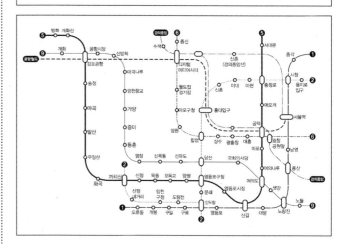

① 대략 5분 정도 걸린다.

② 대략 10분 정도 걸린다.

③ 대략 20분 정도 걸린다.

④ 대략 30분 정도 걸린다.

⑤ 대략 40분 정도 걸린다.

23. 김정은과 시진핑은 양국의 우정을 돈독히 하기 위해 함께 서울에 방문하여 용산역에서 목포역까지 열차를 활용한 우정 휴가를 계획하고 있다. 아래의 표는 인터넷 사용법에 능숙한 김정은과 시진핑이 서울—목포 간 열차종류 및 이에 해당하는 요소들을 배치해 알아보기 쉽게 도표화한 것이다. 아래의 표를 참조하여 이 둘이 선택할 수 있는 대안(열차종류)을 보완적 방식을 통해 고르면 어떠한 열차를 선택하게 되겠는가? (단, 각 대안에 대한 최종결과 값 수치에 대한 반올림은 없는 것으로 한다.)

평가 기준	중요도	열차 종류				
		KTX 산천	ITX 새마을	무궁화호	ITX 청춘	누리로
경제성	60	3	5	4	6	6
디자인	40	9	7	2	4	5
서비스	20	8	4	3	4	4

① ITX 새마을

② ITX 청춘

③ 무궁화호

④ 누리로

⑤ KTX 산천

24. ㈜○○에서는 다품종 소량생산체제를 유지하고 있다. 그 중에서도 하나의 상품은 꾸준히 판매되고 있었다. 하지만 공장으로부터 지속적인 상품의 도입에 있어서 주문점을 파악해야 하는 필요가 있다. 주문점이란 다음 주문수량이 도달하기 이전에 재고량이 가용수준을 유지하지 못하면 품절이 발생하는 수준에 도달한 때를 말한다. 주기적 주문시스템에서 아래와 같은 경우 주문점은 몇 단위인가?

• 일일 수요 : 5	• 단위 도달시간 : 14일
• 재고점검주기 : 7일	• 안전재고 : 30 단위
※ 주문점 = (단위도달시간 + 재고점검주기) × 일 수요 + 안전재고	

① 135 단위

③ 151 단위

⑤ 177 단위

② 142 단위

④ 163 단위

25. 바른 항공사는 서울—상해 직항 노선에 50명이 초과로 예약 승객이 발생하였다. 승객 모두는 비록 다른 도시를 경유해서라도 상해에 오늘 도착하기를 바라고 있다. 아래의 그림이 경유 항공편의 여유 좌석 수를 표시한 항공로일 때, 타 도시를 경유하여 상해로 갈 수 있는 최대의 승객 수는 구하면?

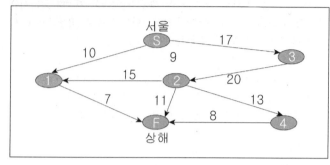

① 24

③ 30

⑤ 37

② 29

④ 33

26. X 기업은 자사 컨테이너 트럭과 외주를 이용하여 Y 지점에서 Z 지점까지 월 평균 1,600TEU의 물량을 수송하는 서비스를 제공하고 있다. 아래의 운송조건에서 40feet용 트럭의 1일 평균 필요 외주 대수를 구하면 얼마인가?

• 1일 차량가동횟수 : 1일 2회
• 보유차량 대수 : 40feet 컨테이너 트럭 11대
• 차량 월 평균 가동일 수 : 25일

① 5대

③ 8대

⑤ 12대

② 7대

④ 10대

27. 다음의 도표를 보고 분석한 내용으로 가장 옳지 않은 것을 고르면?

• 차종별 주행거리

구분	2016년		2017년		증감률 (%)
	주행거리 (천대·km)	구성비 (%)	주행거리 (천대·km)	구성비 (%)	
승용차	328,812	72.2	338,753	71.3	3.0
버스	12,407	2.7	12,264	2.6	-1.2
화물차	114,596	25.1	123,657	26.1	7.9
계	455,815	100.0	474,674	100.0	4.1

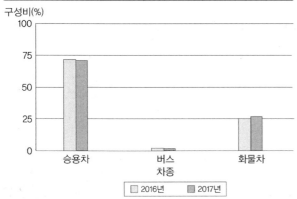

• 차종별 평균 일교통량

구분	2016년		2017년		증감률 (%)
	교통량 (대/일)	구성비 (%)	교통량 (대/일)	구성비 (%)	
승용차	10,476	72.2	10,648	71.3	1.6
버스	395	2.7	386	2.6	-2.3
화물차	3,652	25.1	3,887	26.1	6.4
계	14,525	100.0	14,921	100.0	2.7

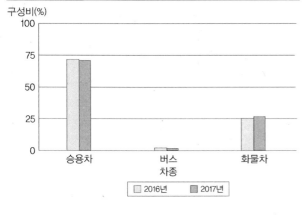

① 차종별 평균 일교통량에서 버스는 2016년에 비해 2017년에 와서는 -2.3 정도 감소하였음을 알 수 있다.

② 차종별 주행거리에서 화물차는 2016년에 비해 2017년에 7.9% 정도 감소하였음을 알 수 있다.

③ 차종별 평균 일교통량에서 화물차는 2016년에 비해 2017년에는 6.4% 정도 증가하였음을 알 수 있다.

④ 차종별 주행거리에서 버스의 주행거리는 2016년에 비해 2017년에는 -1.2% 정도 감소하였다.

⑤ 차종별 평균 일교통량에서 2016년의 총교통량(승용차, 버스, 화물차)은 2017년에 들어와 총교통량(승용차, 버스, 화물차)이 2.7% 정도 증가하였다.

28. 다음 그림은 교통량 흐름에 관한 내용의 일부를 발췌한 것이다. 이에 대한 분석결과로써 가장 옳지 않은 항목을 고르면? (단, 교통수단은 승용차, 버스, 화물차로 한정한다.)

• 고속국도

구분	주행거리 (천대·km)	구성비 (%)
승용차	153,946	68.5
버스	6,675	3.0
화물차	63,934	28.5
계	224,555	100.0

고속국도

• 일반국도

구분	주행거리 (천대·km)	구성비 (%)
승용차	123,341	75.7
버스	3,202	2.0
화물차	36,239	22.3
계	162,782	100.0

일반국도

• 지방도 계

구분	주행거리 (천대·km)	구성비 (%)
승용차	61,466	70.4
버스	2,387	2.7
화물차	23,484	26.9
계	87,337	100.0

지방도 계

• 국가지원지방도

구분	주행거리 (천대·km)	구성비 (%)
승용차	18,164	70.1
버스	684	2.6
화물차	7,064	27.3
계	25,912	100.0

국가지원지방도
승용차, 70.1%
화물차, 27.3%
버스, 2.6%

• 지방도

구분	주행거리 (천대·km)	구성비 (%)
승용차	43,302	70.5
버스	1,703	2.8
화물차	16,420	26.7
계	61,425	100.0

지방도
승용차, 70.5%
화물차, 26.7%
버스, 2.8%

① 고속국도에서 승용차는 주행거리 및 구성비 등이 다 교통수단에 비해 압도적으로 높음을 알 수 있다.

② 일반국도의 경우 주행거리는 버스가 3,202km로 가장 낮다.

③ 지방도로의 주행거리에서 보면 가장 높은 수단과 가장 낮은 수단과의 주행거리 차이는 47,752km이다.

④ 국가지원지방도로에서 구성비가 가장 높은 수단과 가장 낮은 수단과의 차이는 67.5%p이다.

⑤ 지방도로에서 버스의 경우 타 교통수단에 비해 주행거리가 가장 낮다.

29. 유리는 자신이 운영하는 커피숍에서 커피 1잔에 원가의 3할 정도의 이익을 덧붙여서 판매를 하고 있다. 오전의 경우에는 타임할인을 적용해 450원을 할인해 판매하는데 이때 원가의 15% 정도의 이익이 발생한다고 한다. 만약 커피 70잔을 오전에 판매하였을 시에 이익금을 계산하면?

① 27,352원 ② 28,435원
③ 30,091원 ④ 31,500원
⑤ 32,650원

30. 어느 상점에서 갑 상품의 가격은 을 상품의 3배라고 한다. 갑 상품의 가격을 20%정도 할인을 하며, 을 상품의 가격을 갑 상품이 할인된 금액만큼 높여서 팔았더니 갑 상품의 가격이 을 상품보다 12,000원 정도 비싸게 되었다. 그렇다면 지금 소비자들에게 판매되고 있는 갑 상품의 가격은?

① 13,000원 ② 19,000원
③ 21,000원 ④ 28,000원
⑤ 36,000원

31. 다음은 ○○기관의 연도말 부채잔액 및 연간 차입 규모에 대한 자료이다. 자료 분석 결과로 옳지 않은 것은?

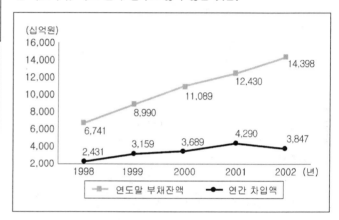

① ○○기관의 연도말 부채잔액은 점점 늘어나고 있다.

② 1999~2002년 중 전년대비 연도말 부채잔액이 가장 크게 늘어난 해는 1999년이다.

③ 전체 기간 중 연간 차입액 변화 추이로 볼 때, 2002년은 주목할 만한 변화이다.

④ 2002년 전년대비 늘어난 연도말 부채잔액은 전년대비 줄어든 연간 차입액의 5배가 넘는다.

⑤ 연도말 부채잔액과 연간 차입액의 변화 추이는 서로 다르다.

|32~33| 기술보증기금 ○○지점에서 근무하는 박 차장은 보증서를 발급하면서 고객의 보증료를 산출하고 있다. 보증료 산출에 관한 주요 규정이 다음과 같을 때, 물음에 답하시오.

- 보증료 계산 : 보증금액 × 보증료율 × 보증기간/365
  – 계산은 십원단위로 하고 10원 미만 단수는 버림

- 기준보증료율 기술사업평가등급에 따라 다음과 같이 적용한다.

등급	적용요율	등급	적용요율	등급	적용요율
AAA	0.8%	BBB	1.4%	CCC	1.7%
AA	1.0%	BB	1.5%	CC	1.8%
A	1.2%	B	1.6%	C	2.2%

- 아래에 해당되는 경우 기준보증료율에서 해당 감면율을 감면할 수 있다.

가산사유	가산요율
1. 벤처 · 이노비즈기업	−0.2%p
2. 장애인기업	−0.3%p
3. 국가유공자기업	−0.3%p
4. 지방기술유망기업	−0.3%p
5. 지역주력산업 영위기업	−0.1%p

※ 감면은 항목은 중복해서 적용할 수 없으며, 감면율이 가장 큰 항목을 우선 적용한다.

※ 사고기업(사고유보기업 포함)에 대해서는 보증료율의 감면을 적용하지 아니한다.

- 아래에 해당되는 경우 산출된 보증료율에 해당 가산율을 가산한다.

가산사유	가산요율
1. 고액보증기업	
가. 보증금액이 15억 원 초과 30억 원 이하 기업	+0.1%p
나. 보증금액이 30억 원 초과 기업	+0.2%p
2. 장기이용기업	
가. 보증이용기간이 5년 초과 10년 이하 기업	+0.1%p
나. 보증이용기간이 10년 초과 15년 이하 기업	+0.2%p
다. 보증이용기간이 15년 초과 기업	+0.3%p

※ 가산사유가 중복되는 경우에는 사유별 가산율을 모두 적용한다.

※ 경영개선지원기업으로 확정된 기업에 대해서는 가산요율을 적용하지 않는다.

- 감면사유와 가산사유에 모두 해당되는 경우 감면사유를 먼저 적용한 후 가산사유를 적용한다.

---

32. ㈜서원의 회계과장인 이 과장은 보증서 발급에 앞서 보증료가 얼마나 산출되었는지 박 차장에게 다음과 같이 이메일로 문의하였다. 문의에 따라 보증료를 계산한다면 ㈜서원의 보증료는 얼마인가?

안녕하세요, 박 차장님.
㈜서원의 회계과장인 이ㅁㅁ입니다. 대표님께서 오늘 보증서(보증금액 5억 원, 보증기간 365일)를 발급받으러 가시는데, 보증료가 얼마나 산출되었는지 궁금하여 문의드립니다.
저희 회사의 기술사업평가등급은 BBB등급이고, 지방기술사업을 영위하고 있으며 작년에 벤처기업 인증을 받았습니다. 다른 특이사항은 없습니다.

① 4,000천 원 ② 4,500천 원
③ 5,500천 원 ④ 5,500천 원
⑤ 6,000천 원

33. 박 차장은 아래 자료들을 토대로 갑, 을, 병 3개 회사의 보증료를 산출하였다. 보증료가 높은 순서대로 정렬한 것은?

구분	기술사업 평가등급	특이사항	보증금액 (신규)	보증기간
갑	BBB	• 국가유공자기업 • 지역주력산업영위기업 • 신규보증금액 포함한 총 보증금액 100억 원 • 보증이용기간 7년	10억 원	365일
을	BB	• 벤처기업 • 이노비즈기업 • 보증이용기간 20년 • 경영개선지원기업	10억 원	365일
병	BB	• 장애인기업 • 이노비즈기업 • 보증이용기간 1년	10억 원	365일

① 갑 − 을 − 병 ② 갑 − 병 − 을
③ 을 − 갑 − 병 ④ 을 − 병 − 갑
⑤ 병 − 갑 − 을

34. 수인이와 혜인이는 주말에 차이나타운(인천역)에 가서 자장면도 먹고 쇼핑도 할 계획이다. 지하철노선도를 보고 계획을 짜고 있는 상황에서 아래의 노선도 및 각 조건에 맞게 상황을 대입했을 시에 두 사람의 개인 당 편도 운임 및 역의 수가 바르게 짝지어진 것은? (단, 출발역과 도착역의 수를 포함한다)

(조건 1) 두 사람의 출발역은 청량리역이며, 환승하지 않고 직통으로 간다. (1호선)
(조건 2) 추가요금은 기본운임에 연속적으로 더한 금액으로 한다. 청량리~서울역 구간은 1,250원(기본운임)이며, 서울역~구로역까지 200원 추가, 구로역~인천역까지 300원씩 추가된다.

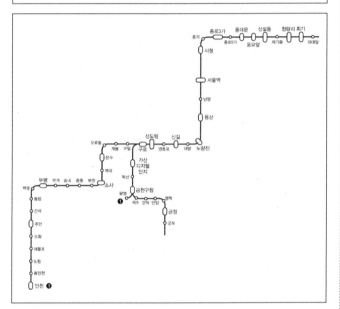

편도 금액	역의 수
① ㉠ 1,600원	㉡ 33개 역
② ㉠ 1,650원	㉡ 38개 역
③ ㉠ 1,700원	㉡ 31개 역
④ ㉠ 1,750원	㉡ 38개 역
⑤ ㉠ 1,800원	㉡ 35개 역

35. 다음은 글로벌 컴퓨터 회사 중 하나인 D사에 해외시장을 넓히기 위해 각종 광고매체수단과 함께 텔레마케터를 고용하여 현지 마케팅을 진행 중에 있다. 아래의 내용을 읽고 조건에 비추어 보았을 때 상담원 입장으로서는 고객으로부터 자사 제품에 대한 호기심 및 관심을 끌어내야 하는 어려운 상황에 처해 있다. 이때 C에 들어갈 말로 가장 적절한 항목을 고르면? (단, C에서 정황 상 고객은 경쟁사의 제품을 구입하고자 마음을 정한 상황이다.)

○○○님 댁입니까? 저는 D컴퓨터의 상담원 △△△이라고 합니다. 죄송합니다만, ○○○님 계십니까?

집에 있다.	집에 없다.
A	B

yes(통화가능) / no(통화불능)

안녕하십니까? 컴퓨터에 새로운 기능이 추가된 것을 알고 계시는지요. 구입계획이 있으신가요?

네, 알겠습니다. 가능하신 시간에 전화 드리겠습니다. 안녕히 계십시오.

구입	검토중	타사제품 구입	구매계획 없음
감사합니다.	실례지만, 검토 중인 내용을 여쭤 봐도 될까요?	C	실례지만, 구매 계획이 없는 이유를 여쭤 봐도 될까요?

D

다른 회사의 이름과 구매계획이 없는 이유 등을 확인한다.

질문에 응대

감사합니다. 그럼 전문상담을 위해 저희 전문상담원과 연결해드려도 괜찮으시겠습니까?	그럼 전화가능하신 시간에 다시 전화 드리겠습니다. 실례했습니다.

yes / no

그럼, 오후 4시경에 담당자가 다시 전화 드리도록 하겠습니다.	E

바쁘신 와중에 귀중한 시간을 내주어 정말 감사드립니다. 지금까지 저는 상담원 △△△이었습니다. 고객님, 행복한 하루 되십시오.

① 지금 고객님께서 부재중이시니 언제쯤 통화가 될 수 있는지 여쭤 봐도 될런지요? 저의 명함을 드리고 갈 테니 고객님께서 돌아오시면 제가 방문 드렸다고 메모 부탁드리겠습니다.
② 고객님께서 상당히 많이 바쁘신 것 같습니다. 추후에 고객님께서 통화가능하신 시간에 다시 전화 드리도록 하겠습니다.
③ 저는 D 컴퓨터사 상담원인데, 저희 회사에서 이번에 출시된 보급형 컴퓨터가 나왔는데 지금 통화 가능하신지요?
④ 저희 회사 컴퓨터 구매 시에 30% 할인과 1년 동안 감사 이벤트가 적용되십니다.

⑤ 그러면 고객님 실례지만 고객님께서 구매하고자 하는 컴퓨터는 어느 회사의 제품인지, 또한 그 제품을 선택하신 이유가 무엇인지 여쭤 봐도 될까요?

36. 아래의 글을 참조하였을 때에 A의 추리가 전제로 하고 있는 것으로 모두 고르면?

낭포성 섬유증은 치명적 유전 질병으로 현대 의학이 발달하기 전에는 이 질병을 가진 사람은 어린 나이에 죽었다. 지금도 낭포성 섬유증을 가진 사람은 대개 청년기에 이르기 전에 사망한다. 낭포성 섬유증은 백인에게서 3,000명에 1명 정도의 비율로 나타나며 인구의 약 5% 정도가 이 유전자를 가지고 있다. 진화생물학 이론에 의하면 유전자는 자신이 속하는 종에 어떤 이점을 줄 때에만 남아 있다. 만일 어떤 유전자가 치명적 질병과 같이 생물에 약점으로 작용한다면 이 유전자를 가지고 있는 생물은 그렇지 않은 생물보다 생식할 수 있는 기회가 줄어들기 때문에, 이 유전자는 궁극적으로 유전자 풀(pool)에서 사라질 것이다. 낭포성 섬유증 유전자는 이 이론으로 설명할 수 없는 것으로 보인다.

1994년 미국의 과학자 A는 흥미로운 실험 결과를 발표하였다. 정상 유전자를 가진 쥐에게 콜레라 독소를 주입하자 쥐는 심한 설사로 죽었다. 그러나 낭포성 섬유증 유전자를 1개 가지고 있는 쥐는 독소를 주입한 다음 설사 증상을 보였지만 그 정도는 낭포성 섬유증 유전자가 없는 쥐에 비해 반 정도였다. 낭포성 섬유증 유전자를 2개 가진 쥐는 독소를 주입한 후에도 전혀 증상을 보이지 않았다. 낭포성 섬유증 증세를 보이는 사람은 장과 폐로부터 염소이온을 밖으로 퍼내는 작용을 정상적으로 하지 못한다. 반면 콜레라 독소는 장으로부터 염소이온을 비롯한 염분을 과다하게 분비하게 하고 이로 인해 물을 과다하게 배출시켜 설사를 일으킨다. 이 결과로부터 A는 낭포성 섬유증 유전자의 작용이 콜레라 독소가 과도한 설사를 일으키는 메커니즘을 막기 때문에, 낭포성 섬유증 유전자를 가진 사람이 콜레라로부터 보호될 수 있을 것이라고 추측하였다. 그러므로 1,800년대에 유럽을 강타했던 콜레라 대유행에서 낭포성 섬유증 유전자를 가진 사람이 살아남기에 유리했다고 주장하였다.

〈보기〉
㉠ 낭포성 섬유증은 백인 외의 인종에서는 드문 유전 질병이다.
㉡ 쥐에서 나타나는 질병 양상은 사람에게도 유사하게 적용된다.
㉢ 콜레라 독소는 콜레라균에 감염되었을 때와 동일한 증상을 유발한다.
㉣ 낭포성 섬유증 유전자를 가진 모든 사람이 낭포성 섬유증으로 인하여 청년기 전에 사망하는 것은 아니다.

① ㉠, ㉡
② ㉠, ㉢
③ ㉠, ㉡, ㉢
④ ㉡, ㉢, ㉣
⑤ ㉠, ㉡, ㉢, ㉣

37. 아래의 내용은 직장만족 및 직무몰입에 대한 A, B, C, D의 견해를 나타낸 것이다. A~D까지 각각의 견해에 관한 진술로써 가장 옳은 내용을 고르면?

어느 회사의 임직원을 대상으로 조사한 결과에 대해 상이한 견해가 있다. A는 직무 몰입도가 높으면 직장 만족도가 높고 직무 몰입도가 낮으면 직장 만족도도 낮다고 해석하여, 직무 몰입도가 직장 만족도를 결정한다고 결론지었다. B는 일찍 출근하는 사람의 직무 몰입도와 직장 만족도가 높고, 그렇지 않은 경우 직무 몰입도와 직장 만족도가 낮다고 결론지었다. C는 B의 견해에 동의하면서, 근속 기간이 길수록 빨리 출근한다고 보고, 전자가 후자에 영향을 준다고 해석하였다. D는 직장 만족도가 높으면 직무 몰입도가 높고 직장 만족도가 낮으면 직무 몰입도도 낮다고 해석하여, 직장 만족도가 직무 몰입도를 결정한다고 결론지었다.

① 일찍 출근하며 직무 몰입도가 높고 직장에도 만족하는 임직원이 많을수록 A의 결론이 B의 결론보다 강화된다.
② 직장에는 만족하지만 직무에 몰입하지 않는 임직원이 많을수록 A의 결론은 강화되고 D의 결론은 약화된다.
③ 직무에 몰입하지만 직장에는 만족하지 않는 임직원이 많을수록 A의 결론은 약화되고 D의 결론은 강화된다.
④ 일찍 출근하지만 직무에 몰입하지 않는 임직원이 많을수록 B와 C의 결론이 약화된다.
⑤ 근속 기간이 길지만 직장 만족도가 낮은 임직원이 많을수록 B와 C의 결론이 약화된다.

38. 아래의 사례를 통해 1팀과 2팀에 대해 알 수 없는 내용을 고르면?

가위를 생산하는 Q사의 개발부서 1팀과 2팀에게 새로운 가위를 생산하기 위한 아이디어를 제출하라는 지시가 내려왔다. 1팀과 2팀은 모두 부서원들이 참석하는 개발회의를 열었다.

1팀에서는 부서장이 새로운 가위를 개발하기 위해 좋은 아이디어를 부서원들에게 제시해 보라고 하였고, 부서원들은 "몇 번을 잘라도 잘리는 정도가 같은 가위를 개발하는 것이 좋겠습니다.", "가위를 손쉽게 가지고 다니기 위해서 가위집으로 덮인 가위를 개발하는 것은 어때요" 등등 이런 저런 아이디어를 제시하기 시작했다. 회의는 여러 가지 아이디어가 제시되면서 열띠게 진행되었다. 그러나 회의가 끝날 무렵, 아이디어는 많이 제시된 것 같은데 정리할 수가 없었다.

반면 2팀에서는 얼마 전 창의력 개발과정에 참여한 부서장을 중심으로 차트와 포스트잇, 필기구를 준비하여, 다양한 아이디어 개발 방법을 사용하여 회의를 진행하였다. 그들은 우선 생각나는 대로 자유롭게 아이디어를 제시하게 하고, 각 아이디어를 포스트잇에 하나씩 적어나갔다. 그리고 포스트잇에 적힌 아이디어를 종합해서 관련성이 있는 아이디어끼리 묶어 가는 과정을 통해서 신상품 가위의 개발 방향, 방법, 홍보 등에 대한 결론을 내릴 수 있었다.

① 위 내용은 창의적인 사고를 개발하는 방법에 관한 사례이다.

② 사례의 1팀 및 2팀은 둘 다 창의적 사고를 통해 새로운 아이디어를 도출하고 있음을 알 수 있다.

③ 1팀의 경우 아이디어만을 제시한 것으로 상황을 종료하고 있다.

④ 2팀의 경우 제시된 아이디어들에 대해 종합·정리하는 과정을 통해 결과물을 산출해내고 있음을 알 수 있다.

⑤ 1팀과 2팀이 차이가 나는 것은 일반적인 사고를 개발하기 위해 용이하게 접근하느냐 하지 못하느냐의 차이라고 할 수 있다.

---

39. 다음의 내용을 읽고 밑줄 친 부분과 관련한 상황의 해결에 관한 내용으로 보기 가장 어려운 것을 고르면?

원트 슬립(Want Slip)이란 고객이 흘린 한 마디를 찾아 이를 경영정책에 반영해 개선해 나가는 제도를 일컫는 말이다. 최근 보험시장이 공급자 중심에서 수요자 중심으로 전환되면서 고객의 목소리는 더욱 중요해졌다. 대부분의 보험사들은 고객 중심경영 실현을 목표로 고객 패널 제도를 운영하며 고객의 목소리를 직접 듣고 있다. 고객 패널 제도는 보험사가 다양한 고객의 의견을 청취하는 가장 효과적인 채널이기 때문이다. 고객 패널은 상품이나 서비스를 제공하는 회사와 계약을 맺고 지속적으로 자료를 제공하기로 한 고객집단을 말한다. 이를 통해 보험사는 다변화하는 고객의 요구에 귀를 기울이고 수집한 생생한 고객의 소리와 아이디어를 상품개발, 서비스 제공, 시스템 개선 등 회사업무 전반에 반영하고 있다. 그렇다면 기업의 지속적인 성장과 발전을 위해 VOC(고객의 목소리, Voice of the Customer)를 가장 잘 활용하기 위한 전제조건에는 어떤 것들이 있을까?

첫째, 백 투 더 베이직 (Back to the Basic). 기본으로 돌아가야 한다. 고객만족, 고객가치, 고객경험 관리 등 수식어에 너무 연연할 것이 아니라 그 앞에 있는 '고객'이라는 단어의 본질을 잊어서는 안 된다. 이를 위해 각 기업들은 VOC에 대한 명확한 철학을 가지고 있어야 한다. 또한 이러한 철학이 고객뿐만 아니라 내부 전 직원들에게 효과적으로 소통될 수 있도록 노력해야 한다.

둘째, 고객의 소리를 수집할 수 있는 다양한 채널을 확보해야 한다. 고객이 찾아오기를 기다리는 것이 아니라 VOC를 찾아낼 수 있는 다양한 시스템과 제도가 마련돼 있어야 한다.

마지막으로 세 번째는 CEO 및 주요 경영진의 지속적 관심이다. VOC는 CEO의 관심만큼 자란다. CEO가 고객에 대해 평소 어떻게 말하고 얼마나 중요하게 생각하는지가 곧 조직문화 체질을 바꾸고 이를 뒷받침 할 수 있는 평가, 시스템 등 다양한 제도의 정착으로 이어질 수 있다. 기업은 고객의 주는 소중한 선물인 VOC에 더욱 귀를 기울이고 이를 활용함에 있어 더욱 지속적으로 매진해야 할 것이다.

① VOC 처리부서와 담당직원을 배치해야 한다.

② VOC에 대한 결과는 기업 조직의 업무개선에 활용하고 이에 대한 결과를 고객에게 피드백 하지 않아도 된다.

③ VOC를 비롯한 고객의 정보를 저장 및 분석이 가능해야 한다.

④ 고객과의 관계유지를 더욱 더 돈독하게 할 수 있다.

⑤ 다양한 채널을 통해 유입되는 고객의 소리를 통합 관리하며 고객에 대한 서비스의 극대화를 목적으로 한다.

40. A는 현재 야간 아르바이트를 하고 있다. 늦은 밤 아래 내용에 해당하는 고객이 들이닥쳤을 시에 A가 취할 수 있는 바람직한 응대 해결방안으로 가장 적절한 것은?

> 이러한 유형의 고객은 보통 즐겁고 협조적인 성격이지만 한편으로는 타인이 의사결정을 내려주기를 기다리는 경향이 있어서 요점을 명확하게 말하지 않는다. 더구나 대부분 보상을 얼마나 받아야 하는지 또는 요구하는 보상이 기준 이상이라는 것을 자신이 잘 알고 있는 경우가 많다.

① 고객 스스로가 감정을 조절할 수 있도록 유도하는 우회화법을 활용해야 한다.

② 고객이 결정을 내리지 못하는 갈등의 요소가 무엇인지를 표면화시키기 위해 시기적절한 질문을 제시하여 상대가 자신의 생각을 솔직하게 드러낼 수 있도록 도와주어야 한다.

③ 대화중에 반론을 하거나 또는 자존심을 건드리는 행위를 하지 않도록 주의해야 한다.

④ 이러한 형태의 고객들은 단순한 면이 있으므로 칭찬해 주면서 맞장구 쳐주면 의외로 쉽게 문제를 해결할 수 있다.

⑤ 상담자가 계획한 결론을 고수할 수 있도록 외유내강의 자세를 유지해 명확한 결론을 이끌어낼 수 있어야 한다.

41. 5명(A~E)이 다음 규칙에 따라 게임을 하고 있다. 4→1→1 의 순서로 숫자가 호명되어 게임이 진행되었다면 네 번째 술래는?

> • A→B→C→D→E 순으로 반시계방향으로 동그랗게 앉아 있다.
> • 한 명의 술래를 기준으로, 술래는 항상 숫자 3을 배정받고, 반시계방향으로 술래 다음 사람이 숫자 4를, 그 다음 사람이 숫자 5를, 술래 이전 사람이 숫자 2를, 그 이전 사람이 숫자 1을 배정받는다.
> • 술래는 1~5의 숫자 중 하나를 호명하고, 호명된 숫자에 해당하는 사람이 다음 술래가 된다. 새로운 술래를 기준으로 다시 위의 조건에 따라 숫자가 배정되며 게임이 반복된다.
> • 첫 번째 술래는 A다.

① A ② B
③ C ④ D
⑤ E

42. 아래의 내용을 읽고 밑줄 친 부분을 해결방안으로 삼아 실행했을 시에 주의해야 하는 내용으로 바르지 않은 것은?

> 동합금 제조기업 서원은 연간 40억 원의 원가 절감을 목표로 '원가혁신 2030' 출범 행사를 열었다고 26일 밝혔다. 원가혁신 2030은 오는 2020년까지 경영혁신을 통해 원가 또는 비용은 20% 줄이고 이익은 30% 향상시키는 혁신활동의 일환이라고 회사 측은 설명했다.
> 이 회사는 원가혁신 2030을 통해 연간 40억 원을 절감한다는 계획이다. 이를 달성하기 위해 체계적으로 원가코스트 센터를 통해 예산을 통제하고, 원가활동별로 비용 절감을 위한 개선활동도 진행한다. 또 종합생산성혁신(Total Productivity Innovation)을 통해 팀별, 본부별 단위로 목표에 의한 관리를 추진할 예정이다. 이에 대한 성과 평가와 보상을 위한 성과관리시스템도 구축중이다.
> 서원은 비용 및 원가 절감뿐 아니라 원가혁신 2030을 통해 미래 성장비전도 만들어가기로 했다. 정직, 인재, 도전, 창조, 상생의 5개 핵심가치를 중심으로 지식을 공유하는 조직문화를 정착시키는 계획도 추진한다. 박기원 원가혁신위원장은 "내실을 다지면서 변화와 혁신을 도구 삼아 지속 성장이 가능한 기업으로 거듭나야 한다"라며 "제2의 창업이라는 각오로 혁신활동을 안착시키겠다"라고 말했다.

① 목표에 의한 관리가 제대로 수행되어질 수 있게끔 조직을 분권화 하는 등의 조직시스템의 재정비가 뒤따라야 한다.

② 의사소통의 통로 및 종업원들의 태도와 그들의 행위변화에 대한 대책을 마련하여, 올바른 조직문화 형성에 노력을 아끼지 말아야 한다.

③ 종업원들끼리의 지나친 경쟁과 리더의 역할갈등으로 인해 집단 저항의 우려가 있다.

④ 기업 조직의 사기 및 분위기나 문화 등이 경영환경에 대응해야만 하는 조직의 단기적인 안목에 대한 전략이 약화될 수 있으므로 주의해야 한다.

⑤ 구체적인 목표 제시가 되어야 한다.

43. 다음의 대화내용을 읽고 이와 관련해 조사자의 질문형식에 대한 설명으로 바르지 않은 것을 고르시오

사례 – 강남역 살인사건

조사자 : 이번 강남역 살인사건과 관련해 공공안전성의 관심이 높아지고 있는데 이에 대한 당신의 의견을 자유롭게 말씀해주세요

시민 1 : 공중화장실 시설의 전반적인 개선이 이루어져야 한다고 봅니다. 이에 대한 관련 법령의 개정도 필요하다고 생각합니다.

시민 2 : 근본적으로 안전사회로 가기 위한 노력이 필요하다고 생각합니다. 그 이유로는 여성 등 안전에 취약한 사람들이 위험한 상황에 처하지 않게 주차시설에 CCTV를 설치하는 등의 노력이 있어야 할 것입니다.

시민 3 : 지속적인 관심으로 사회전반적인 구조적 모순을 잡아가야 한다고 생각합니다. 왜냐하면 사건이 터지면 그때그때마다 반짝하는 방식의 관심만 집중되는 것 같아서 그렇습니다.

---

① 주관식 형태의 질문에 해당한다.

② 너무나 많고 다양한 응답이 나올 수 있으므로 혼란을 초래할 수 있다.

③ 다양하고 광범위한 응답을 얻을 수 있다.

④ 이러한 방식으로 수집한 자료는 일반화시켜 코딩하기가 상당히 용이하다는 이점이 있다.

⑤ 조사자가 실제 기대하지 않았던 창의적인 응답을 얻어 조사에 도움이 될 수 있다.

44. 100명의 근로자를 고용하고 있는 ○○기관 인사팀에 근무하는 S는 고용노동법에 따라 기간제 근로자를 채용하였다. 제시된 법령의 내용을 참고할 때, 기간제 근로자로 볼 수 없는 경우는?

제10조

① 이 법은 상시 5인 이상의 근로자를 사용하는 모든 사업 또는 사업장에 적용한다. 다만 동거의 친족만을 사용하는 사업 또는 사업장과 가사사용인에 대하여는 적용하지 아니한다.

② 국가 및 지방자치단체의 기관에 대하여는 상시 사용하는 근로자의 수에 관계없이 이 법을 적용한다.

제11조

① 사용자는 2년을 초과하지 아니하는 범위 안에서(기간제 근로계약의 반복갱신 등의 경우에는 계속 근로한 총 기간이 2년을 초과하지 아니하는 범위 안에서) 기간제 근로자※를 사용할 수 있다. 다만 다음 각 호의 어느 하나에 해당하는 경우에는 2년을 초과하여 기간제 근로자로 사용할 수 있다.

  1. 사업의 완료 또는 특정한 업무의 완성에 필요한 기간을 정한 경우

  2. 휴직·파견 등으로 결원이 발생하여 당해 근로자가 복귀할 때까지 그 업무를 대신할 필요가 있는 경우

  3. 전문적 지식·기술의 활용이 필요한 경우와 박사 학위를 소지하고 해당 분야에 종사하는 경우

② 사용자가 제1항 단서의 사유가 없거나 소멸되었음에도 불구하고 2년을 초과하여 기간제 근로자로 사용하는 경우에는 그 기간제 근로자는 기간의 정함이 없는 근로계약을 체결한 근로자로 본다.

※ 기간제 근로자라 함은 기간의 정함이 있는 근로계약을 체결한 근로자를 말한다.

---

① 수습기간 3개월을 포함하여 1년 6개월간 A를 고용하기로 근로계약을 체결한 경우

② 근로자 E의 휴직으로 결원이 발생하여 2년간 B를 계약직으로 고용하였는데, E의 복직 후에도 B가 계속해서 현재 3년 이상 근무하고 있는 경우

③ 사업 관련 분야 박사학위를 취득한 C를 계약직(기간제) 연구원으로 고용하여 C가 현재 3년간 근무하고 있는 경우

④ 국가로부터 도급받은 3년간의 건설공사를 완성하기 위해 D를 그 기간 동안 고용하기로 근로계약을 체결한 경우

⑤ 근로자 F가 해외 파견으로 결원이 발생하여 돌아오기 전까지 3년간 G를 고용하기로 근로계약을 체결한 경우

45. ◇◇자동차그룹 기술개발팀은 수소연료전지 개발과 관련하여 다음의 자료를 바탕으로 회의를 진행하고 있다. 잘못된 분석을 하고 있는 사람은?

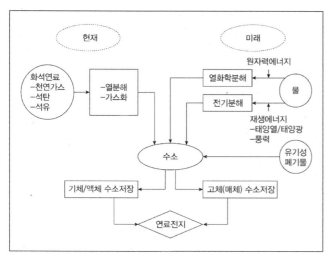

① 甲 : 현재는 석유와 천연가스 등 화석연료에서 수소를 얻고 있지만, 미래에는 재생에너지나 원자력을 활용한 수소 제조법이 사용될 것이다.

② 乙 : 수소는 기체, 액체, 고체 등 저장 상태에 관계없이 연료전지에 활용할 수 있다는 장점을 갖고 있다.

③ 丙 : 수소저장기술은 기체나 액체 상태로 저장하는 방식과 고체(매체)로 저장하는 방식으로 나눌 수 있다.

④ 丁 : 수소를 제조하는 기술에는 화석연료를 전기분해하는 방법과 재생에너지를 이용하여 물을 열분해하는 두 가지 방법이 있다.

⑤ 戊 : 수소는 물, 석유, 천연가스 및 유기성 폐기물 등에 함유되어 있으므로, 다양한 원료로부터 생산할 수 있다는 장점을 갖고 있다.

46. 중국은 아시아 동부에 있는 국가로써, BC 221년 진(秦)나라의 시황제(始皇帝)가 처음으로 통일을 이루었다. 또한 중국 최후의 통일왕조인 청(淸)나라에 이어 중화민국이 세워졌고, 국민당의 국민정부가 들어섰다. 이후 1949년 공산당이 중화인민공화국을 세운 굴곡진 역사가 많은 국가인데 다음 중 중국의 에티켓으로 옳지 않은 항목을 모두 고른 것은?

ㄱ 찻잔은 가득 채워야 한다.

ㄴ 식사 중에 생선을 뒤집어 발라먹지 말아야 한다.

ㄷ 회전 테이블은 시계 방향으로 돌리되 상석부터 돌리는 것이 예의이다.

ㄹ 식사 중일 시에는 젓가락을 접시 끝에 받쳐놓고 식사를 마쳤을 때는 젓가락 받침대 위에 올려둔다.

ㅁ 음식이 바뀔 때마다 새로운 접시로 바뀌기 때문에 먹을 만큼만 덜어서 먹고 음식이 앞 접시에 남지 않게 해야 한다.

① ㄱ

② ㄱ, ㄷ

③ ㄴ, ㄹ

④ ㄷ, ㅁ

⑤ ㄷ, ㄹ, ㅁ

47. 아래의 기사는 관찰법에 관련한 뉴스의 일부를 발췌한 것이다. 이를 읽고 잘못 서술된 내용을 고르면?

법무부 논산준법지원센터는 11일 보호관찰을 기피한 청소년 보호관찰대상자 K 군(16·무직)을 보호관찰법위반으로 구인해 대전소년원에 위탁했다.

K군은 2017년 6월 대전가정법원으로부터 특수절도 등 4건의 범행으로 장기보호관찰(2년), 효광원(6개월, 대전) 처분을 받고 같은 해 12월 효광원에서 나온 이후 보호관찰 준수사항을 성실히 이행하여야 하나 3개월 만인 2018년 2월 가출하여 검거 시까지 5개월 이상 소재를 감추고 보호관찰관의 지도감독에 불응해 왔다.

이에 논산준법지원센터는 법원에서 구인장을 발부받아 소재추적 중 불량교우와 어울리며 논산 일대 원룸촌, 친구 집을 전전하던 대상자를 검거하였다.

K군은 검거될 것을 우려해 편의점, 식당에서 짧게 일하거나 집에 수차례 몰래 들어가 아버지의 현금과 신용카드를 가지고 나와 임의로 사용하면서 도주 생활을 이어나갔다.

논산준법지원센터 안성준 소장은 "대부분의 청소년 보호관찰 대상자들은 담당자의 지도에 따라 성실히 보호관찰을 받고 있지만 K 군처럼 가정 내 보호가 미약한 상태에서 가출하여 장기간 보호관찰을 기피한 청소년들은 주변의 불량교우들과 어울려 더 큰 범죄로 이어질 가능성이 농후하다."라며, "앞으로도 위반자에 대한 적극적인 제재조치로 사전에 비행을 차단에 최선을 다하겠다."라고 말했다. K 군은 법원의 새로운 결정을 앞두고 소년원에서 한 달 정도의 위탁기간 동안 자숙의 시간을 가질 예정이다.

① 이러한 방식의 경우에는 자료를 수집하는 데 있어 피 관찰자의 협조의도 및 응답능력이 문제가 되지 않는다.

② 응답오차가 감소되며 설문지법이나 면접법에서 얻을 수 없는 자료도 취득할 수 있다.

③ 피관찰자 자신이 관찰 당한다는 사실을 인지하지 못하게 하는 것은 중요하지 않다.

④ 피관찰자의 느낌이나 동기, 장기적인 행동 등에 대해서는 관찰할 수 없다.

⑤ 제공할 수 없거나 제공하기를 꺼리는 정보 등을 취득하는 데 적합하다.

48.
다음의 내용은 집중화 전략에 관한 기사의 일부이다. 아래의 내용을 읽고 이에 대한 내용을 기술한 것으로써 가장 옳지 않은 것을 고르면?

이제는 택배회사들도 자기의 색깔을 낼 필요가 있다. 현재는 Big 4중에서 로젠 택배만이 C2C에 집중하는 모습을 보이고 있다. 로젠 택배는 이를 반영하듯 택배단가가 2,800원대로, 다른 택배회사보다 600원 이상 높다. 중견택배회사인 고려택배와 용마 로지스가 의약품택배에 집중하여 높은 영업이익을 실현하고 있다. 의류, cold chain 대상 식품 등 집중하여야 할 택배품목들이 있다. 집·배송 관련하여 재래시장 배송서비스 개선에 집중하거나 아파트 배송에 집중하여 서비스를 차별화하고 높은 수입단위를 실현할 수 있을 것이다.

① 해당 시장의 소비자 욕구를 보다 정확히 이해하여 그에 걸 맞는 제품과 서비스를 제공함으로서 전문화의 명성을 얻을 수 있다.

② 생산·판매 및 촉진활동을 전문화함으로서 비용을 절감시킬 수 있다.

③ 자원이 풍부한 대기업 등에서 활용하면 상당한 효과를 거둘 수 있는 전략이다.

④ 위 내용을 토대로 보아 이러한 전략의 경우 특정 시장에 대해서 집중하는 전략임을 알 수 있다.

⑤ 대상으로 하는 세분시장의 규모가 축소되거나 또는 자사가 진행하고 있는 시장에 경쟁사가 뛰어들 경우에 위험이 크다.

49.
사람들은 살아가면서 많은 소비를 하게 되며, 그에 따른 의사결정을 하게 된다. 이렇듯 소비자 의사 결정이라고 불리는 이 과정은 크게 문제 인식, 정보 탐색, 대안 평가 및 선택, 결정, 구매 및 평가의 순서로 진행된다. 하지만 모든 소비자가 이러한 과정을 준수하여 소비하지는 않으며, 순서가 바뀌거나 또는 건너뛰는 경우도 있다. 다음의 사례는 5명의 사람이 여름휴가철을 맞아 드넓은 동해바다 앞의 게스트 하우스를 예약하고 이를 찾아가기 위해 활용할 교통수단을 놓고 선택에 대한 고민을 하고 있다. 이 부분은 소비자 의사 결정과정 중 대안평가 및 선택에 해당하는 부분인데, 아래의 조건들은 대안을 평가하는 방식들을 나열한 것이다. 이들 중 ㉠의 내용을 참고하여 보완적 평가방식을 활용해 목적지까지 가는 동안의 이동수단으로 가장 적절한 것을 고르면?

Ⅰ. 조건
㉠ 보완적 평가방식이란 각각의 상표에 있어 어떤 속성의 약점을 다른 속성의 강점에 의해 보완하여 전반적인 평가를 내리는 방식을 말한다.
㉡ 사전편집식이란 가장 중요시하는 평가기준에서 최고로 평가되는 상표를 선택하는 방식을 말한다.
㉢ 순차적 제거식이란 중요하게 생각하는 특정 속성의, 최소 수용기준을 설정하고 난 뒤에 그 속성에서 수용 기준을 만족시키지 못하는 상표를 제거해 나가는 방식을 말한다.
㉣ 결합식이란, 상표 수용을 위한 최소 수용기준을 모든 속성에 대해 마련하고, 각 상표별로 모든 속성의 수준이 최소한의 수용 기준을 만족시키는가에 따라 평가하는 방식을 말한다.

Ⅱ. 내용

평가기준	중요도	이동수단들의 가치 값				
		비행기	고속철도	고속버스	오토바이	도보
속도감	40	9	8	2	1	1
경제성	30	2	5	8	9	1
승차감	20	4	5	6	2	1

① 고속철도
② 비행기
③ 오토바이
④ 고속버스
⑤ 도보

50. 다음 사례를 읽고 문맥 상 괄호 안에 공통적으로 들어갈 말로 가장 적절한 것을 고르면?

시민 중심이라는 기치를 내건 민선 7기 평택시가 출발했다. 그 어느 때보다도 시민들의 기대가 컸다. 시민 중심이란 무엇일까? 어떤 행정이 펼쳐질까? 시민 생활에 불편함을 최소화하고 행복과 즐거움이 함께하는 삶이 우선되는 정책이 시작될 것이라는 기대감이 만연했다. 하지만 이번 상수도 단수 사태에서 보여준 초기대응이나 사후 대처를 보면 시민 중심이란 정책에 대한 의구심을 가질 수밖에 없는 전형적인 보신 관료주의적 행정 조치가 아닌가 생각한다. 시민들은 갑자기 벌어진 사태에 (　)까지 참아가며 빨리 해결될 것이라고 믿고 있었지만 단수 사태에 따른 빠른 경보도, 조치도 없었다. 인근 마트에는 생수가 바닥나고 화장실을 못 써 (　)조차 해결할 수 없었다. 또 빨래는 인근 지역 빨래방에서 해결하기 급급한 상황이었고 늑장 대처로 인해 주민들의 고통은 가중됐다. 식당들은 영업을 포기하고 식품가공공장은 조기에 작업이 중단됐다. 이런 상황에서도 물을 아껴 쓰고 참고 기다리자는 것이 주민들의 중론이었다. 그런데 처음 보도됐던 것과 같이 광역상수도의 공급이 원활하지 못해 일어난 일이 아니라 늑장 보고와 허위보고 등 관리 소홀에 의한 사고라는 사과보도를 접하고 분통이 터졌다. 애초에 평택시는 우리 지역에 필요한 일일 광역상수도 유입량이 23만 톤이지만 18만 톤만이 유입돼 서부지역 단수 사태가 발생했다고 발표했다. 하지만 이는 보고 과정에서 일부 유입량이 누락된 채 보고돼 오류가 발생한 것으로 이 같은 오류가 발생한 이유를 찾기 위해 감사에 착수한다는 것이다. 더욱 심각한 것은 사고가 발생한 지 시간이 꽤 흘렀는데도 아직 정확한 원인과 사후대책이 나오지 않는다는 것이다. 책임을 지는 자도 없고 서로 책임 떠넘기기에 급급해 보인다. 가압장은 무용지물이지만 형식적으로 점검해왔고 우리의 세금이 점검비로 사용돼 왔다. 이것이 전형적인 안일한 복지부동행정이 부른 참사가 아닌가? 이번 단수사태를 계기로 평택시에 촉구한다. 이번 사태로 인해 피해를 받은 주민들에게 사과와 철저한 원인 규명, 재발 방지를 약속하고 심각한 피해를 본 1만 1450여 가구에 정신적·물질적 보상을 해야 할 것이다. 비상사태를 대비한 거점 관정을 마련해야 한다. 도시 계획을 세울 때는 상·하수도, 도로 등 기반시설을 먼저 확보해야 할 것이다. 또 시대의 흐름에 따라 전문직에는 해당 분야 전공자를 배치해야 한다. 다시 평택시가 이번 단수 사태를 심각하게 인식하고 시민 중심 행정의 첫 출발로써 원인을 철저히 파악해야 하며 대책을 세워 주민들의 불편함을 최소화해야 한다. 평택시에 상·하수도 등 제반 시설을 철저히 점검하고 관리 감독해 같은 일로 피해를 보는 시민이 없도록 만들어야 한다. 구호만 건장한 시민 중심 평택시가 아닌 시민 피부에 와 닿는 행정이 펼쳐지기를 고대한다.

① 자아실현의 욕구
② 안전의 욕구
③ 사회적 욕구
④ 생리적 욕구
⑤ 존경의 욕구

51. 컴퓨터에 대해 지식이 거의 전무한 트럼프는 어렵사리 컴퓨터를 켜고 문서를 작성하였다. 하지만 해당 문서가 쓸모없다고 여기며 삭제 또는 휴지통에 버리고 싶어 한다. 하지만 컴퓨터에 대한 지식이 없는 트럼프는 어찌할 줄 모르고 있다. 이렇게 불필요한 파일들은 삭제 또는 휴지통에 버리게 되는 데, 통상적으로 파일은 여러 가지 방법으로 휴지통으로 이동이 가능하다. 다음 중 이에 대한 내용으로 옳지 않은 것은?

① 파일을 선택하고 "Del" 키를 누른다.
② 휴지통 아이콘으로 파일을 끌어 놓는다.
③ 파일에서 마우스 왼쪽 버튼을 누른 다음 메뉴에서 삭제 단추를 누른다.
④ 윈도우 XP에서 사이드 메뉴의 삭제를 누른다.
⑤ 윈도우 XP 탐색기에서 파일을 선택하고 파일 메뉴의 삭제를 누른다.

52. 아베 총리는 북한과의 친선관계를 도모하고자 김정은에게 이메일을 보내려고 한다. 하지만, 일일이 타이핑이 하기 싫은 아베는 어느 날 독하게 마음을 먹고 단축키를 외워서 활용하고자 하는 다짐을 하고 이를 실천에 옮겼다. 하지만, 처음이라 많이 서툰 상황이 벌어지고 있다. 다음 중 아베가 단축키를 사용하는 데 있어서 해당 메뉴와 그에 대한 설명으로 가장 옳지 않은 것을 고르면?

① F1 : 도움말을 표시한다.
② F3 : 파일 또는 폴더 등을 검색한다.
③ F8 : 컴퓨터 부팅 시에 메뉴를 표시한다.
④ Alt + F4 : 현재 활성화되어 있는 프로그램의 창을 닫는다.
⑤ Alt + Enter : 작업 전환 창을 활용해서 타 응용 프로그램으로 이동한다.

53. 원모와 친구들은 여름휴가를 와서 바다에 입수하기 전 펜션 1층에 모여 날씨가 궁금해 인터넷을 통해 날씨를 보고 있다. 이때 아래에 주어진 조건을 참조하여 원모와 친구들 중 주어진 날씨 데이터를 잘못 이해한 사람을 고르면?

(조건 1) 현재시간은 월요일 오후 15시이다.
(조건 2) 5명의 휴가기간은 월요일 오후 15시(펜션 첫날)부터 금요일 오전 11시(펜션 마지막 날)까지이다.

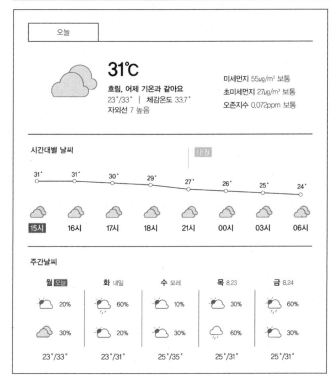

① 원모 : 우리 펜션 퇴실하는 날에는 우산을 준비 해야겠어.
② 형일 : 내일 오전에는 비가 와서 우산 없이는 바다를 보며 산책하기는 어려울 것 같아.
③ 우진 : 우리들이 휴가 온 이번 주 날씨 중에서 수요일 오후 온도가 가장 높아.
④ 연철 : 자정이 되면 지금보다 온도가 더 높아져서 열대야 현상으로 인해 오늘밤 잠을 자기가 힘들 거야.
⑤ 규호 : 오늘 미세먼지는 보통수준이야.

54. 다음 아래의 2가지 메신저에 대한 내용을 보고 잘못 말하고 있는 사람을 고르면?

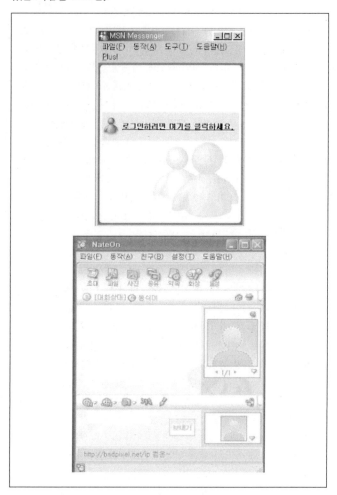

① 유희 : 위와 같은 메신저를 사용하게 되면 상대가 인터넷에 접속해 있는지를 확인할 수 있으므로 응답이 즉각적으로 이루어져서 전자우편보다 훨씬 속도가 빠르지.
② 병훈 : 인터넷에 연결되어 있기 때문에 각종 뉴스나 증권, 음악 정보 등의 서비스도 제공받을 수 있어.
③ 윤철 : 대부분의 메신저는 FTP를 거쳐야만 파일을 교환할 수 있어 .
④ 정태 : 메신저는 프로그램을 갖춘 사이트에 접속하여 회원으로 등록한 후에 해당 프로그램을 다운로드 받아 컴퓨터에 설치하여 사용하면 되고, 회원가입과 사용료는 대부분 무료야.
⑤ 지선 : 여러 사람과의 채팅과 음성채팅도 지원되고 또한, 메신저는 인터넷을 기반으로 하고 있으므로 여러 사람과의 채팅과 음성채팅도 지원하며, 대용량의 동영상 파일은 물론 이동전화에 문자 메시지 전송도 가능해.

55. 다음의 사례가 말하고자 하는 것으로써 옳은 내용을 고르면?

2000년 이후 신사복 시장은 의류의 전반적인 캐주얼화 경향과 브랜드 난립 때문에 저성장 추세로 접어들었다. 업체 간 경쟁도 '120수'니 '150수'니 하는 원단 고급화 쪽으로 모아져 수익성마저 악화되고 있는 실정이었다. 이런 상황에서 L사는 2004년부터 30년 이상 경력의 패턴 사들로 구성된 태스크포스 팀을 구성, 세계 최고라고 평가받는 해외 선진 신사복 브랜드인 제냐 카날리 등의 패턴을 분석하는 한편 기존 고객들의 체형도 데이터베이스화했다. 이 자료를 바탕으로 '뉴 패턴'을 연이어 개발하고 상품화를 위해 공장의 제작 공정까지 완전히 새롭게 편성했다. 이런 노력이 결실을 맺어 원단 중심이던 신사복 업계의 패러다임을 착용감과 실루엣으로 바꿨다. L사의 '뉴 패턴' 라인이 출시된 이후 다른 업체들도 서둘러 실루엣을 강조한 제품 라인을 내놨지만 착실히 준비해온 L사의 제품을 쉽게 넘보지 못하고 있다. L사의 신제품은 2005년 7월 말 기준 6.3% 신장(전년 동기 대비)하는 기염을 토했다. 백화점에 입점한 전체 남성복 매출이 3.4% 정도 역신장한 것에 비하면 눈부신 성과가 아닐 수 없다.

① 단순히 자료를 많이 모으는 것이 가장 중요하다는 것을 느끼게 하고 있다.
② 시장을 완전경쟁이 아닌 독점체제로 이끌어가는 것이 중요하다는 것을 역설하고 있다.
③ 현재의 고객에 대해서만 조사를 충실히 하면 성공할 수 있다는 것을 보여주고 있다.
④ 데이터베이스 구축의 중요성에 대한 사례이다.
⑤ 기존의 것들만 고집하면 시장에서 눈부신 발전을 할 수 있다는 것을 깨우치고 있는 사례이다.

56. 최근과 같은 무한경쟁시대에서는 동일한 자원을 투입하여 더 높은 성과를 내는 것이 경쟁우위의 기본이 되어 가고 있다. 이러한 상황에서 자신이 현재 보유하고 있는 자원을 적절히 관리하는 것은 상당히 중요한 요소가 된다. 또한, 보유하고 있는 자원을 효과적으로 활용하지 않으면 그만큼 뒤처지게 된다. 기업도 기술의 발전으로 인해 각종 자원을 용이하게 관리하고자 한다. 그 중에서도 전사적 자원관리는 이에 부합하는 개념으로 활용되고 있는데, 아래의 사례는 전사적 자원관리에 대한 내용이다. 이를 읽고 전사적 자원관리가 수행하는 기능에 관한 내용으로 적절하지 않은 항목을 고르면?

㉠ 한국무역협회 자회사인 국가전자무역기반사업자인 한국무역정보통신(KTNET)이 페루에 한국형 전자무역시스템을 처음으로 수출한다. KTNET은 중남미 국가로는 처음으로 페루에 전자무역시스템을 수출한다고 20일 밝혔다. KTNET은 내년 11월까지 페루의 요건확인업무 자동화 및 이마켓플레이스 등의 플랫폼을 구축한다. 전사적 자원관리(ERP) 시스템 개발 및 컨설팅 업무 등 전자무역환경 개선을 위한 업무도 수행한다. 이번 사업은 페루 정부가 오는 2023년까지 총 6000만 달러(약 720억 원) 규모로 추진하고 있는 국가전자무역시스템 구축사업(VUCE 2.0)의 1단계라고 할 수 있는 사업이다.

㉡ 한국오라클은 국내 바이오기업 젠바디에 클라우드 기반 전사적 자원관리(ERP) 솔루션을 공급했다고 14일 발표했다. 2012년 설립된 젠바디는 다양한 질병을 소변, 혈액, 콧물 등으로 간단히 확인할 수 있는 항원항체 원료와 진단키트 등을 제조하는 회사다. 지난해 기준 연 매출은 624억 원 규모다. 젠바디는 브라질 등 글로벌 진단시장에 진출함에 따라 해외납품 물량이 급증해 자원관리 시스템 구축이 필요했다. 추가적으로 해외지사와 생산 공장 투자 확대를 준비하는 상황이었다. 이에 따라 업무 프로세스를 명확히 하고, 투명한 운영을 위해 오라클 ERP 클라우드를 도입하게 됐다는 게 회사 측 설명이다. 이를 통해 구매와 거래처 이력, 입고 품목·수량 등을 체계적으로 관리한다. 정점규 젠바디 대표는 "빠르게 성장하는 글로벌 체외진단 시장에서 유동적인 생산 물량을 처리하기 위해 통합적인 자원관리시스템을 갖추는 것은 필수"라며 "장기적으로는 재무, 영업, 생산관리까지 확장할 계획"이라고 말했다.

① 재무·회계 기능은 각각의 업무 프로세스 가치를 중심으로 표현되고 기업 내부에서 가치 흐름을 계획, 관리, 검사할 수 있도록 지원하며 원가 통제, 재무 분석, 비용 관리와 예산 수립 업무 지원 등의 기능을 제공한다.
② 생산 관리 기능은 연구개발, 작업 센터 관리, 일정 계획, 자재 흐름과 생산과 관련되는 정보의 흐름을 최적화하는 데에 필요한 기능을 제공한다.
③ 인적자원관리는 기업 조직의 경영 자원인 사람에 대해 인사 계획, 정보 관리, 급여, 교육훈련 등 모든 인사 업무를 지원하는 종합적인 인사관리시스템이라 할 수 있다.

④ 고객 · 상품 관리는 고객에 관한 종합 관리, 고객의 판매 주문, 가격 결정, 고객 현장 서비스, 서비스 품질 관리 등 업무에 필요한 기능을 제공한다.

⑤ 기업 서비스는 자재 예측, 구매, 유통, 재고, 협업 등의 업무에 필요한 정보 흐름을 최적화하는 데에 필요한 기능을 제공한다.

57. 자원관리능력은 예산관리, 시간관리, 물적자원관리, 인적자원관리 등으로 구분되는데, 이 중 예산관리는 업무수행에 있어 필요한 자본자원을 최대한도로 모아 업무에 어떻게 활용할 것인지를 결정하게 된다. 통상적으로 기업에서는 고객이 원하는 품목, 원하는 시점 및 바람직한 물량을 항상 정확하게 파악하는 것인데, 구매를 위한 자유재량 예산의 확보를 자유재량구입예산이라 한다. 이러한 개념을 활용하여 아래의 내용을 보고 자유재량구입예산(Open-To-Buy)을 구하면?

• 계획된 월말재고 : 6백만 원
• 조정된 월말재고 : 4백 6십만 원
• 실제 월별 추가재고 : 5십만 원
• 실제 주문량 : 2백 5십만 원

① 9십만 원   ② 1백 4십만 원

③ 1백 8십만 원   ④ 2백만 원

⑤ 2백 3십만 원

58. 물적자원관리는 조직 업무수행에 있어 필요로 하는 각종 재료 및 관련 자원들을 모아서 실제 업무에 적용시키기 위한 계획을 말하는데, ㈜하늘은 점포의 신축을 계획하고 있다. 대지 면적이 100㎡인 곳에 바닥 면적이 70㎡인 건물을 지하 1층, 지상 3층으로 짓고 1층 전체를 주차장으로 만들었다고 하면 이 건물의 용적률을 구하면? (단, 용적률 계산 시 지하 및 지상주차장은 제외됨)

① 100%   ② 110%

③ 120%   ④ 130%

⑤ 140%

59. 제조업체 입장에서 볼 때, 소매상과 직접 거래하는 것보다는 도매상을 거치는 것이 교환과정에 있어 필요한 거래수의 감소를 가져오는데, 이는 곧 시간관리 능력을 향상시켜 주는 결과를 얻게 한다. 만일 이때, 제조업체가 3곳, 도매상이 2곳, 소매상이 6곳일 경우 총 거래의 수는 얼마인지 구하면?

① 12개 거래

② 15개 거래

③ 18개 거래

④ 20개 거래

⑤ 22개 거래

60. 물적 자원관리는 업무에 있어 여러 재료 및 자원을 통합해 적용할 것인지를 계획 및 관리하는 것인데, 재고 또한 기업의 입장에서는 물적 자원에 해당한다. 기업이 보유하고 있는 물적 자원 중 하나인 안전재고는 완충재고라고도 하며, 수요 또는 리드타임의 불확실성으로 인해 주기 재고량을 초과하여 유지하는 재고를 의미한다. 이러한 안전재고량은 확률적 절차로 인해 결정되는데, 수요변동의 범위 및 재고의 이용 가능성 수준에 달려 있다. 이 때, 다음에서 제시하는 내용을 토대로 유통과정에서 발생하는 총 안전재고를 계산하면?

• 해당 제품의 주당 평균 수요는 2,500단위로 가정한다.
• 소매상은 500개 업체, 도매상은 50개 업체, 공장창고는 1개 업체가 존재한다.

구분	평균수요(주)	주문주기(일)	주문기간 중 최대수요
소매상	5	20	25
도매상	50	39	350
공장창고	2,500	41	19,000

① 약 23,555 단위

② 약 19,375 단위

③ 약 16,820 단위

④ 약 14,936 단위

⑤ 약 13,407 단위

61. 기술능력이라 함은 통상적으로 직업에 종사하기 위해 모든 사람들이 필요로 하는 능력을 의미하는데 다음의 내용은 기술능력의 중요성에 대해 설명하는 어느 기술명장에 관한 것이다. 이를 기초로 하여 기술능력이 뛰어난 사람이 갖추는 요소를 잘못 설명하고 있는 항목을 고르면?

대우중공업 김규환 명장은 고졸의 학력에도 불구하고 끊임없는 노력과 열정으로 국내 최다 국가기술자격증 보유, 5개 국어 구사, 업계 최초의 기술명장으로 인정을 받고 있다. 김규환 명장은 고졸이라는 학력 때문에 정식사원으로 입사를 하지 못하고 사환으로 입사를 시작하였으나, 새벽 5시에 출근하여 기계의 워밍업을 하는 등 남다른 성실함으로 정식기능공, 반장 등으로 승진을 하여 현재의 위치에 오르게 되었다.

하루는 무서운 선배 한 명이 세제로 기계를 모두 닦아 놓으라는 말에 2,612개나 되는 모든 기계를 다 분리하여 밤새 닦아서 놓았다. 그 후에도 남다른 실력으로 서로 다른 기계를 봐 달라고 하는 사람들이 점점 늘어났다. 또한 정밀기계 가공 시 1℃ 변할 때 쇠가 얼마나 변하는지 알기 위해 국내외 많은 자료를 찾아보았지만 구할 수 없어 공장 바닥에 모포를 깔고 2년 6개월간 연구를 한 끝에 재질, 모형, 종류, 기종별로 X-bar값을 구해 1℃ 변할 때 얼마나 변하는지 온도 치수가공 조견표를 만들었다. 이를 산업인력공단의 〈기술시대〉에 기고하였으며 이 자료는 기계가공 분야의 대혁명을 가져올 수 있는 자료로 인정을 받았다.

① 기술적인 해결에 대한 효용성을 평가한다.
② 인식된 문제를 위한 다양한 해결책을 개발하고 평가한다.
③ 여러 가지 상황 속에서 기술의 체계 및 도구 등을 사용하고 배울 수 있다.
④ 주어진 한계 속에서, 그리고 무한한 자원을 가지고 일한다.
⑤ 실제적인 문제해결을 위해 지식이나 기타 자원 등을 선택, 최적화시키며, 이를 적용한다.

62. 아래의 내용을 통해 구체적으로 알 수 있는 사실은?

P화학 약품 생산 공장에 근무하고 있는 M대리. 퇴근 후 가족과 뉴스를 보다가 자신이 근무하고 있는 화학 약품 생산 공장에서 발생한 대형화재에 대한 뉴스를 보게 되었다. 수십 명의 사상자를 발생시킨 이 화재의 원인은 노후된 전기 설비로 인한 누전 때문으로 추정된다고 하였다. 불과 몇 시간 전까지 같이 근무했던 사람들의 사망소식에 M대리는 어찌할 바를 모른다. 그렇지 않아도 공장장에게 노후한 전기설비를 교체하지 않으면 큰 일이 날지도 모른다고 늘 강조해왔는데 결국에는 돌이킬 수 없는 대형사고를 터트리고 만 것이다.

"사전에 조금만 주의를 기울였다면 이러한 대형 사고는 충분히 막을 수 있었을 텐데…" "내가 더 적극적으로 공장장을 설득하여 전기설비를 교체했더라면 오늘과 같이 소중한 동료들을 잃는 일은 없었을 텐데…"라며 자책하고 있는 M대리.

이와 같은 대형 사고는 사전에 위험 요소에 대한 조그만 관심만 있었더라면 충분히 예방할 수 있는 경우가 매우 많다. 그럼에도 불구하고 끊임없이 반복하여 발생하는 이유는 무엇일까?

① 산업재해는 무조건 예방이 가능하다.
② 산업재해는 어느 정도의 예측이 가능하며 이로 인한 예방이 가능하다.
③ 산업재해는 어떠한 경우라도 예방이 불가능하다.
④ 산업재해는 전문가만이 예방할 수 있다.
⑤ 산업재해는 근무자가 아닌 의사결정자들이 항상 예의주시해야 한다.

63. 기술능력을 향상시키는 방법에는 여러 가지가 있으나 대표적인 것으로 전문연수원에서 제공하고 있는 기술과정 연수, e-learning을 활용한 기술교육, 상급학교 진학을 통한 기술교육, OJT 등이 있다. 아래에 제시된 2가지의 내용은 이 중 OJT에 관한 사례를 나타낸 것이다. 아래의 내용을 읽고 밑줄 친 OJT에 관련한 내용으로 가장 옳지 않은 항목을 고르면?

> ㉠ 국립목포대학교 IPP사업단은 지난 18일 목포대 70주년 기념관 정상묵 국제 컨퍼런스 룸에서 참여 학습근로자들을 대상으로 '2018학년도 IPP형 일학습병행 OJT 사전교육'을 실시했다. 이날 행사에는 목포대 IPP사업단장 이상찬 교수를 비롯한 IPP 사업단 관계자들과 한국산업인력공단 전남서부지사 및 전남인적자원개발위원회 관계자, 학습근로자 등 약 50여명이 참석했다. 이번 사전교육은 8월부터 기업현장으로 <u>OJT(ON-THE-JOB TRAINING)훈련</u>을 나갈 IPP형 일학습병행 학습근로자들의 참여 분위기 확산과 훈련 실시 전 필수교육인 산업안전 보건교육, 근로기준법과 성희롱 예방교육, 정보보호 관련 교육, 2018년 IPP형 일학습병행 추진 내용 등으로 진행됐다. 목포대 IPP사업단장 이상찬 교수는 "일학습병행을 통해 학생들이 현장직무 경험을 쌓고, 학생들에게 적합한 좋은 일자리를 제공하는데 중점을 두어 취업에 도움이 될 수 있도록 최선의 노력을 다하겠다."라고 말했다. 한편, 올해로 4년차 사업을 진행 중인 목포대 IPP사업단은 2017년 일학습병행 사업평가 최우수대학(S등급)으로 선정되었으며, 학생들의 취업을 위해 다양한 활동을 펼치고 있다.
>
> ㉡ 금융감독원이 몽골 금융 감독당국과의 협력 강화를 위한 직원 수견연수(OJT ; On the Job Training)를 실시했다. 금감원은 내달 20일까지 7주 동안 몽골 금융감독위원회(Financial Regulatory Commission) 증권 및 보험 감독·검사부서 소속 직원 4명을 대상으로 첫 OJT를 진행한다고 3일 밝혔다. 금감원은 "정부의 신남방 정책 및 신북방 정책에 부응하는 한편, 신흥국의 금융 감독발전을 지원하고 금융협력을 강화하기 위해 아세안 금융당국 직원들에 대해 이번 연수를 실시한다."라고 전했다. 파견된 몽골 FRC 직원들은 실무연수를 진행하고 종합적이고 현장감 있는 연수를 위해 금융투자협회, 손해보험협회 등 10여개 유관기관 방문견학도 병행할 예정이다. 이번 OJT가 종료되면 하반기엔 인도네시아, 베트남, 등 기타 신흥국 금융당국 직원을 대상으로 추가 OJT를 실시할 계획이다. 금감원은 "OJT를 통해 아시아 금융 감독기관들과의 국제협력을 더욱 강화하고 금융 감독 분야의 글로벌 리더십을 이어나갈 것"이라고 강조했다. 한편 금감원은 지난해 12월 베트남 중앙은행(SBV) 직원 3명을 대상으로 첫 OJT를 실시한 바 있다.

① 교육훈련의 내용 및 수준에 있어서 통일시키기 어렵다.
② 종업원들을 일정기간 동안 직무로부터 분리시켜 실시한다.
③ 각 종업원의 습득 및 능력 등에 맞춰서 훈련할 수 있다.
④ 다수의 종업원을 훈련하는 데 있어서 부적절하다.
⑤ 교육훈련이 추상적이 아닌 실제적이다.

64. 산업재해는 산업 활동 중의 사고로 인해 사망하거나 부상을 당하고, 또는 유해 물질에 의한 중독 등으로 직업성 질환에 걸리거나 신체적 장애를 가져오는 것을 의미한다. 다음의 사례들은 산업재해에 관한 내용을 다루고 있는데, 아래의 내용을 참고하여 산업재해를 예방하기 위한 과정으로써 가장 바르지 않은 것을 고르면?

> ㉠ 산업재해 사고사망자를 줄이기 위한 갖가지 노력에도 그 결과는 신통치 않다. 대전지방고용노동청에 따르면 지난 17일 기준 대전을 포함한 세종, 금산, 계룡, 공주 등 대전노동청 관내 사고성 사망재해는 28명으로 전년 동기 대비 13명 늘었다. 한화 폭발 사고와 세종 건설현장 화재 등 지역 내 사망재해 대형사고가 발생한 영향이라는 게 대전노동청 관계자의 설명이다. 범위를 충청권으로 늘려보면 그 수는 더 늘어난다. 올해 대전과 충남·북의 사고성 사망재해는 91명으로 전년 동기 대비 27명 증가했다. 대전 고용노동청은 오는 10월 31일까지 '사망사고 예방 100일 대책'을 시행한다. 정부가 '2022년까지 산재사망사고 절반으로 줄이기'를 핵심 정책목표로 추진하고 있음에도 불구하고 지역 내에서 오히려 산재사망사고가 되레 증가(118%)해 특단의 대책이 필요하다는 판단에서다.
>
> 대전청 관계자는 "앞으로 사망사고가 발생한 사업장에 대해서 즉시 전면 작업 중지를 명령하고 이후 안전·보건조치가 완료됐다고 판단될 때까지 사업장의 작업 재개를 허용하지 않겠다.''라고 강조했다. 또 업종별 대책으로 건설업 사망사고 예방을 위해 다세대주택 등 밀집지역에 대해 집중 감독을 실시하고 안전 불량 건설현장에 대한 이동순찰대 운영, 시스템 비계 설치현장 감독 면제 등이 시행된다. 대전·세종·충남북의 산재 예방업무를 총괄하는 안전보건공단 대전지역본부도 전년 대비 사고사망자 10% 감소를 목표로 산업재해 예방에 나서고 있다. 공단은 건축공사 현장 3,600곳에 대한 집중 지도를 하고 건설 안전지킴이가 순찰 시 고위험 현장 경고스티커 부착을 통해 1차적 자율개선을 유도할 예정이다. 추락재해는 작업발판 미설치 현장을 없애는 방법으로, 충돌 재해는 지게차 작업 안전관리 체계화 등으로, 질식은 3대 위험요인 집중관리를 실행해 향후 5년간 지속적으로 추진할 계획이다. 이명로 대전노동청장은 "근로자의 생명은 그 무엇과도 바꿀 수 없는 소중한 가치"라며 "소규모 건설공사의 추락사고 예방을 위해 안전난간·작업발판·울타리 등을 설치해야 하고 임시해체를 할 경우에는 추락방지망 설치, 안전대 부착설비 후 안전대 착용, 작업 중 안전모·안전화 착용 등 기본적인 안전수칙을 반드시 지켜 달라."라고 당부했다. 이어 "건설현장에서 강관비계 대신 비용은 조금 더 들지만 안전성이 높은 시스템비계를 설치하면 추락사고의 위험이 현저히 줄어들므로 이를 적극 권장하고 있다."라고 말했다.
>
> ㉡ 지난 5월 말 한화 대전사업장에서 일어난 폭발사고로 5명이 숨지는 등 9명의 사상자가 발생했다. 이 사건에 대해 국립과학수사연구원은 '가해진 충격이 추진체 발화의 원인으로 추정된다.'는 감정결과를 내놨다. 밸브를 수동으로 열기 위해 나무 봉을 고무망치로 타격하면서 가해진 충격이 추진체 발화의 원인으로 추진된다는 거다. 이날 사고로 인

적피해는 물론 건물 출입문 및 벽체 50㎡가 파손됐다. 지난 6월 말 세종 새롬동 주상복합 공사장에 발생한 화재로 3명이 숨지는 등 40명의 사상자가 발생했다. 이 사건에 대해 국립과학수사연구원은 '발화구역의 전선에서 단락흔이 발견돼 전기적 요인으로 불이 난 것으로 한정된다.'고 감정 결과를 밝혔다. 이날 사고로 발생한 재산피해액은 32억 원에 달한다. 누군가의 부모 혹은 배우자, 자식이 안타깝게도 목숨을 잃었다. 살아가는 데 필요한 돈을 벌기 위해 뛰어든 곳에서 그들은 불의의 사고로 세상을 등졌다. 우리는 이를 산업재해라 부른다. 산재라는 개념은 근대 자본주의사회가 등장하면서 발생했다. 중세 봉건제에서 근대 자본주의로 이행하면서 신분의 구속에서 해방된 노동자는 사용자와의 계약을 통해 근로자의 위치로 변화됐다. 또 자본주의적 대공장 중심의 대량생산체제에선 그 이전 시대에 존재하지 않았던 수많은 산재 위험 요인을 발생시켰고 이윤 추구가 노동자의 산업 안전에 대한 관심을 압도하는 모습이었다. 이에 산재에 대한 국가와 시민사회, 노동자 단체의 개선 요구에 따라 산재 발생을 줄이려는 노력이 이뤄졌고 산재를 법적으로 보상하는 제도가 마련됐다. 지난해 기준 우리나라의 산재 사고사망자는 964명에 달한다. 여기에 업무상질병으로 인한 사망자를 합친다면 그 수는 2,000명에 육박한다. 경제적 손실 추정액은 22조여 원. 산재를 줄이기 위해서는 '예방이 우선이라고 전문가들은 입을 모은다. 이에 발맞춰 정부도 산재 사망자수를 절반으로 줄이기 위한 대책을 내놓았다. 우선 법·제도를 개정해 발주자의 안전관리 의무를 규정하고 원청의 안전관리 역할을 확대한다. 원청 관리하의 모든 장소에서 하청노동자의 안전까지 관리하도록 의무를 부여하고 수은·납·카드뮴 제련 등 고유해 위험작업은 도급자체를 금지하게 된다. 또 노동자에 대해 보호구 착용 등 기본적인 안전수칙을 준수할 수 있도록 계도·적발을 강화하고 공공발주공사는 안전수칙을 두 번 위반할 경우 즉시 퇴거조치 하게 된다. 산재 사망사고의 대다수를 차지하는 건설, 기계·장비, 조선·화학 등 분야에는 특성을 고려한 맞춤형 대책이 추진된다. 건설 분야에는 착공 전 수립해야 하는 안전관리계획 내용에 지반조건 등 현장분석 항목을 보완하고 계획 승인 전 전문기관의 검토를 의무화한다. 또 대형 건설사의 자율개선 노력을 유도하기 위해 100대 건설사까지 매년 사망사고를 20% 감축하도록 목표관리제를 시행한다. 이외에도 현장 관리·감독 시스템 체계화, 안전기술 개발·보급, 안전보건교육 혁신은 물론 안전중시 문화 확산에 힘쓰기로 했다. 문재인 대통령은 지난 1월 신년사를 통해 "국민생명 지키기 3대 프로젝트를 집중 추진해 오는 2022년까지 산업안전을 포함한 3대 분야의 사망자를 절반으로 줄이겠다."라고 의지를 밝혔다.

① 재해원인을 분석해야 한다.
② 안전관리 조직을 형성해야 한다.
③ 사실을 발견해야 한다.
④ 시정책을 선정해야 한다.
⑤ 시정책을 적용 후 뒤처리는 생략한다.

65. 기술은 새로운 발명 및 혁신 등을 통해서 인간의 삶을 윤택하게 바꾸어 준다. 이를 기반으로 하였을 때 아래에 제시된 사례를 통해 글쓴이가 말하고자 하는 것은?

성수대교는 길이 1,161m, 너비 19.4m(4차선)로 1977년 4월에 착공해서 1979년 10월에 준공한, 한강에 11번째로 건설된 다리였다. 성수대교는 15년 동안 별 문제없이 사용되다가 1994년 10월 21일 오전 7시 40분경 다리의 북단 5번째와 6번째 교각 사이 상판 50여 미터가 내려앉는 사고가 발생하였으며, 당시 학교와 직장에 출근하던 시민 32명이 사망하고 17명이 부상을 입었다. 이 사고는 오랫동안 별 문제없이 서 있던 다리가 갑자기 붕괴했고, 이후 삼풍백화점 붕괴사고, 지하철 공사장 붕괴사고 등 일련의 대형 참사의 서곡을 알린 사건으로 국민들에게 충격을 안겨주었다.
이후 전문가 조사단은 오랜 조사를 통해 성수대교의 붕괴의 원인을 크게 두 가지로 밝혔다. 첫 번째는 부실시공이었고, 두 번째는 서울시의 관리 소홀이었다. 부실시공에 관리 불량이 겹쳐서 발생한 성수대교 붕괴사고는 일단 짓고 보자는 식의 급속한 성장만을 추구하던 우리나라의 단면을 상징적으로 잘 보여 준 것이다.

① 정부의 안일한 대처를 말하고 있다.
② 많은 비용을 들여 외국으로부터의 빠른 기술도입을 말하고 있다.
③ 기술적 실패 또는 실패한 기술이 우리 사회에 미치는 영향을 말하고 있다.
④ 기술적 발전은 천천히 이루어져야 함을 역설하고 있다.
⑤ 부실시공으로 인한 많은 예산의 투입이 이루어지고 있음을 말하고 있다.

66. 아래에 제시된 사례를 통해 이를 설명한 것으로 가장 바르지 않은 것을 고르면?

> ⊙ 사람뿐만 아니라 동물에게도 언어가 있다. 그런데 동물의 언어는 사람의 언어와 달리 기본적인 욕구를 해결하는 데 초점이 맞추어져 있다. 먹이 정보를 알려주는 꿀벌의 8자춤이나 적의 침입을 알리는 프레리도그의 울음은 살아남기 위한 생존의 도구이다.
>
> ⓛ 최근의 인천 영흥도 낚싯배 침몰에 이어 잇따라 발생한 타워크레인 사고와 신생아 집단 사망사건에 제천의 화재 참사까지 성격은 다르지만 지금까지 밝혀진 내용은 모두 인재에 의한 후진국형 사고임에는 틀림없어 보인다. 무언가 제대로 작동하지 않았고 관리가 전혀 되지 않아 이토록 참담한 일들이 일어났음은 부인할 수 없는 사실이다. 결국은 사람들이 잘못해 실수를 범했거나 지켜야 할 규칙을 무사안일로 일관한 대가는 순식간에 함께 할 가족과 정겨운 이웃들의 안전욕구를 무참히 짓밟아 버렸다.
>
> ⓒ 커피 대신 스타벅스를 마셔라. 우리가 물건을 구매하는 행위는 단순히 기능적인 효용을 구매하는 게 아니다. 해당 물건이 그 브랜드가 제시하는 효용은 물론 가치 및 철학 등을 구매하는 것이다. 때문에 소지품 하나하나는 개인의 페르소나가 반영된 소유물과 같다. 재밌는 건 이런 소유물을 사진으로 찍어 인스타그램에 공유한다는 점이다. 이러한 행동은 인정을 받기 위한 또는 관심을 받기 위한 행동이다.
>
> ⓔ 알랭 드 보통(Alain de Botton)은 현대인의 불안을 '지위의 불안'에서 찾는다. 지위(status)가 그 사람을 말해주는 세상이 되었다는 뜻이다. 우리의 옛 속담에도 '정승 집 개가 죽으면 사람들이 몰려오지만, 정작 정승이 죽으면 사람들이 오지 않는다'는 말이 있다. 동서양을 막론하고 인간의 욕구는 애정과 소속의 욕구에서 남에게 보여지는 것을 중시하는 폼 잡고 싶은 욕구로 발전했다.
>
> ⓜ 정신분석학자 '칼 융'은 40세를 전후로 대부분의 사람들은 의무감과 책임감에 짓눌려 살아왔던 삶에 공허함과 상실감을 경험한다고 한다. 깊게 파인 주름, 생기 없는 표정과 검게 드리워진 어둠의 그림자를 발견하게 되는 것이다. 송골매가 다시 비상할 수 있었던 이유가 정신분석학자 칼 융의 말대로라면 우리는 중년의 나이에 어떻게 제2의 전성기를 구가하며 멋진 삶을 살아갈 것인지를 심각하게 고민해야 한다. 부양가족을 먹여 살리기 위해 인생의 3분의 2를 달려온 헌신적이었던 중년의 아저씨들도 이제는 또 다른 목표를 가져야 한다. 자신을 사랑하고 자신에게 행복을 보상하며 인생의 남은 3분의 1 지점에서 다시 비상해야 하지 않을까.

① ⊙은 인간에게 가장 기본이 되는 단계로서 의, 식, 주를 해결하는 단계라고 할 수 있다.

② ⓛ은 인간이 여러 가지의 위험 요소로부터 보호되고 안전해지기를 바라는 마음을 표현하고 있다고 볼 수 있다.

③ ⓒ은 어디에 소속되거나 자신이 다른 집단에 의해서 받아들여지기를 원하고 동료와 친교를 나누고 싶어 하고, 이성간의 교제나 결혼을 원하게 된다.

④ ⓔ은 인간은 집단에 소속되면 해당 집단의 단순한 구성원이 아닌 그 이상의 것이 되기를 원하게 되는데, 이는 내적으로 자존 및 자율을 성취하려는 것과 외적으로 타인으로부터 주의를 받고, 인정을 받으며, 집단 내에서 어떤 지위를 확보하려고 싶어 한다.

⑤ ⓜ은 인간이 사회적으로 어느 위치에까지 오게 되면 다음 세대를 위해 조용히 쇠퇴기의 곡선을 그리듯이 사라지고 싶은 마음이 들게끔 하게 된다.

67. 다음 사례를 읽고 S부장에 대해 유추할 수 있는 내용으로 옳은 것만을 모두 고른 것은?

> 한 의류회사의 판매부서에서 근무하고 있는 S부장은 이 회사에서 가장 젊은 나이에 부장으로 승진한 유명인사다. 회사 내에는 한동안 S부장의 부장 승진을 두고 낙하산 인사라느니 말이 많았었지만, 그의 일하는 모습을 알고 있는 사람들은 그가 부장으로 승진할 만한 충분한 이유가 있다고 생각한다. S부장은 철저하게 계획을 세우고 행동하는 사람으로 무슨 일을 하던지 장단기 계획을 수립하고, 자신의 인생계획에 있어서도 자신이 쌓아야 할 직무지식이나 인간관계에 대한 장단기 플랜을 가지고 있다. 또한 S부장은 인간관계가 좋기로 유명하다. 한 번 그와 관계를 맺은 사람은 그를 신뢰하고 지속적으로 관계를 맺으려고 한다. 부하직원을 대할 때에도 명령하달식의 관계가 아니라 부하직원의 의사를 존중해주려고 노력한다. 그리고 S부장은 계획을 세우는데 그치거나, 인간관계만을 쌓아서 이를 통해 쉽게 일하려는 사람이 아니라 자신의 일도 열심히 하는 사람이다. 그는 판매부서에서 이루어지는 모든 일에 대해서는 이미 잘 알고 있음에도 불구하고 끊임없이 관련 서적을 읽고 자신의 업무수행 성과를 향상하기 위해 노력한다.

〈보기〉

⊙ 인간관계의 고려
ⓛ 현 직무의 고려
ⓒ 장단기 계획의 수립
ⓔ 철저한 명령하달식의 관계
ⓜ 낙하산 인사

① ⊙, ⓛ, ⓒ
② ⊙, ⓛ, ⓔ
③ ⓛ, ⓒ, ⓔ
④ ⓛ, ⓔ, ⓜ
⑤ ⓒ, ⓔ, ⓜ

68. 다음의 사례를 읽고 분석한 내용으로 가장 적절한 것은?

보험회사에 다니는 J과장은 이번 달 초에 원대한 목표를 수립하였다. 자신의 모든 역량을 총 동원하여 이번 분기 보험 판매왕이 되기로 결심한 것이다. 그런데 한 달이 다 되어 가도록 성과가 없어서 자기 자신에 대한 실망감이 이만저만이 아니다. 보험을 판매하려고 해도 주변에 아는 사람도 별로 없고… 다른 사람 앞에서 얘기한다는 게 너무 수줍기도 하고… 자신의 보험 상품을 잘 알고 있다는 자신감에 출발하였지만 날마다 허탕만 치고 아침부터 밤까지 발품만 팔고 있다. 사실 J과장은 판매라는 직업이 자신에게 맞지 않는다는 생각을 오래전부터 해왔지만 이미 정한 직업이기 때문에 이제 와서 되돌릴 수도 없고… 많은 고민에 빠지게 되었다.

① J과장은 목표를 작게 잡았으면 성공할 수 있었을 것이다.
② J과장은 자신의 모든 역량을 총동원시키지 않았다.
③ J과장은 자신에 대한 실망을 할 필요가 없다.
④ J과장은 스스로를 파악하지 못해 목표를 달성하지 못하고 있다.
⑤ J과장은 막연한 노력만 하면 판매 왕이 될 수 있다.

69. 아래 내용에서 B는 업무 상 혼난 후에 자신의 실수에 대해 노트를 해 두었다. 이런 행위로 인해 추후 나타날 수 있는 효과로 보기 가장 어려운 것은?

어떤 직장에 A, B 명의 신입사원이 있었다. 두 사람 다 아직까지 회사에 들어온 지 얼마 되지 않아 일이 서툴러서 실수를 하기 일쑤다. 오늘도 회사의 업무 지침대로 일을 해야 하는데 자신이 생각하는 방식대로 하다 실수를 저질렀다.
A는 '사람이 실수할 수도 있지. 오늘은 과장한테 혼나고 운도 없네. 술이나 마셔야겠다.' 하고는 친구들을 만나 회사일이 어렵다는 푸념을 늘어놓으며 술을 마셨고, B는 '도대체 내가 왜 혼이 난거지? 다른 사람들은 어떻게 일을 했더라… 업무 지침을 다시 한 번 찾아봐야겠다.' 라고 생각하고 자신이 실수한 일에 대하여 다시 실수하지 않도록 노트를 해 두었다.

① 신뢰감을 형성시킬 수 있다.
② 다른 일을 하는 데 있어 노하우가 축적된다.
③ 성장의 기회가 된다.
④ 창의적 사고를 가능하게 한다.
⑤ 경제적으로 상당히 풍족해진다.

70. 다음의 사례를 읽고 P씨가 경력개발을 하기 위해 행한 내용이 아닌 것은?

P씨는 금년에 45세이며, 자산관리 회사에서 경리직으로 일하고 있다. P씨의 꿈은 재테크 전문가가 되는 것이다. 그가 자신의 회사에서 일하는 재테크 전문가를 살펴보니, 개인이 노력한 이상의 높은 보수를 받고 자유롭게 시간을 쓸 수도 있는 것 같아서 좋았다. 또한 평상시에 부동산 정책이나 시세에 관심이 많고 다른 사람과의 대화를 좋아하는 자신의 성격에도 맞을 것 같았다. P씨는 자신이 일찍부터 재테크 전문가의 목표를 가지지 못한 것을 후회했지만 지금에 와서는 경리직 일이 너무 바빠서 다른 공부를 할 수 없으며, 그렇다고 그만 두고 하기에는 자금이 부족했다. 그래도 P씨는 날이 갈수록 재테크 전문가가 되고 싶다는 욕구가 확실해짐에 따라 P씨는 좀 더 장기적으로 접근을 하기로 했다. 먼저 재테크 전문가가 되기 위해서는 경영학 지식이 많이 필요하며, AFPK(Associate Financial Planner Korea) 자격증을 딴 후에, CFP(Certified Financial Planner)의 자격심사 시험에 합격해야 된다는 것을 알았다. 따라서 장기적으로 5년을 내다보다 CFP 취득을 목표로 삼았으며, 2년 동안 경영학을 공부한 후 3년 내에 AFPK를 취득하기로 결심하였다. 이를 위하여 회사를 마치는 저녁시간을 이용하여 사설학원에 등록하는 것은 물론, 자신의 회사에서 일하는 재테크 전문들의 소모임에 참여를 하고 그들의 이야기에 귀를 기울이고 대인관계를 돈독히 쌓아감에 따라 자격증 시험에 대한 정보를 얻을 수 있었다.

① 노후를 위한 보험의 가입
② 재테크 전문가에 대한 정보의 탐색
③ 자신의 특성을 파악
④ 자격증 취득을 위한 정보의 수집
⑤ 인적 네트워크의 확대

71. 고객서비스 팀의 과장인 A는 아침부터 제품에 대한 문의를 해오는 여러 유형의 고객들에게 전화로 설명하고 있다. 하지만 모든 고객이 동일하지는 않다는 것을 전화업무를 통해 항상 느끼는 A는 그 동안의 전화업무를 통해 고객의 유형 및 이에 대한 특징을 구체화시키게 되었다. 다음 중 A가 파악한 고객의 유형 및 그 특징의 연결로 가장 바르지 않은 것을 고르면?

① 전문가형 고객 – 자신을 과시하는 스타일의 고객으로 자신이 모든 것을 다 알고 있는 전문가처럼 행동하는 경향이 짙다.

② 호의적인 고객 – 사교적, 협조적이고 합리적이면서 진지한 반면에 자신이 하고 싶지 않거나 할 수 없는 일에도 약속을 해서 상대방을 실망시키는 경우도 있다.

③ 저돌적인 고객 – 상황을 처리하는데 있어 단지 자신이 생각한 한 가지 방법 밖에 없다고 믿도록 타인으로부터의 피드백을 받아들이려 하지 않는 경향이 강하다.

④ 우유부단한 고객 – 타인이 자신을 위해 의사결정을 내려주기를 기다리는 경향이 있다.

⑤ 빈정거리는 고객 – 자아가 강하면서 끈질긴 성격을 가진 사람이다.

72. 다음의 사례에서는 변혁적 리더십에 대해 말하고 있는데, 내용을 참조하여 이에 관련한 사항으로 가장 옳지 않은 것을 고르면?

① 이 경우 개방체제적이며 변동지향적인 변화관을 갖추고 있다.

② 적응지향적인 이념을 지니고 있다.

③ 동기부여 입장에서 보면, 영감과 비전 제시 및 조직 구성원 전체가 공유해야 할 가치의 내면화를 지향한다.

④ 업무할당과 할당된 과제의 가치 및 당위성의 주지, 성공에 대한 기대를 제공한다.

⑤ 주로 하급관리층에 그 초점이 맞추어져 있다.

73. 아래 사례들은 공통적인 조직의 형태에 대해서 말하고 있다. 다음 중 각 사례가 공통적으로 언급하고 있는 조직의 형태에 관한 내용으로 가장 바르지 않은 사항은?

⊙ 충북 청주시 문화산업진흥재단이 재단 조직 경영효율을 위해 1본부, 1실, 7팀제로 조직을 개편했다. 26일 재단에 따르면 개편된 조직기구는 전략기획실, 시민문화상상팀, 지역문화 재생팀, 동아시아 문화도시팀, 공예 세계화팀, 콘텐츠진흥팀, 경영지원팀, 시설 운영팀으로 편제됐다. 재단은 조직개편을 계기로 '2020년 문화특별시 청주'라는 새로운 비전과 유네스코 공예창의도시, 대한민국 대표문화도시, 문화콘텐츠 특화도시를 향한 역점 사업들을 추진할 계획이다. 아울러 '2018직지코리아국제페스티벌'의 성공적 개최를 위해 공예비엔날레 등 국제행사 경험이 풍부한 최정예 요원을 직지코리아조직위원회 사무국에 파견하기로 결정했다.

ⓒ iMBC는 "뉴스데스크는 지난주 박성제 신임 보도국장의 취임과 더불어 완전히 새로운 뉴스를 만들겠다고 대내외적으로 선언하고 뉴스 혁신 작업에 한창"이라며 "에디터, 팀제 실시와 현장성 및 탐사기획 강화 등을 내건 박성제 국장은 이미 보도국 내 정책설명회와 언론 인터뷰 등을 통해 낡은 뉴스는 더 이상 하지 않겠다."라고 선언하고 젊은 기자들을 중심으로 완전히 새로운 뉴스를 만들기 위한 작업을 진행하고 있다"고 홍보했다.

ⓒ 허성곤 김해시장이 취임 3달을 맞아 침체된 조직에 활력을 불어넣고 시민 편의를 증대하기 위한 정책 실현에 나섰다. 취임 후 첫 정기인사를 앞두고 벌이는 조직 점검은 1500여 명의 시 공무원에게도 신선한 자극이 될 것으로 기대된다. 시는 지난 1998년부터 18년간 운영해온 '담당'직제를 폐지하고, 수평적이고 탄력적인 '팀'제로 전환한다고 7일 밝혔다. 이에 따라 김해시에는 '주사'·'계장'이라는 명칭이 사라지고 '팀장'이 대신하게 된다. 이 밖에 김해신공항 건설을 앞두고 소음 피해 최소화와 에어시티 건설 등 지역 발전과 연계하기 위해 '김해신공항 전담팀'을 신설한다. 아울러 난개발도시라는 오명을 씻기 위해 도시계획과에 '난개발정비팀'을, 정부와의 협상력을 높이기 위해 '대외협력팀'을 새롭게 설치해 전문성을 키운다.

① 계급제적인 성격이 강한 사회에서 성공적으로 정착할 확률이 상당히 높은 방식이다.

② 개인 이기주의 또는 파벌주의로부터 탈피할 수 있다.

③ 업무의 가변성으로 인해 조직구성원들 간의 긴장 및 갈등이 증폭될 수 있다.

④ 관리자의 능력 부족으로 인해 조직의 갈등을 증폭시킬 가능성이 존재한다.

⑤ 관료화를 방지하며 조직의 활성화를 추구할 수 있다.

74. 다음의 각 사례는 대인관계 향상을 위한 내용들이다. 이에 대한 각 사례를 잘못 파악하고 있는 것을 고르면?

⊙ 야구를 매우 좋아하는 아들을 둔 친구가 있었다. 그러나 이 친구는 야구에 전혀 관심이 없었다. 어느 해 여름, 그는 아들을 데리고 프로야구를 보기 위해 여러 도시를 다녔다. 야구 구경은 6주일 이상이 걸렸고 비용 역시 엄청나게 많이 들었다. 그러나 이 여행이 부자간의 인간관계를 강력하게 결속시키는 계기가 되었다. 내 친구에게 "자네는 그 정도로 야구를 좋아하나?"라고 물었더니 그는 "아니, 그렇지만 내 아들을 그만큼 좋아하지."라고 대답했다.

ⓒ 나는 몇 년 전에 두 아들과 함께 저녁시간을 보낸 적이 있다. 체조와 레슬링을 구경하고 영화를 관람하고 돌아오는 길에, 날씨가 몹시 추웠기 때문에 나는 코트를 벗어서 작은 아이를 덮어 주었다. 큰 아이는 보통 재미있는 일이 있으면 수다스러운 편인데, 그날따라 유난히 계속 입을 다물고 있었고 돌아와서는 곧장 잘잘 채비를 하였다. 그 행동이 이상해서 큰 아이의 방에 들어가서 아이의 얼굴을 보니 눈물을 글썽이고 있었다. "얘야 무슨 일이니? 왜 그래?". 큰 아이는 고개를 돌렸고 나는 그 애의 떨리는 눈과 입술 그리고 턱을 보며 그 애가 약간 창피함을 느끼고 있음을 눈치챘다. "아빠, 내가 추울 때 나에게도 코트를 덮어줄 거예요?". 그날 밤의 여러 프로그램 중 가장 중요한 것은 바로 그 사소한 친절행위였다. 작은 아이에게만 보여준 순간적이고 무의식적인 애정이 문제였던 것이다.

ⓒ 나는 지키지 못할 약속은 절대로 하지 않는다는 철학을 가지고 이를 지키기 위해 노력해왔다. 그러나 이 같은 노력에도 불구하고 약속을 지키지 못하게 되는 예기치 않은 일이 발생하면 그 약속을 지키든가, 그렇지 않으면 상대방에게 나의 상황을 충분히 설명해 연기한다.

ⓔ 업무설명서를 작성하는 것이 당신과 상사 중 누구의 역할인지에 대해 의견차이가 발생하는 경우를 생각해보자. 거의 모든 대인관계에서 나타나는 어려움은 역할과 목표 사이의 갈등이다. 누가 어떤 일을 해야 하는지의 문제를 다룰 때, 예를 들어 딸에게 방 청소는 시키거나 대화를 어떻게 해야 하는지, 누가 물고기에게 먹이를 주고 쓰레기를 내놓아야 하는지 등의 문제를 다룰 때, 우리는 불분명한 기대가 오해와 실망을 불러온다는 것을 알 수 있다.

ⓜ 직장동료 K는 상사에게 매우 예의가 바른 사람이다. 그런데 어느 날 나와 단 둘이 있을 때, 상사를 비난하기 시작하였다. 나는 순간 의심이 들었다. 내가 없을 때 그가 나에 대한 악담을 하지 않을까?

① ⊙은 '상대방에 대한 이해심'과 관련한 내용으로 야구를 좋아하는 아들을 둔 아버지에 대한 사례이다.

② ⓒ은 '사소한 일에 대한 관심'과 관련한 내용으로 사소한 일이라도 대인관계에 있어 매우 중요함을 보여주고 있다.

③ ⓒ은 '약속의 이행'과 관련한 내용으로 대인관계 향상을 위해서는 철저하게 약속을 지키는 것이 매우 중요함을 보여주고 있다.

④ ⓔ은 '기대의 명확화'와 관련한 내용으로 분명한 기대치를 제시해 주는 것이 대인관계에 있어서 오해를 줄이는 방법임을 보여주고 있다.

⑤ ⓜ은 '진지한 사과'와 관련한 내용으로 자신이 잘못을 하였을 경우 진지하게 사과하는 것이 매우 중요하기는 하지만 같은 잘못을 되풀이하면서 사과를 하는 것은 오히려 대인관계 향상을 저해할 수 있음을 보여주고 있다.

75. 아래의 글은 조정경기에서의 팀워크에 관한 사례를 제시한 것이다. 이에 대한 내용으로 가장 옳지 않은 것을 고르면?

무릇 모든 경기종목이 그렇지만 조정경기도 동일한 룰에 의해 승패를 가릴 게임이다. 조정만큼 팀원들과 협동심이 강조되는 종목은 없을 듯하다. 특히 팀원들을 조타수를 전적으로 믿고 조타수의 지시 아래 일사분란하게 움직여야 만이 소기의 목적을 이룰 수 있다. 경기하는 중에는 모든 팀원들이 힘들고 지치게 마련이다. 이런 어려운 상황에 처해 있을 때 팀원 중 한 명이라도 노를 움직이지 않으면 다른 팀원들이 더 열심히 노를 저어야 한다. 그렇지 않으면 배는 이리저리 방황하게 된다.
조직에서도 조직구성원 간의 팀워크가 무엇보다도 강조된다. 리더는 조타수와 같이 팀워크와 체력을 안배해서 목표를 결정해야 하고, 팀원들은 목표지점인 결승점에 도달하기 위해 리더의 지시에 충실히 따라야 능력을 배가할 수 있다.
우리는 혼자서 하기 어려운 일을 합심해서 성취한 성공사례를 주위에서 종종 본다. 성공사례의 면면을 들여다보면 팀원들 간의 협동심과 희생정신이 바탕을 이루어 시너지 효과를 나타낸 경우가 대부분이다. 팀워크는 목표달성을 위한 지름길이다.

① 팀워크의 의미와 중요성에 대해 설명하고 있다.

② 팀워크는 목표달성의 지름길이라고 단언할 수 없다.

③ 조정경기에서 팀워크가 특히 중요함을 강조하고 있다.

④ 조직에서도 조정경기와 마찬가지로 팀워크의 구축이 필수적임을 나타내고 있다.

⑤ 팀원들 간의 협동심과 희생정신이 바탕을 이루어 시너지 효과를 나타낼 수 있음을 강조하고 있다.

76. 윤주는 인바운드 텔레마케팅의 팀장 직책을 맡고 있다. 우연히 신입직원 교육 중 윤주 자신의 신입사원 시절을 떠올리게 되었다. 아래의 내용 중 윤주가 신입사원 시절에 행한 전화매너로써 가장 옳지 않은 사항을 고르면?

① 전화가 잘못 걸려 왔을 시에도 불쾌하게 말하지 않는다.

② 용건을 마치면 인사를 하고 상대가 끊었는지의 여부와는 관계없이 끊는다.

③ 용건 시 대화 자료나 또는 메모도구 등을 항상 준비한다.

④ 자세는 단정하게 앉아서 통화한다.

⑤ 거친 음성이 나타나지 않도록 음성을 가다듬는다.

77. 다음의 기사를 읽고 제시된 사항 중 올바른 명함교환예절로 볼 수 없는 항목을 모두 고르면?

직장인의 신분을 증명하는 명함. 명함을 주고받는 간단한 행동 하나가 나의 첫인상을 결정짓기도 한다. 나의 명함을 받은 상대방은 한 달 후에 내 명함을 보관할 수도 버릴 수도 있다. 명함을 어떻게 활용하느냐에 따라 기억이 되는 사람이 될 수도, 잊히는 사람이 될 수도 있다는 것. 그렇다면 나에 대한 첫인상을 좋게 남기기 위한 명함 예절에는 어떤 것들이 있을까?
명함은 나를 표현하는 얼굴이며, 상대방의 명함 역시 그의 얼굴이다. 메라비언 법칙에 따르면 첫인상을 결정짓는 가장 큰 요소는 바디 랭귀지(표정 · 태도) 55%, 목소리 38%, 언어 · 내용 7% 순이라고 한다. 단순히 명함을 주고받을 때의 배려있는 행동만으로도 상대방에게 좋은 첫인상을 심어 줄 수 있다. 추후 상대방이 나의 명함을 다시 보게 됐을 때 교양 있는 사람으로 기억되고 싶다면 명함 예절을 꼭 기억해 두는 것이 좋다.

㉠ 명함은 오른손으로 받는 것이 원칙이다.
㉡ 거래를 위한 만남인 경우 판매하는 쪽이 먼저 명함을 건넨다.
㉢ 자신의 소속 및 이름 등을 명확하게 밝힌다.
㉣ 명함을 맞교환 할 시에는 왼손으로 받고 오른손으로 건넨다.
㉤ 손윗사람이 먼저 건넨다.

① ㉠, ㉡, ㉢, ㉣, ㉤

② ㉠, ㉡, ㉣, ㉤

③ ㉡, ㉢, ㉣, ㉤

④ ㉢, ㉣

⑤ ㉤

78. 우리는 직장생활을 하다보면 여러 가지 상황에 직면하게 된다. 특히, 직장상사 및 동료들에 대한 조문을 가게 되는 경우가 생기게 마련이다. 다음 중 조문절차의 기술된 내용으로 가장 적절하지 않은 항목을 고르면?

① 절을 할 시에 손의 위치는 남성은 오른손이 위로, 여성은 왼손이 위로 오도록 하며 잠시 묵례하고 명복을 빈 후에 절을 두 번 올린다.

② 상제에게 맞절을 하고 위로의 인사말을 하는데, 절은 상제가 늦게 시작하고 먼저 일어나야 한다.

③ 분향은 홀수인 3개 또는 1개의 향을 들고 불을 붙여서 이를 입으로 끄지 않고 손으로 세 번 만에 끈 후 향로에 꼽고 묵례하고 기도하거나 또는 절을 한다.

④ 호상소에서 조객록(고인이 남자인 경우) 또는 조위록(고인이 여자인 경우)에 이름을 기록하고 부의금을 전달 후 영정 앞에서 분향이나 헌화 또는 절을 한다.

⑤ 헌화 시 꽃송이를 가슴부위까지 들어 올려서 묵례를 하고 꽃송이 쪽이 나를 향하도록 해서 헌화한다. 이후에 다시금 묵례를 하고 기도나 또는 절을 한다.

79. 어느 날 예상치 못하게 야간 근무를 위한 교대 준비를 하던 차에 연철이가 근무하는 경비 부서에 그룹 회장인 김정은과 수행비서인 김여정이 근무시찰을 나오게 되었다. 특히 김정은은 열심히 근무하는 연철이의 모습을 보고 크게 기뻐하며 악수를 청하게 되었는데, 다음 중 김정은과 연철이가 악수를 하는 상황에서 가장 잘못 묘사된 사항을 고르면?

① 악수 시에는 기본적으로 남녀 모두 장갑을 벗는 것이 원칙이다.

② 악수 시에는 허리를 세우고 대등하게 악수해야 한다.

③ 손을 쥐고 흔들 시에는 윗사람이 흔드는 대로 따라서 흔들면 된다.

④ 반드시 왼손으로 악수를 해야 한다.

⑤ 악수할 시에는 상대의 눈을 보아야 한다.

80. A사에 입사한 원모는 근무 첫날부터 지각을 하는 상황에 놓이게 되었다. 급한 마음에 계단이 아닌 엘리베이터를 이용하게 되었고 다행히도 지각을 면한 원모는 교육 첫 시간에 엘리베이터 및 계단 이용에 관한 예절교육을 듣게 되었다. 다음 중 원모가 수강하고 있는 엘리베이터 및 계단 이용 시의 예절 교육에 관한 내용으로써 가장 옳지 않은 내용을 고르면?

① 방향을 잘 인지하고 있는 여성 또는 윗사람과 함께 엘리베이터를 이용할 시에는 여성이나 윗사람이 먼저 타고 내려야 한다.

② 엘리베이터의 경우에 버튼 방향의 뒤 쪽이 상석이 된다.

③ 계단의 이용 시에 상급자 또는 연장자가 중앙에 서도록 한다.

④ 안내여성은 엘리베이터를 탈 시에 손님들보다는 나중에 타며, 내릴 시에는 손님들보다 먼저 내린다.

⑤ 계단을 올라갈 시에는 남성이 먼저이며, 내려갈 시에는 여성이 앞서서 간다.

경제지식 · 일반상식

1. 경제 안정화 정책과 정부재정 운영의 관계에 대한 다음 설명 중 옳지 않은 것은?

① 일반적으로 경제 안정화를 위한 정부의 정책적 대응은 경기가 과열일 때보다 침체일 때 더 자주 발생하는데 통상 정부지출의 증가로 나타난다.

② 국채발행 자금으로 정부지출을 증가시키는 확장적인 재정정책은 민간 소비나 투자를 오히려 위축시키는 구축효과를 가져올 수도 있다.

③ 정부는 회계연도 내에 매년 재정지출이 재정수입과 일치하는 균형재정을 달성해야 한다.

④ 국채를 발행하여 재정적자를 보전할 경우 다음 세대가 조세부담과 국채의 이자부담을 지게 된다.

⑤ 정부는 세금 징수, 국채 발행, 중앙은행 차입 등으로 적자재정을 메울 수 있다.

2. 중앙은행의 최종대부자(The lender of last resort)기능에 대한 다음 설명 중 거리가 먼 것은?

① 최종대부자 기능은 대규모 금융사고 등으로 시중에 유동성이 부족할 때 금융회사와 금융시장에 돈을 공급해 주는 것을 말한다.

② 최종대부자 기능은 유동성 위기가 금융시스템 전체로 퍼지는 것을 방지한다.

③ 중앙은행이 시중에 충분한 자금을 공급함으로써 위기 시 사람들의 심리적 안정 및 전체 금융시장의 안정을 도모하는 역할을 한다.

④ 최종대부자 기능은 국제결제은행(BIS) 자기자본비율 규제와 같이 사전적 위기방지 기능에 해당된다.

⑤ 중앙은행이 최종대부자로서의 기능을 수행하기 위해서는 금융회사의 경영실태와 금융시장 동향 등을 잘 파악하고 있어야 한다.

3. 한 조사에 따르면, 수돗물에 대한 수요의 가격탄력성은 -0.5이고 소득탄력성은 2.0이라고 한다. 수돗물의 가격이 4% 상승하고 수요자의 소득이 1% 높아지는 경우 수돗물에 대한 수요의 변화는?

① 2% 감소한다.　　　　② 1% 감소한다.

③ 변하지 않는다.　　　　④ 1% 증가한다.

⑤ 2% 증가한다.

4. 다음에서 설명하고 있는 거래 중에서 나머지 네 개와 다른 종류는?

① 원·달러 환율이 상승할 것으로 예상한 수출업체가 선물환을 매입한다.

② 정유업체가 원유가격이 오를 것을 예상해 미리 원유 구매 계약을 한다.

③ 수출대금과 수입대금이 비슷한 업체는 이런 거래를 할 필요가 없다.

④ 파생상품에 투자하는 공격적인 펀드에 사용하는 용어이기도 하다.

⑤ 펀드매니저가 보유 주식의 가격이 상승할 것으로 보고 주가지수 선물을 매입한다.

5. 개당 10만 원의 가격에 판매되는 휴대폰을 생산하는 기업의 고정비용은 2억 원이고 변동비용은 휴대폰 1개당 6만 원인 경우, 이 기업의 손익분기점이 되는 휴대폰 생산량은 얼마인가?

① 2,000개　　　　　② 2,500개

③ 4,000개　　　　　④ 4,500개

⑤ 5,000개

6. 다음 내용을 보고 A국의 경제 상황에 대한 분석으로 옳은 것은? (단, 모든 재화의 수요 곡선은 우하향, 공급 곡선은 우상향하며, 다른 조건은 변함이 없다.)

- A국에서는 자국에 필요한 철강을 전량 수입하여 자동차를 생산하며 국내 시장에만 공급한다.
- A국에서 자동차와 자전거는 대체관계이며, 자동차와 휘발유는 보완관계이다.
- 최근 철강의 국제 가격이 크게 상승하였다.

① 자동차의 수요가 증가한다.
② 자동차 시장의 균형 가격은 하락한다.
③ 자전거 시장의 균형 가격은 하락한다.
④ 휘발유 회사의 판매 수입은 감소한다.
⑤ 자동차의 공급과 자전거의 수요는 서로 같은 방향으로 이동한다.

7. 발레리나 한서원은 한 발레컴퍼니에서 5,000만 원의 연봉을 받고 근무하던 중 발레학원을 개원하기로 결정했다. 학원의 운영비용은 임대료 1,500만 원, 장비대여비 300만 원, 사무용품비 100만 원, 공공요금 100만 원, 강사급여 2,500만 원이다. 그는 이들 비용을 연간 500만 원의 이자수입이 있었던 1억 원의 예금으로 충당하고 남은 금액을 금고에 보관했다. 추가적인 비용이 없다고 가정할 때 한서원의 1년간 명시적 비용과 암묵적 비용은 모두 얼마인가?

	명시적 비용	암묵적 비용
①	4,500만 원	5,500만 원
②	4,500만 원	5,000만 원
③	6,500만 원	1억 원
④	1억 원	7,000만 원
⑤	1억 원	5,000만 원

8. 다음 중 물가상승을 유발하는 원인이라고 볼 수 없는 것은?

① 원화가치가 상승한다.
② 민간의 저축이 감소한다.
③ 정부가 정부 지출을 증가시킨다.
④ 유가 등 원자재 가격이 상승한다.
⑤ 중앙은행이 통화량을 증가시킨다.

9. 다음 제시문을 가장 정확하게 설명한 것은?

누군가가 A에게 10만 원을 주고 그것을 B와 나눠 가지라고 한다. A가 B에게 얼마를 주겠다고 제안하든 상관없지만 B는 A의 제안을 거부할 수도 있다고 한다. 만일 B가 A의 제안을 거부하면 10만 원은 그 '누군가'에게 돌아간다. 이 경우 대부분 A의 입장에 있는 사람은 4만원 내외의 돈을 B에게 주겠다고 제안하고 B는 이 제안을 받아들인다. 그러나 A가 지나치게 적은 금액을 B에게 제안할 경우 B는 단호하게 거부하여 10만 원이 그 '누군가'에게 돌아가게 함으로써 보복한다는 것이다. 또한 이들은 받을 돈이 엄청난 경우에도 "됐소, 당신이나 가지쇼"라고 말했다고 한다. 공정하지 않은 제안은 거절함으로써 자존심을 지키는 것이다.

① 지폐 경매 게임 : 인간은 매몰비용에 대한 고려 없이 투자를 결정한다는 이론
② 반복 게임 : 상거래를 반복할 경우 인간은 호혜적으로 행동한다는 이론
③ 죄수의 딜레마 : 인간은 고립된 상태에서 이기적으로 행동한다는 이론
④ 최후통첩 게임 : 인간은 합리성 외에 공정성도 중요하게 고려한다는 이론
⑤ 역경매 이론 : 소비자가 주체가 되는 경매가 전자시대에는 가능해진다는 이론

10. 건강보험을 강제보험으로 하는 이유를 경제학적으로 가장 잘 설명할 수 있는 개념은?

① 역선택   ② 3중 보장론
③ 대수의 법칙   ④ 이기심
⑤ 소비자 선택이론

11. 지난 수년 동안 인수·합병(M&A)을 통해 몸집을 불린 기업들이 금융위기를 맞아 잇달아 경영난에 봉착하면서 일부 기업은 워크아웃 등 기업회생절차에 들어가기도 했다. 이런 상황을 설명하는 용어는 다음 중 무엇인가?

① 신용파산 스와프(CDS)   ② 신디케이트
③ 승자의 저주   ④ 프리워크아웃
⑤ 법정관리

12. 다음 두 주장의 타당성을 검증하기 위해 공통적으로 파악해야 할 경제 정보로 가장 적절한 것은?

- 작년에는 근로자의 평균 임금이 3% 상승하였으나 근로자들의 생활수준은 오히려 악화되었을 것으로 추론된다.
- 퇴직금을 은행에 예금하고 이자를 받아 생활하는 사람들의 경우 작년에는 경제적으로 많은 어려움을 겪었을 것으로 예상된다.

① 실업률　　　　　② 물가 상승률
③ 투가 증가율　　　④ 명목 이자율
⑤ 경제 성장률

13. 외국 자본은 여러 가지 형태로 국내에 투자된다. 다음 중 전형적인 외국인 직접투자(FDI)에 해당하는 경우는?

① 외국인이 상장 주식에 투자한다.
② 외국인이 정부 채권을 매입한다.
③ 외국 기업이 국내 기업을 인수한다.
④ 외국 은행이 국내 은행의 채권을 매입한다.
⑤ 외국 은행이 국내 은행에 대출을 제공한다.

14. 미래 발전 가능성이 높아 세계 경제가 주목하고 있는 중국, 중동, 인도, 아프리카와 같은 국가들을 일컫는 신조어는?

① 브릭스　　　　　② 베네룩스
③ 나일론콩　　　　④ 치미아
⑤ 친디아

15. LG텔레콤 · 데이콤 · 파워콤, 삼성SDS · 네트웍스, 한화리조트 · 한화개발 · 한화63시티 등 대기업들이 계열사를 합병하는 사례가 많다. 다음 중 이러한 사례의 이유로 적절하지 않은 것은?

① 규모의 경제를 통한 경쟁력 강화
② 경쟁을 통한 자원배분의 효율성 제고
③ 수직결합을 통한 독점력 제고
④ 혼합결합을 통한 영향력 확대
⑤ 거래비용의 절감

16. 다음 중 지문에서 제시된 세금에 관한 설명으로 옳지 않은 것은?

- 세금 A : 모든 국가 간 자본 유출입 거래에 대해 단일세율을 적용하는 외환거래세의 일종이다. 외환 · 채권 · 파생상품 · 재정거래 등으로 막대한 수익을 올리는 투기자본을 규제하기 위하여 단기성 외환 거래에 부과한다.
- 세금 B : 2008년 9월 글로벌금융위기 이후 은행 구제금융에 들어간 재원을 회수하는 동시에 은행의 건전성을 높이기 위하여 은행에 부과하는 세금으로 은행이 보유하고 있는 자산 중 안전성이 낮은 자산에 부과하는 것으로 벌칙성 세금성격이 강하다.

① 세금 A는 금융시장 불안정성의 주요 원인인 단기 투기적 자본 유출입을 억제하기 위해 제안되었다.
② 세금 A를 선제적으로 실시하는 경우, 역외금융 시장의 금융거래가 국내금융시장으로 유입됨으로써 조세부과의 효과가 더욱 극대화될 수 있다.
③ 세금 B는 '오바마세'라고도 불리며, 금융위기 당시 정부가 지원한 은행들에 대한 구제금융 자금 회수 및 대형 투자은행에 대한 규제적 성격을 모두 지닌다.
④ 세금 B는 은행들이 고수익 위험 자산에 무분별하게 투자하는 행위를 방지하여 도덕적 해이를 줄일 수 있게 해준다.
⑤ 세금 A와 세금 B는 모두 일종의 조세로서 금융시장의 효율성을 저해하는 자중손실(deadweight loss)을 야기할 수 있음을 유념해야 한다.

17. 유통업체들이 다음과 같은 가격경쟁을 벌이는 이유에 대한 설명으로 틀린 것은?

> 신세계 이마트의 12개 생필품 가격 인하 선언으로 촉발된 대형마트 업계의 가격인하 전쟁이 불붙고 있다. 롯데마트는 14일 "이마트가 신문에 가격을 내리겠다고 광고한 상품에 대해서는 단돈 10원이라도 더 싸게 판매 하겠다"고 발표했다. 홈플러스도 가격에서 밀리지 않겠다고 밝혔다. 이에 맞서 이마트는 15일 추가 가격인하 품목을 공개하겠다며 재반격에 나섰다. '빅3' 대형마트 간 가격인하 경쟁이 본격화하고 있는 것이다. 지난주 이마트의 가격인하 방침 발표 후 일부 품목의 가격은 일주일 새 40% 넘게 떨어졌다.
> － OO 신문 2010년 1월 15일자 －

① 대형 유통업체의 가격 경쟁은 상품을 납품하는 중소 공급업체에 피해를 주기도 한다.
② 기업들이 납품가격보다 더 낮게 판매가격을 낮추는 경우도 있다.

③ 대형 유통업체의 가격 경쟁은 소비자들에게 손실이 된다.

④ 대형마트 시장은 과점 상태에 있다.

⑤ 과점기업이라도 공정한 가격 경쟁을 하면 초과이윤이 없는 상태까지 완전경쟁 상태와 유사해진다.

18. 다음은 주식 시세표에 관한 자료이다. 이 자료를 분석한 내용으로 옳은 것은?

① 유가 증권 시장의 전일 주가 지수는 2008.98이다.

② 코스피 지수는 기준 시점에 비해 200배 이상 상승했다.

③ 유가 증권 시장에서 가격 제한 폭까지 변동한 종목의 수는 13개이다.

④ 코스닥 시장은 유가 증권 시장에 상장된 종목이 거래되는 시장이다.

⑤ 코스닥 시장에서 거래되는 종목은 상대 매매 방식으로 거래를 체결한다.

19. 영국의 이코노미스트(The Economist)지(誌)가 정기적으로 조사하는 빅맥 지수는 구매력 평가설에 근거를 두고, 일정 시점에서 미국 맥도날드의 햄버거 제품인 빅맥의 각국 가격을 달러로 환산한 후 미국 내 가격과 비교한 지수다. 다음 중 구매력 평가설이 성립하기 위한 조건을 바르게 묶어 놓은 것은?

┌─────────────────────────────────────┐
│ ㉠ 국가 간 인건비나 재료비의 차이가 없어야 한다. │
│ ㉡ 국가 간 자본이동이 자유로워야 한다. │
│ ㉢ 국가 간 상품 운송비용이 저렴하여야 한다. │
│ ㉣ 국가 간 무역장벽이 없어야 한다. │
└─────────────────────────────────────┘

① ㉠, ㉡   ② ㉠, ㉢

③ ㉠, ㉣   ④ ㉡, ㉢

⑤ ㉢, ㉣

20. 최근까지 주요 번화가 일대에 커피전문점이 번성하였다. 등장 초기에는 수익성이 매우 높았으나 최근 들어 그 수익성이 주춤해지고 있다. 중소 커피전문점의 경우는 폐업을 하는 경우도 속출하고 있다. 커피전문점들의 수익성이 저하되는 가장 기본적인 원인은 무엇인가?

① 임대료 상승 등 비용 증가

② 시민들의 높은 커피가격의 실질적인 인식

③ 진입장벽의 부재

④ 대체재의 등장에 따른 커피수요 감소

⑤ 정부의 커피가격 규제

21. 다음 ( ) 안에 들어갈 말로 옳은 것은?

┌─────────────────────────────────────┐
│ ( )은 인간의 두뇌가 수많은 데이터 속에서 패턴을 발견한 │
│ 뒤 사물을 구분하는 정보처리 방식을 모방해 컴퓨터가 사물을 │
│ 분별하도록 기계를 학습시킨다. ( ) 기술을 적용하면 사람이 │
│ 모든 판단 기준을 정해주지 않아도 컴퓨터가 스스로 인지·추 │
│ 론·판단할 수 있게 된다. 음성·이미지 인식과 사진 분석 등 │
│ 에 광범위하게 활용되며, 구글 알파고도 이 기술에 기반한 컴 │
│ 퓨터 프로그램이다. │
└─────────────────────────────────────┘

① 가상현실   ② 리핑

③ 딥 러닝   ④ 프록시

⑤ 루팅

22. 국제 유가와 원자재 가격이 지속적으로 하락하고 있다고 할 경우 이런 요인이 국민 경제에 미칠 영향을 옳게 추론한 것들로만 바르게 짝지어진 것은?

┌─────────────────────────────────────┐
│ ㉠ 교역조건이 악화될 것이다. │
│ ㉡ 국민소득의 실질 구매력이 상승할 것이다. │
│ ㉢ 스태그플레이션 발생 가능성이 높아질 것이다. │
│ ㉣ 실질 국민총소득이 실질 국내총생산보다 커질 것이다. │
└─────────────────────────────────────┘

① ㉠, ㉡   ② ㉠, ㉢

③ ㉡, ㉢   ④ ㉡, ㉣

⑤ ㉢, ㉣

23. 다음 중 로보어드바이저(robo-advisor)에 대한 설명으로 옳은 것은?

① 일정한 매매 규칙을 정해두고 이에 따라 일관성 있게 매매를 수행함으로써 투자 수익률을 올리는 방법이다.

② 로보어드바이저 상품이 지향하는 바는 저위험·고수익이다.

③ 금융 위기 등 위기에 대한 검증이 완료되어 안정적이다.

④ 투자 성향 정보를 토대로 포트폴리오를 작성하고 알고리즘을 활용해 개인의 자산 운용을 자문하고 관리해주는 자동화된 서비스이다.

⑤ 기존의 PB서비스보다 비용이 다소 비싼 점이 단점으로 작용하고 있다.

24. 다음에서 설명하는 왕의 활동으로 옳은 것은?

역사 대백과
• 고구려의 제9대왕
• 재위 연도 : 179~197년
• 활동 :
  왕위 계승이 형제 상속에서 부자상속으로 바뀌었고, 을파소의 건의를 받아들여 백성을 구휼하는 제도를 시행하였다.

① 옥저를 복속시켰다.

② 평양성에서 전사하였다.

③ 국내성으로 수도를 천도하였다.

④ 계루부 고씨가 왕위를 독점 세습하게 되었다.

⑤ 부족적 5부를 행정적 성격의 5부로 개편하였다.

25. 다음 (   ) 안에 들어갈 알맞은 말은 순서대로 바르게 나열한 것은?

정부가 추진하고 있는 '사업용 차량 교통안전 강화대책'에 따르면 2017년 1월부터 새로 출시되는 대형승합차와 화물차에 (   )및 (   ) 장착이 의무화된다. 이는 국토교통부가 개정한 '자동차 및 자동차부품의 성능과 기준에 관한 규칙(국토부령)'에 따른 것으로 의무 장착 대상은 차체 길이 11미터를 초과하는 승합자동차와 총중량이 20톤 이상인 화물·특수자동차이다.

① ASCC(Advanced Smart Cruise Control), AVM(Around View Monitoring)

② LKAS(Lane Keeping Assist System), ADAS(Advanced Driver Assistance Systems)

③ AEB(Autonomous Emergency Braking), LDWS(Lane Departure Warning System)

④ PAS(Parking Assistance System), ASCC(Advanced Smart Cruise Control),

⑤ LDWS(Lane Departure Warning System), ADAS(Advanced Driver Assistance Systems)

26. 다음에서 설명하는 화폐의 이름은?

이 화폐는 조선 인조 11년에 김신국, 김육 등의 건의에 따라 관청을 설치하고 주조하여 유통하였다가 결과가 나빠 유통을 중지했다. 그 후 숙종 4년에 다시 서울과 서북 일부에서 유통시킨 후 점차 전국적으로 확대 유통시켜 조선 말기에 현대식 화폐가 나올 때까지 통용되었다.

① 해동통보　　　　② 건원중보

③ 삼한통보　　　　④ 상평통보

⑤ 당백전

27. 다음 (   ) 안에 들어갈 말을 순서대로 나열한 것은?

• (㉠)의 대운하는 이들 주요 강, 이른바 백하, 황하, 회수, 양자강, 전단강, 즉 5대 강의 하류를 남북으로 연결하는 것이다. 605년부터 610년까지 4차의 공기로 나뉘어 건설된 대운하는 북으로 북경, 남으로 항주에 이르는 장장 2,000km의 거대한 물길이다.

• (㉡)의 수도를 중심으로 각 속령에 이르는 교통로 상에서 말로 달려 하루에 갈 수 있는 거리(약 100리)마다 역을 세워 참호를 두었다. 역참에는 간단한 숙박 시설, 말, 식량 등이 준비되어 있어 관리는 말을 갈아탈 수 있었고 숙박도 할 수 있었다.

• 만주족의 고유한 풍습으로, 한족을 정복하고 (㉢)를 세운 만주족은 한족에게도 변발을 강요함으로써 강한 반발을 샀다.

	㉠	㉡	㉢
①	원나라	청나라	수나라
②	원나라	수나라	청나라
③	청나라	원나라	수나라
④	수나라	원나라	청나라
⑤	수나라	청나라	원나라

28.

우리나라 국보 1호는 숭례문이다. 하지만 이 번호는 1933년 조선총독부가 지정한 것을 우리 정부가 재지정한 것으로 숭례문이 국보 1호로서 부적합하다는 지적을 받아왔다. 또한 2008년 화재로 숭례문의 원형이 크게 훼손된 만큼 국보 1호의 자격을 잃었다는 주장이 제기되면서 그 대안으로 떠오른 문화재는 바로 '이것'이다. '이것'은 세계적으로 가장 과학적인 문자 창제 원리가 기록되어 있고 민족의 혼을 담고 있는 국보 제70호로서, 1997년에는 유네스코 세계기록유산으로 등재되었다.

① 훈민정음 해례본
② 동의보감
③ 조선왕조실록
④ 의궤
⑤ 승정원일기

29.

이것은 세계 3대 영화제 중 하나로 1932년 5월에 만들어져 지금까지 이어지는 가장 오랜 역사를 가지고 있는 국제 영화제이다. 이탈리아에서 열리며 최고의 상은 '산 마르코 금사자상'으로 일명 황금사자상이라고도 한다. 우리나라 김기덕 감독의 영화 '피에타'도 2012년에 이 상을 받았다.

① 베니스 영화제
② 칸 영화제
③ 부산 국제 영화제
④ 베를린 영화제
⑤ 토론토 영화제

30. 항공기 내에서 폭력, 폭언 등으로 항공기 운항 안전을 방해하는 행위나 승무원이나 승객을 대상으로 난동을 부리는 행위 등을 하는 승객을 일시적 또는 영구적으로 탑승 거부하는 제도인 노플라이 제도를 적용하고 있는 항공사가 아닌 것은?

① 일본항공
② 델타항공
③ 대한항공
④ 네덜란드 항공
⑤ 아시아나 항공

31. 다음 상황을 읽고 관련된 용어를 찾으면?

다이어트 주스를 개발해 시음테스트를 한다고 광고를 낸 뒤 사람들을 모집했다. 총 일곱 명 중 다섯 명을 모집했고 두 명은 미리 준비한 사람들을 섭외했다. 그리고 이 두 명에게는 적당한 시기에 미리 요구한 반응을 보이도록 했다.

주스를 먼저 시음해 보이고 시음자들에게 새로 개발한 다이어트 제품인데 출시에 앞서 테스트를 해본다고 했다. 여러 가지 다이어트용 특수 개발 성분을 넣어서 아주 효과가 좋을 것이라는 효능 설명도 잊지 않았다. 차례로 한 컵씩 따라주고 마시게 한 후에 맛에 대한 소감을 물어보았다. 모두 긍정적인 반응을 보였다.

그때 미리 부탁한 한 명이 갑자기 배가 아프다며 배를 잡고 웅크렸다. 다른 사람들의 표정이 바뀌기 시작했고, 다시 반응을 묻자 시음자들은 조금 전과는 상반된 반응을 보였다. 집으로 돌아간 시음자들 중에 한 명은 온몸에 두드러기 같은 발진이 생기고 밤새 잠을 이루지 못했다고 하소연을 했다.

① 플라시보 효과(placebo effect)
② 노시보 효과(Nocebo Effect)
③ 바넘 효과(Barnum effect)
④ 로젠탈 효과(Rosenthal effects)
⑤ 포러 효과(Forer effect)

32. 준전문가적인 지식을 가지고 제품이나 서비스에 대한 연구와 탐색을 통해 합리적인 소비를 할 뿐만 아니라 이에 대한 정확한 평가를 여러 사람과 공유함으로써 소비자와 생산자 모두에게 도움을 주는 소비자는?

① 리서슈머
② 트윈슈머
③ 크리슈머
④ 프로슈머
⑤ 맨슈머

33. 뛰어난 예술 작품을 보고 순간적으로 느끼는 정신적 흥분이나 분란 상태를 일컫는 말은 무엇인가?

① 뮌하우젠 증후군
② 리플리 증후군
③ 파랑새 증후군
④ 피터팬 증후군
⑤ 스탕달 증후군

34. 기온상승으로 인한 도시 열섬현상 개선을 위해 가동되는 시스템으로 버려지는 지하수를 활용하여 도로 중앙분리대에 설치된 살수노즐을 통해 도로면에 분사하여 도로를 세척하는 것을 무엇이라 하는가?

① 클린체인 시스템   ② 클린로드 시스템
③ 로드셰어 시스템   ④ 매직클린 시스템
⑤ 로드온탑 시스템

35. 다음 중 CD(양도성예금증서)의 특징으로 옳지 않은 것은?

① 단기 고수익 금융상품이다.
② 금액에 대한 안전성이 낮다.
③ 중도 해지가 불가능하다.
④ 무기명(無記名)이다.
⑤ 증권사나 종합금융회사에 판매할 수 있다.

36. 결혼하여 독립했다가 높은 주거비 또는 육아 문제 등으로 부모 집에 다시 들어가서 사는 사람들을 지칭하는 용어는 무엇인가?

① 캥거루족   ② 슬로비족
③ 리터루족   ④ 딩크족
⑤ 딩펫족

37. 좋은 직장의 조건으로 중요시되고 있는 의미로 일과 삶의 균형이라는 뜻을 의미하는 신조어는?

① 직장살이   ② 야근각
③ 고나리자   ④ 워라밸
⑤ 워런치

38. 다음의 경제 행위 중 외환 수요가 발생하는 경우가 아닌 것은?

① 상품의 수입
② 내국인의 해외이주 증가
③ 외국 증권회사의 국내 진출
④ 한국 사람이 미국 기업 주식을 매입하는 경우
⑤ 한국인의 미국 관광 증가

39. 다음에서 설명하는 것은?

> 이것은 차세대 연료로 관심을 받고 있는 해저 자원이다. 이것의 모양은 드라이아이스와 비슷하며, 불을 붙이면 활활 타는 성질이 있기 때문에 '불타는 얼음'이라고도 불린다. 이것은 바닷속 미생물이 썩어서 생긴 퇴적층에 메탄가스, 천연가스 등과 물이 높은 압력에 의해 얼어붙은 고체 연료라고 할 수 있으며 대륙 연안 1,000m 깊이의 바닷속에 매장되어 있다.

① 수소 에너지   ② 메탄하이드레이트
③ 바이오 에탄올   ④ 연전소자
⑤ 토륨

40. 재난 지역 내에 있는 모바일 GPS신호를 잡아 생존자로 하여금 자신의 안전을 페이스북 친구들에게 알릴 수 있도록 하는 서비스를 말하는 것은?

① 세이프티 체크   ② 퍼슨 파인더
③ 셰이크 얼러트   ④ 스마트 빅보드
⑤ 패밀리링크

"일반상식"
꼭 알아야하는 알짜 일반상식만 담았다!

공사공단 일반상식

공사공단 채용대비
핵심상식 + 기출유형문제 + 논술
한 권으로 일반상식 준비 끝낸다!

**공기업/공공기관 채용
빈출 일반상식**

공기업/공공기관 채용에 꼭 필요한
영역별 일반상식 빈출만 담았다!
기출유형문제로 구성한 한국사까지
함께 공부한다!

우리은행

필기전형 모의고사

[정답 및 해설]

1 ④

① 드러내려고 하는 주된 생각으로 '콘셉트(concept)'로 표기한다.

② 'trend'는 외래어 표기법에 따라 '트렌드'로 적는다.

③ 운동 경기할 때 선수들이 입는 소매 없는 셔츠로 '러닝 셔츠(running shirt)'로 표기한다.

⑤ 국제음성기호에 따라 표기하면 '앨커홀'이 옳은 표기이나, 그동안 써온 관례를 존중하여 '알코올'을 올바른 표기로 정하였다.

2 ④

① 고랭지   ② 벗어진
③ 닁큼   ⑤ 오뚝이

3 ①

① 엄청나게 큰 사람이나 사물

② 사람이나 사물이 외따로 오뚝하게 있는 모양

③ 넋이 나간 듯이 가만히 한 자리에 서 있거나 앉아 있는 모양

④ '철'을 속되게 이르는 말, 철이란 사리를 분별할 수 있는 힘을 말함

⑤ '꼴'을 낮잡아 이르는 말, 꼴이란 겉으로 보이는 사물의 모양을 말함

4 ③

① 물건을 간직하여 두는 곳

② 기차나 버스 따위에서 사람이 타는 칸

③ 합성어로 볼 수 있는 두 음절로 된 한자어 "곳간(庫間), 셋방(貰房), 숫자(數字), 찻간(車間), 툇간(退間), 횟수(回數)"에만 사이시옷을 받치어 적는다.('한글 맞춤법' 제4장, 제4절, 제30항.) '갯수'는 이에 속하지 않으므로, 사이시옷을 받치어 적지 않고, '개수'로 써야 한다.

④ 수를 나타내는 글자

⑤ 돌아오는 차례의 수효

5 ②

'일절'과 '일체'는 구별해서 써야 할 말이다. '일절'은 부인하거나 금지할 때 쓰는 말이고, '일체'는 전부를 나타내는 말이다.

6 ④

'안전우선'은 가장 많은 예산이 투자되는 핵심가치이다. 전략과제는 3가지가 있고, 그 중 '(시설 안전성 강화)'는 가장 많은 개수를 기록하고 있으며, 예산은 464,688백만 원이다. '고객감동'의 전략과제는 3가지이며, 고객만족을 최우선으로 하고 있다. 핵심가치 '(변화혁신)'은 113개를 기록하고 있고, 3가지 전략과제 중 융합형 조직혁신이 가장 큰 비중을 차지하고 있다. 핵심가치 '(상생협치)'는 가장 적은 비중을 차지하고 있고, 2가지 전략과제를 가지고 있다.

7 ①

① '안전우선'의 예산은 가장 높은 비중을 보이고 있다.

8 ⑤

작자는 오래된 물건의 가치를 단순히 기능적 편리함 등의 실용적인 면에 두지 않고 그것을 사용해 온 시간, 그 동안의 추억 등에 두고 있으며 그렇기 때문에 오래된 물건이 아름답다고 하였다.

9 ③

'성과에 대한 포상제도 마련'은 그린 IT 운동의 실천 방향과 관련이 없는 항목이므로 삭제하는 것이 바람직하다.

10 ③

③ 각각의 아이디어에 대해 10분의 시간을 지키도록 노력할 것이다.

"We'll try to keep to ten minutes for the discussion of each idea."

「샘 : 자, 이제 시작하시죠. 우선, 오늘 모임에 오신 여러분을 환영합니다. Peter는 오늘 모임에 참석할 수 없다고 사과를 전했습니다. 그는 출장 중입니다. 오늘 모임의 목적은 더 효율적인 판매기법에 관한 아이디어를 브레인스토밍 하는 것입니다. 이것이 오늘 오후 우리의 목표입니다. 우선 제가 나누고 싶은 몇 가지 아이디어가 있으며, 그리고 난 뒤 테이블에 둘러 앉아 여기 각 사람의 의견을 들을 겁니다. 각각의 아이디어에 대해 10분의 시간을 지키도록 노력할 겁니다. 이 방식은 회의를 길게 하지 않을 겁니다. 그리고 Linda에게 회의를 위해 시간을 요청했습니다. 그럼, 배경으로서 우리 부서의 기준 판매기법을 알려드리고자 합니다.」

11 ①

① 첫 번째 문단에서 '도시 빈민가와 농촌에 잔존하고 있는 빈곤은 최소한의 인간적 삶조차 원천적으로 박탈하고 있으며'라고 언급하고 있다. 즉, 사회적 취약계층의 객관적인 생활수준이 향상되었다고 보는 것은 적절하지 않다.

② 첫 번째 문단

③ 두, 세 번째 문단

④ 네 번째 문단

⑤ 두 번째 문단

12 ③

③ 중증장애인은 연령제한을 받지 않고, 국회통과안의 경우 부양자녀가 1인 이상이면 근로장려금을 신청할 수 있으므로, 다른 요건들을 모두 충족하고 있다면 B는 근로장려금을 신청할 수 있다.

① 정부제출안보다 국회통과안에 의할 때 근로장려금 신청자격을 갖춘 대상자의 수가 더 늘어날 것이다.

② 정부제출안과 국회통과안 모두 세대원 전원이 소유하고 있는 재산 합계액이 1억 원 미만이어야 한다. A는 소유 재산이 1억 원으로 두 안에 따라 근로장려금을 신청할 수 없다.

④ 정부제출안과 국회통과안 모두 내국인과 혼인한 외국인은 근로장려금 신청이 가능하다.

⑤ 3개월 이상 국민기초생활보장급여 수급자는 근로장려금 신청이 제외된다.

13 ③

ⓑ 원할한 → 원활한

ⓒ 공고이 → 공고히

14 ①

> 1월 10일 월요일 (서울에서 뉴욕)
>
> 오전 9:00 JFK 공항행 OZ902편으로 인천 공항에서 출발
>
> 오전 9:25 JFK 공항 도착
>
> 오후 1:00 Garden Grill에서 ACF Corporation 사장 Roger Harpers와 미팅
>
> 오후 7:00 Stewart's Restaurant에서 American Business System 고문 Joyce Pitt와 저녁식사 미팅
>
> 1월 11일 화요일 (뉴욕)
>
> 오전 9:30 City Conference Center에서 열리는 National Office Systems Conference에서 프레젠테이션 "사무환경-네트워킹"
>
> 오후 12:00 Oakdale City Club에서 Wilson Automation, Inc. 부사장 Raymond Bernard와 오찬

15 ②

② 미성년인 자녀가 3명 이상이므로 신청자격이 있다.

① 가장 높은 점수를 받을 수 있는 배점요소는 '미성년 자녀수'이다.

③ 보금자리주택 특별공급 사전예약에는 청약저축통장이 필요 없다.

④ 배점기준에 따른 총점이 동일하고 미성년 자녀수가 같다면, 가구주의 연령이 많은 자 순으로 선정한다.

⑤ 만 6세 미만 영유아가 2명 이상이므로 추가로 10점을 받을 수 있다.

16 ②

㉠은 '자세히 따지거나 헤아려 보다'의 의미로 쓰였다. 따라서 바꾸어 쓸 수 있는 단어를 탐구한 내용으로는 ②가 가장 적절하다.

17 ⑤

인터넷을 활용하여 다양한 자료 검색 방법을 알려 주는 것은 발표문에 나타나지 않았다.

18 ②

② 음료수자판기는 가장 많은 418명의 계약자를 기록하고 있다.

19 ①

단일 계약자를 제외한 2019년에 계약이 만료되는 계약자는 총 353명이다.

20 ④

㉡은 $7,206 \div 2 = 3,603$이므로

영업 외 수익의 합계는 $15,095$가 된다.

㉠은 $2,005,492 + 15,095 = 2,020,587$이다.

따라서 ㉠ ÷ ㉡ ≒ 561배이다.

21 ①

한 달 동안의 통화 시간 t $(t = 0, 1, 2, \cdots)$에 따른

요금제 A의 요금

$y = 10,000 + 150t$ $(t = 0, 1, 2, \cdots)$

요금제 B의 요금

$\begin{cases} y = 20,200 & (t = 0, 1, 2, \cdots, 60) \\ y = 20,200 + 120(t-60) & (t = 61, 62, 63, \cdots) \end{cases}$

요금제 C의 요금

$\begin{cases} y = 28,900 & (t = 0, 1, 2, \cdots, 120) \\ y = 28,900 + 90(t-120) & (t = 121, 122, 123, \cdots) \end{cases}$

㉠ B의 요금이 A의 요금보다 저렴한 시간 t의 구간은

$20,200 + 120(t-60) < 10,000 + 150t$ 이므로

$t > 100$

㉡ B의 요금이 C의 요금보다 저렴한 시간 t의 구간은

$20,200 + 120(t-60) < 28,900 + 90(t-120)$ 이므로 $t < 170$

따라서 $100 < t < 170$ 이다.

∴ $b - a$의 최댓값은 70

22 ⑤

영수가 걷는 속도를 x, 성수가 걷는 속도는 y라 하면

㉠ 같은 방향으로 돌 경우 : 영수가 걷는 거리 − 성수가 걷는 거리 = 공원 둘레

→ $x - y = 6$

㉡ 반대 방향으로 돌 경우 : 영수가 간 거리 + 성수가 간 거리 = 공원 둘레

→ $\dfrac{1}{2}x + \dfrac{1}{2}y = 6 \rightarrow x + y = 12$

∴ $x = 9$, $y = 3$

23 ②

조건 ㈎에서 R석의 티켓의 수를 a, S석의 티켓의 수를 b, A석의 티켓의 수를 c라 놓으면

$a + b + c = 1,500$ …… ㉠

조건 ㈏에서 R석, S석, A석 티켓의 가격은 각각 10만 원, 5만 원, 2만 원이므로

$10a + 5b + 2c = 6,000$ …… ㉡

A석의 티켓의 수는 R석과 S석 티켓의 수의 합과 같으므로

$a + b = c$ …… ㉢

세 방정식 ㉠, ㉡, ㉢을 연립하여 풀면

㉠, ㉢에서 $2c = 1,500$ 이므로 $c = 750$

㉠, ㉡에서 연립방정식

$\begin{cases} a + b = 750 \\ 2a + b = 900 \end{cases}$

을 풀면 $a = 150$, $b = 600$ 이다.

따라서 구하는 S석의 티켓의 수는 600장이다.

24 ④

丁 인턴은 甲, 乙, 丙 인턴에게 주고 남은 성과급의 1/2보다 70만 원을 더 받았다고 하였으므로, 전체 성과급에서 甲, 乙, 丙 인턴에게 주고 남은 성과급을 x 라고 하면

丁 인턴이 받은 성과급은 $\frac{1}{2}x + 70 = x$ (∵ 마지막에 받은 丁 인턴에게 남은 성과급을 모두 주는 것이 되므로), ∴ $x = 140$ 이다.

丙 인턴은 甲, 乙 인턴에게 주고 남은 성과급의 1/3보다 60만 원을 더 받았다고 하였는데, 여기서 甲, 乙 인턴에게 주고 남은 성과급의 2/3는 丁 인턴이 받은 140만 원 + 丙 인턴이 더 받을 60만 원이 되므로, 丙 인턴이 받은 성과급은 160만 원이다.

乙 인턴은 甲 인턴에게 주고 남은 성과급의 1/2보다 10만 원을 더 받았다고 하였는데, 여기서 甲 인턴에게 주고 남은 성과급의 1/2은 丙, 丁 인턴이 받은 300만 원 + 乙 인턴이 더 받을 10만 원이 되므로, 乙 인턴이 받은 성과급은 320만 원이다.

甲 인턴은 성과급 총액의 1/3보다 20만 원 더 받았다고 하였는데, 여기서 성과급 총액의2/3은 乙, 丙, 丁 인턴이 받은 620만 원 + 甲 인턴이 더 받을 20만 원이 되므로, 甲 인턴이 받은 성과급은 340만 원이다.

따라서 네 인턴에게 지급된 성과급 총액은 340 + 320 + 160 + 140 = 960만 원이다.

25 ④

④ 2004년도의 연어방류량을 x 라고 하면

$$0.8 = \frac{7}{x} \times 100 \quad \therefore x = 875$$

① 1999년도의 연어방류량을 x 라고 하면

$$0.3 = \frac{6}{x} \times 100 \quad \therefore x = 2,000$$

2000년도의 연어방류량을 x 라고 하면

$$0.2 = \frac{4}{x} \times 100 \quad \therefore x = 2,000$$

② 연어포획량이 가장 많은 해는 21만 마리를 포획한 1997년이고, 가장 적은 해는 2만 마리를 포획한 2000년과 2005년이다.

③ 연도별 연어회귀율은 증감을 거듭하고 있다.

⑤ 2000년도의 연어포획량은 2만 마리로 가장 적고, 연어회귀율은 0.1%로 가장 낮다.

26 ③

3/4 분기 성과평가 점수는 $(10 \times 0.4) + (8 \times 0.4) + (10 \times 0.2) = 9.2$로, 성과평가 등급은 A이다. 성과평가 등급이 A이면 직전 분기 차감액의 50%를 가산하여 지급하므로, 2/4 분기 차감액인 20만 원(∵ 2/4 분기 성과평가 등급 C)의 50%를 가산한 110만 원이 성과급으로 지급된다.

27 ③

2호선 유아수유실은 11개이고, 전체 유아수유실은 88개이다.
따라서 2호선의 유아수유실이 차지하는 비율은 $\frac{11}{88} \times 100 = 12.5\%$

28 ①

① 7호선의 유아수유실은 23개로 가장 많고, 1호선의 유아수유실은 2개로 가장 적다.

29 ①

② 1997~2007년 중 Y선수의 타율이 0.310 이하인 해는 2002년, 2005년, 2006년으로 3번 있었다.

③ 전체 기간 중 Y선수의 타율이 가장 높은 해는 0.355인 2001년으로 C구단에 속해 있었다.

④ 2000년 이전 출전 경기수가 가장 많은 해는 1999년이다. 그러나 1997년에 가장 많은 홈런을 기록했다.

⑤ 타수와 안타수의 증감 추이는 동일하지 않다.

30 ③

재정력지수가 1.000 이상이면 지방교부세를 지원받지 않는다. 따라서 3년간 지방교부세를 지원받은 적이 없는 지방자치단체는 서울, 경기 두 곳이다.

31 ③

③ 2008년 G계열사의 영업이익률은 8.7%로 1997년 E계열사의 영업이익률 2.9%의 2배가 넘는다.

① B계열사의 2008년 영업이익률은 나머지 계열사의 영업이익률의 합보다 적다.

② 1997년도에 가장 높은 영업이익률을 낸 계열사는 F, 2008년에 가장 높은 영업이익률을 낸 계열사는 B이다.

④ 1997년 대비 2008년의 영업이익률이 증가한 계열사는 B, C, E, G 4곳이다.

⑤ 1997년과 2008년 모두 영업이익률이 10%을 넘은 계열사는 A, B 2곳이다.

32 ④

푸르미네 가족의 월간 탄소배출량 = $(420 \times 0.1) + (40 \times 0.2) + (60 \times 0.3) + (160 \times 0.5) = 42 + 8 + 18 + 80 = 148$kg이다. 소나무 8그루와 벗나무 6그루를 심을 경우 흡수할 수 있는 탄소흡수량은 $(14 \times 8) + (6 \times 6) = 112 + 36 = 148$kg/그루·월로 푸르미네 가족의 월간 탄소배출량과 같다.

33 ⑤

동일한 거리 60km를 운행한다고 가정할 때 연료비를 구하면 아래와 같다.

① A : $6 \times 1,700 = 10,200$원
② B : $7.5 \times 1,000 = 7,500$원
③ C : $5 \times 1,500 = 7,500$원
④ D : $3 \times 1,700 = 5,100$원
⑤ E : $7.5 \times 1,500 = 11,250$원

34 ①

표를 채우면 다음과 같다.

응답자의 종교 / 후보	불교	개신교	가톨릭	기타	합
A	130	(가) 130	60	300	(620)
B	260	(100)	30	350	740
C	(195)	(나) 130	45	300	(670)
D	65	40	15	(50)	(170)
계	650	400	150	1,000	2,200

35 ②

남자사원의 경우 ㉡, ㉠, ◎에 의해 다음과 같은 두 가지 경우가 가능하다.

	월요일	화요일	수요일	목요일
경우 1	치호	영호	철호	길호
경우 2	치호	철호	길호	영호

[경우 1]

옥숙은 수요일에 보낼 수 없고, 철호와 영숙은 같이 보낼 수 없으므로 옥숙과 영숙은 수요일에 보낼 수 없다. 또한 영숙은 지숙과 미숙 이후에 보내야 하고, 옥숙은 지숙 이후에 보내야 하므로 조건에 따르면 다음과 같다.

	월요일	화요일	수요일	목요일
남	치호	영호	철호	길호
여	지숙	옥숙	미숙	영숙

[경우 2]

		월요일	화요일	수요일	목요일
	남	치호	철호	길호	영호
경우 2-1	여	미숙	지숙	영숙	옥숙
경우 2-2	여	지숙	미숙	영숙	옥숙
경우 2-3	여	지숙	옥숙	미숙	영숙

문제에서 영호와 옥숙을 같이 보낼 수 없다고 했으므로, [경우 1], [경우 2-1], [경우 2-2]는 해당하지 않는다. 따라서 [경우 2-3]에 의해 목요일에 보내야 하는 남녀사원은 영호와 영숙이다.

36 ③

제시된 내용은 저출산 문제의 심각성을 설문조사를 통해 나타내고 있다.

37 ①

문제해결의 장애요소

㉠ 너무 일반적이거나 너무 크거나 또는 잘 정의되지 않은 문제를 다루는 경우

㉡ 문제를 정확히 분석하지 않고 곧바로 해결책을 찾는 경우

㉢ 잠재적 해결책을 파악할 때 중요한 의사결정 인물이나 문제에 영향을 받게되는 구성원을 참여시키지 않는 경우

ⓔ 개인이나 팀이 통제할 수 있거나 영향력을 행사할 수 있는 범위를 넘어서는 문제를 다루는 경우

ⓜ 창의적 해결책보다는 '즐겨 사용하는' 해결책을 적용하는 경우

ⓗ 해결책을 선택하는 타당한 이유를 마련하지 못하는 경우

ⓢ 선택한 해결책을 실행하고 평가하는 방식에 관해 적절하게 계획을 수립하지 못하는 경우

38 ③

시장의 위협을 회피하기 위해 강점을 사용하는 전략은 ST전략에 해당한다.

③ 부품의 10년 보증 정책은 강점, 통해 대기업의 시장 독점은 위협에 해당한다. (ST전략)

① 세계적인 유통라인은 강점, 개발도상국은 기회에 해당한다. (SO전략)

② 마진이 적은 것은 약점, 인구 밀도에 비해 대형마트가 부족한 도시는 기회에 해당한다. (WO전략)

④ 고가의 연구비는 약점, 부족한 정부 지원은 위협에 해당한다. (WT전략)

⑤ 친환경적 장점은 강점, 정부 지원을 받는 것은 기회에 해당한다. (SO전략)

39 ④

제시된 내용은 김치에서 이상한 냄새가 나고 있는 상황이다.

④는 '김치 표면에 하얀 것(하얀 효모)이 생겼을 때'의 확인 사항이다.

40 ③

③은 매뉴얼로 확인할 수 없는 내용이다.

41 ④

조건에 따라 순서를 고려하면 시계방향으로 (가), (라), (다), (마), (나), (바)의 순서로 앉게 되며 (바)와 (다)의 위치는 서로 바뀌어도 된다. (가)의 맞은편에는 (마)가 앉아 있다.

42 ①

㉠과 ㉢에 의해 A − D − C 순서이다.

ⓗ에 의해 나머지는 모두 C 뒤에 들어왔다는 것을 알 수 있다.

㉡과 ⓜ에 의해 B − E − F 순서이다.

따라서 A − D − C − B − E − F 순서가 된다.

43 ④

조건에 따라 순번을 매겨 높은 순으로 정리하면 B > D > A > E > C가 된다.

44 ③

7개의 지사 위치를 대략적으로 나타내면 다음과 같다. 따라서 A에서 가장 멀리 떨어진 지사는 E이다.

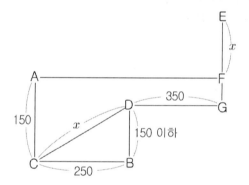

45 ③

제시된 설문조사에는 광고 매체 선정에 참고할 만한 조사 내용이 포함되어 있지 않다. 따라서 ③은 이 설문조사의 목적으로 적합하지 않다.

46 ③

이 기업은 (6)개의 실과 5개의 본부, (44)개의 처로 이루어져있다.

47 ①
ⓒ 경영감사처, 기술감사처는 감사 소속이고, 정보보안처는 정보보안단 소속이다.
ⓓ 노사협력처, 급여복지처는 경영지원실 소속이고, 성과혁신처는 기획조정실 소속이다.
ⓔ 안전계획처와 안전지도처는 안전관리본부 소속이다.
ⓕ 영업계획처는 고객서비스본부 소속이고, 해외사업처는 전략사업실 소속이다.

48 ③
③ 재무처는 경영지원실 소속이다.
①②④⑤는 기술본부 소속이다.

49 ①
② 기업이 임직원에게 일정 기간이 지난 후에도 일정 수량의 주식을 일정한 가격으로 살 수 있는 권한을 인정해 영업이익 확대나 상장 등으로 주식값이 오르면 그 차익을 볼 수 있게 하는 보상제도
③ 단체교섭과는 다른 방법으로 사업 또는 사업장 차원에서 근로자대표와 사용자가 경영상의 모든 문제에 관한 협의와 공동결정, 단체협약상의 이견조정, 기타 복지증진에 관한 사항 등을 협의하는 제도
④ 노동자, 근로자 혹은 노동조합의 대표가 기업의 최고 결정기관에 직접 참가해서 기업경영의 여러 문제를 노사 공동으로 결정하는 제도
⑤ 구성원들의 경영참가를 높이기 위한 방법으로서 생산액의 변동에 임금을 연결시켜 산출하는 것

50 ④
④ 조직 목표는 하나 이상이 될 수 있다.
※ 조직목표의 특징
ⓐ 가변적 속성을 가진다.
ⓑ 수행평가 기준이 될 수 있다.
ⓒ 조직이 나아갈 방향 제시한다.
ⓓ 조직설계의 기준이 될 수 있다.
ⓔ 다수의 조직 목표 추구가 가능하다.
ⓕ 조직 목표 간 위계적 상호 관계가 있다.
ⓖ 조직의 구성 요소와 상호 관계를 가진다.
ⓗ 조직구성원 행동수행의 동기를 유발한다.
ⓘ 조직구성원 의사결정의 기준이 될 수 있다.

ⓙ 공식적 목표와 실제적 목표가 다를 수 있다.
ⓚ 조직이 존재하는 정당성과 합법성을 제공한다.

51 ④
제시된 내용은 불법 개인정보 수집에 관한 사례이므로 ④는 적절하지 않다.

52 ①
제시된 내용은 프레젠테이션에 관한 것이다.
②③ 워드프로세서
④⑤ 스프레드시트

53 ①
• (자료)는 객관적 실제의 반영이며, 그것을 전달할 수 있도록 기호화한 것이다.
• (정보)는 (자료)를 특정한 목적과 문제해결에 도움이 되도록 가공한 것이다.
• (지식)은 (정보)를 집적하고 체계화하여 장래의 일반적인 사항에 대비해 보편성을 갖도록 한 것이다.

54 ③
제시된 내용은 윈도우(Windows)에 대한 설명이다.
③은 리눅스(Linux)에 대한 설명이다.

55 ④
제시된 내용은 지적재산권에 관한 것이다.

56 ②
자원의 성격
ⓐ 자원의 가변성 : 자원의 가치는 과학기술과 문화적 배경 등에 따라 변화할 수 있다.
ⓑ 자원의 상대성 : 동일 자원이 시대 또는 장소에 따라 다르게 사용될 수 있다.
ⓒ 자원의 유한성 : 자원의 매장량은 한계가 있다.
ⓓ 자원의 편재성 : 자원은 일부 지역에 편중되어 있다.

57 ④

산업수명주기의 특징

㉠ 도입기
- 새로운 제품 및 기술이 등장하면서 새로운 시작을 개척
- 연구, 개발, 마케팅 등에 자금 투자로 인해 대부분 적자가 발생
- 기업의 수익성은 낮고 위험이 높음
- 진입장벽이 높아 경쟁업체 수가 적기 때문에 시장 선점 가능
- 고객을 교육시키고, 유통망을 구축하고, 제품설계의 완성도를 높이는 경쟁

㉡ 성장기
- 수요의 증가로 기업의 수입 확대
- 높은 매출성장률과 급격한 시장점유율 확대로 이익 증가
- 새로운 경쟁업체 출현
- 품질개선 및 신제품 개발, 광고를 통해 자사 제품의 우위성 홍보

㉢ 성숙기
- 시장 수요가 포화상태로 가격과 이익의 하락
- 경쟁업체와의 가격경쟁으로 수익성은 감소
- 경쟁력이 약한 기업은 탈락하고 경쟁우위가 확고한 기업만이 생존

㉣ 쇠퇴기
- 수요량이 감소하고 새로운 기술 개발하여 대체품 등장
- 구매자 기호의 변화로 새로운 산업의 등장
- 생존을 위한 합병

58 ③

제시된 내용은 연고주의에 관한 것이다. 따라서 그 예로 ③이 적절하다.
①④ 적재적소주의
②⑤ 능력주의

59 ①

시간관리 매트릭스

	긴급함	긴급하지 않음
중요함	• 기간이 정해진 프로젝트	• 인간관계 구축 • 중장기 계획
중요하지 않음	• 눈앞의 급박한 상황	• 우편물 확인

60 ④

가장 먼저 해야 할 일은 1사분면의 일이다.
따라서 긴급하면서 중요한 일은 '마감이 가까운 업무'가 된다.

61 ②

벤치마킹은 개인, 기업, 정부 등 다양한 경제주체가 자신의 성과를 제고하기 위해 참고할 만한 가치가 있는 대상이나 사례를 정하고, 그와의 비교 분석을 통해 필요한 전략 또는 교훈을 찾아보려는 행위를 가리킨다.

62 ③

설명서 작성
㉠ 내용이 정확해야 한다.
㉡ 사용자가 알기 쉽게 쉬운 문장으로 쓰여야 한다.
㉢ 사용자의 심리적 배려가 있어야 한다.
㉣ 사용자가 찾고자 하는 정보를 쉽게 찾을 수 있어야 한다.
㉤ 사용하기 쉬워야 한다.

63 ③

제시된 내용은 공사기한을 맞추기 위해 건설 업체가 노동자를 무리하게 현장에 투입해 생긴 열사병 사고이다.

64 ①

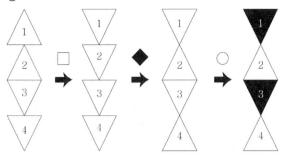

65 ④

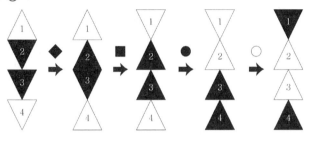

66 ②

제시된 내용은 효율적인 업무를 위해 시간적 여유를 제공하는 회사의 형태이다. 따라서 '워라밸'과 일맥상통하는 성격을 가진다.

※ **워라밸** … 일과 삶의 균형을 뜻하는 영어 work and life balance의 발음을 우리말로 줄여 만든 신조어이다.

67 ③

개인의 경력단계

ⓐ **직업선택(0~25세)** : 자신에게 적합한 직업이 무엇인지를 탐색하고 이를 선택한 후, 필요한 능력을 키우는 과정

ⓑ **조직입사(18~25세)** : 학교 졸업 후 자신이 선택한 경력분야에서 원하는 조직의 일자리를 얻으며 직무를 선택하는 과정

ⓒ **경력초기(25~40세)** : 업무의 내용을 파악하고 조직의 규칙이나 규범·분위기를 알고 적응해 나가는 과정

ⓓ **경력중기(40~55세)** : 자신이 그동안 성취한 것을 재평가하고 생산성을 그대로 유지하는 단계

ⓔ **경력말기(55세~퇴직)** : 자신의 가치를 지속적으로 유지하는 동시에 퇴직을 고려하는 단계

68 ③

ⓐ 자기자본이익률(ROE)을 높인다.

ⓑ 일을 미루지 않는다.

ⓒ 업무를 묶어서 처리한다.

ⓓ 다른 사람과 다른 방식으로 일한다.

ⓔ 회사와 팀의 업무 지침을 따른다.

ⓕ 역할 모델을 설정한다.

69 ④

자기개발 계획 수립이 어려운 이유

ⓐ **자기정보의 부족** : 자신의 흥미, 장점, 가치, 라이프스타일을 충분히 이해하지 못함

ⓑ **내부 작업정보 부족** : 회사 내의 경력기회 및 직무 가능성에 대해 충분히 알지 못함

ⓒ **외부 작업정보 부족** : 다른 직업이나 회사 밖의 기회에 대해 충분히 알지 못함

ⓓ **의사결정시 자신감의 부족** : 자기개발과 관련된 결정을 내릴 때 자신감 부족

ⓔ **일상생활의 요구사항** : 개인의 자기개발 목표와 일상생활(가정) 간 갈등

ⓕ **주변상황의 제약** : 재정적 문제, 연령, 시간 등

70 ④

경력개발 과정

ⓐ **1단계(직무정보 탐색)** : 관심 직무에서 요구하는 능력, 승진전망, 직무만족도 등

ⓑ **2단계(자신과 환경 이해)** : 자신의 능력, 흥미, 적성, 가치관 등

ⓒ **3단계(경력목표 설정)** : 단기목표(2~3년), 장기목표(5~7년) 수립

ⓓ **4단계(경력개발 전략수립)** : 현재 직무의 성공적 수행, 역량 강화, 인적 네트워크 강화

ⓔ **5단계(실행 및 평가)** : 실행, 경력목표·전략의 수정

71 ②

제시된 내용은 맡은 업무에 책임감을 가지고 임하면 팀워크의 시너지 효과를 볼 수 있다고 말하고 있다.

72 ①

제시된 내용은 인재 선발과 토론을 통한 세종대왕의 소통과 포용의 리더십에 관한 것이다.

73 ③

제시된 내용은 업무가 전체 성과에 어떤 영향을 미치는지 알려줌으로써 업무를 대하는 태도가 달라질 수 있다고 보고 있다.

74 ②

제시된 내용은 상대방의 의견을 인정하는 대화법을 말하고 있다.

75 ④

제시된 내용은 감정은행계4좌에 대한 설명이다.

76 ②

회사에서 정한 규정은 반드시 지켜야 한다.

77 ①

②③④⑤는 공적인 입장에서 지적하고 있지만 ①은 개인윤리의 관점에 치우치고 있으므로 적절하지 않다.

78 ③

해당 내용은 우월적 지위를 이용한 A씨의 태도를 말하고 있다.

※ 직장 내 인간관계 및 분위기를 저해하는 요인
   ㉠ 이중적인 태도
   ㉡ 군사문화의 잔재
   ㉢ 반말문화
   ㉣ 비합리적인 차별

79 ①

• (봉사)는 자신보다 고객의 가치를 최우선으로 하는 서비스 개념이다.
• (책임)은 모든 결과는 나의 선택으로 인한 결과임을 인식하는 태도이다.
• (예절)은 오랜 생활습관을 통해 정립된 관습적으로 행해지는 사회계약적 생활규범이다.

80 ④

④ 남성과 여성의 역할은 동등하다고 봐야 한다.

1 ①

재화 수출액은 상품 수지, 주식 배당금은 본원 소득 수지, 특허권 사용료는 서비스 수지에 반영된다.

2 ⑤

을의 경우 삼겹살 가격이 하락하면 상추와 깻잎 수요 가 모두 증가한다. 따라서 상추와 깻잎의 소비 지출액 은 증가한다.

3 ④

(가) 긍정적 외부 효과의 사례, (나)는 부정적 외부 효과 의 사례

② (가), (나) 모두 자원의 비효율적 배분이 나타나고 있다.

③ (가) 진입로 이용에 따른 갑의 편익보다 사회적 편 익이 더 크다.

⑤ (나) 관중들에게 보조금을 지급할 경우 외부 효과는 심화될 것이다.

4 ③

연주를 마저 듣게 되면 그 시간 동안 TV를 보는 것에 서 얻는 만족감을 포기해야 하므로, ㉢의 기회비용에 는 ㉣에서 얻는 만족감이 포함된다.

5 ②

② 주식투자액은 금융 계정에 반영된다.

③ (가)는 외화의 지급 요인, (나)는 외화의 수취 요인이다.

④ 외화의 수취는 국내 통화량의 증가 요인이다.

⑤ (나)만이 외환 보유고 증가 요인이다.

6 ②

㉡ 달러화 공급이 증가하면 원/달러 환율은 하락한다.

㉣ 원/달러 환율 상승은 달러화 표시 외채의 상환 부 담을 증가시키는 요인이다.

㉠ 원/달러 환율이 상승하였으므로 달러화 대비 원화 의 가치가 하락하였다.

㉢ 원/달러 환율 상승은 우리나라 수출품의 달러화 표시 가격을 낮추므로 가격 경쟁력을 높이는 요인이다.

7 ②

책상을 직접 제작할 때 발생하는 목재비, 배송료, 공 방 이용료는 명시적 비용이고, 제작 기간 3일 동안 받 을 수 없게 되는 아르바이트 급여는 암묵적 비용이다.

8 ③

(가) 가계, (나) 기업

㉠ 기업은 이윤 극대화를 경제 활동의 목적으로 한다.

㉣ 요소 소득의 증가는 소비 지출의 증가 요인이다.

9 ①

갑국 정부가 X재 생산자들에게 개당 20원의 생산 보 조금을 지급하면, 공급이 증가하게 된다.

그러므로 균형 가격은 10원 하락한다.

10 ③

경제 활동 참가율은 15세 이상 인구에서 경제 활동 인구가 차지하는 비율이고, 실업률은 경제 활동 인구 에서 실업자가 차지하는 비율이다. 고용률은 15세 이 상 인구에서 취업자가 차지하는 비율이다.

③ 15세 이상 인구는 일정한데 2016년의 취업자 수는 2014년보다 감소하였으므로 2016년의 고용률은 2014년보다 하락하였다.

11 ①

정부의 에너지 바우처 정책은 기준 소득 미만의 가구, 즉 저소득층의 소득을 증대시키는 효과를 가져다주므로 소득 재분배를 위한 정부의 경제적 역할에 해당한다.

12 ⑤

⑤ 전환사채는 일정기간 후 주식으로 전환할 수 있는 권리를 부여한 사채로, 만기에 주식으로 전환되는 과정에서 보통주 의결권이 희석되는 효과를 가져와 갑의 회사에 대한 지배력이 줄어들 수 있다.

13 ②

ⓒ Ⅱ 구역 관람권의 판매량은 감소하였다.
ⓔ 관람권 가격 변화로 인한 A 영화관의 관람권 판매 수입 증가율은 5% 미만이다.
※ **구역별 관람권의 수요**
　　⑦ Ⅰ 구역 관람권의 수요는 가격에 대해 탄력적
　　ⓒ Ⅱ 구역 관람권의 수요는 단위 탄력적
　　ⓒ Ⅲ 구역 관람권의 수요는 비탄력적

14 ①

해외 프로젝트 공사를 건설한 후, 일정 기간 운영 관리하여 투자금을 회수한 뒤 현지 정부에 양도하는 방식은 BOT 방식에 해당한다.

15 ③

실질 GNI는 실질 GDP에 교역조건의 변화에 따른 실질무역손실과 실질국외순수취요소소득을 더한 값으로 정의된다. 원자재 가격 상승 등으로 해외재화의 수입 단가가 높아지면 교역조건이 악화되면서 실질 GNI의 증가율이 낮아지게 된다. 이 경우 소득이 감소하는 것과 같은 효과가 발생하여 경제성장과 체감경기 사이의 괴리가 발생한다.

16 ①

⑦ 제시된 금융 상품은 저축성 예금 중 정기 예금에 해당한다.
ⓒ 목돈을 맡겨 놓고 매달 이자로 생활하고자 하는 사람은 매월 이자 지급식이 적합하다.

17 ②

근로 소득은 남편의 월급과 2분기 상여금을 합한 450만 원이다.
① 이전 소득은 발생하지 않았다.
③ 돌잔치 축하금 30만 원은 비경상 소득이다.
④ 처분 가능 소득은 소득에서 비소비 지출을 제외한 550만 원이다.
⑤ 100만 원의 저축이 발생하였다.

18 ⑤

정부는 시장의 정보를 충분히 알지 못하기 때문에 시장실패를 보완하기 위해 시장에 개입할 때에도 정부 실패의 가능성이 상존한다.

19 ④

보편적 사회복지란 선별적 사회복지에 대비되는 개념으로, 빈부격차에 관계없이 다수의 국민에게 동등한 복지 혜택을 제공하는 것이다. 사회적 약자를 위한 것은 선별적 사회복지의 개념에 더 가깝다.

20 ①

ⓒ ⓐ는 부정적 유인, ⓑ는 긍정적 유인에 해당한다.
ⓔ ⓐ, ⓑ 모두 사람들이 합리적으로 행동한다고 전제한다.

21 ⑤

네덜란드병 … 석유, 가스 등 자원이 개발된 후 단기적으로는 경기호황을 누리다가 자원수출에 따른 부작용으로 장기적으로는 경제가 침체되는 현상을 일컫는 용어로, 1959년 네덜란드의 사례에서 유래하였다.

22 ①

제시된 자료는 '직지심체요절'에 대한 내용이다. '직지심체요절'이 간행된 14세기 후반은 고려 말에 해당하며, 이때에는 홍건적과 왜구의 침입이 잦았다.
② 한양이 남경으로 승격된 것은 11세기 문종 때의 일이었다.
③ 상감법은 12세기에 개발되었다.

④ 대형 철불 혹은 대형 석불이 조성된 것은 고려 초에 해당한다.

⑤ 교장도감은 의천의 건의로 설치되었으며, 의천은 문종의 아들이었다.

23 ⑤

ㄹ 카노사의 굴욕(1077) → ㄱ 십자군전쟁(1096~1272) → ㄴ 아비뇽 유수(1309~1377) → ㄷ 루터의 95개조 반박문(1517)

24 ⑤

레터피싱 ··· 수사기관을 사칭한 가짜 출석 요구서를 우편으로 보낸 후 출석이 어려울 경우 전화로 조사를 받을 수 있다며 보이스피싱을 유도하는 수법이다. 출석 요구서에는 인터넷 도박 사이트를 수사하는 과정에서 개인정보 유출, 자금 세탁 등에 연루되었다는 허위 정보가 기재돼 있다. 또한 출석 전 전화 문의를 통해 구비서류를 확인하게 하는데 적힌 번호로 전화할 경우 보이스피싱을 당하게 된다. 이와 같은 출석 요구서를 받았을 경우 발송자 이름, 주소, 전화번호를 꼼꼼히 확인한 후 해당 기관에 직접 사실 확인을 하여야 사기 피해를 방지할 수 있다.

25 ④

사진은 일제 강점기 도시 발달을 보여주는 자료이다. 이 시기 여성들은 전통적인 인습과 의식에서 벗어나기 시작했으며, 모던걸이라고 부르는 신여성들이 등장했다.

26 ④

ㄱ **사서(四書)** : 논어, 대학, 맹자, 중용

ㄴ **삼경(三經)** : 시경, 서경, 주역

27 ②

① 칭찬의 긍정적 효과를 설명하는 용어다.

③ 부정적으로 낙인찍히면 실제로 그 대상이 점점 더 나쁜 행태를 보이고, 대상에 대한 부정적 인식이 지속되는 현상이다.

④ 약효가 전혀 없는 거짓약을 진짜 약으로 가장하고 환자에게 복용토록 했을 때, 환자의 병세가 호전되는 효과를 말한다.

⑤ 긍정적인 기대나 관심이 사람에게 좋은 영향을 미치는 효과를 말한다.

28 ①

1981년 아카데미 시상식이 열리던 날 한 가정집에서 30여 명의 사람들이 모여 자신들끼리 즐기며 하던 시상식이 골든 라즈베리 상의 시작이다.

29 ②

코리아 에이드(Korea Aid) ··· 새로운 방식의 ODA(공적개발원조) 사업으로, 개발협력과 문화외교를 결합한 원조방식이다. 보건, 음식, 문화 차량 등 총 10대의 차량을 활용하여 아프리카의 소외된 계층에게 다양한 서비스를 제공하며, 에티오피아, 우간다, 케냐로 이어진 박근혜 대통령의 아프리카 순방을 함께 했다. 2017년 하반기까지 운영될 예정이다.

30 ④

ㄹ 사림원은 충선왕 때 설치되었던 개혁기구로 왕명 출납을 담당하였다.

31 ⑤

2020년 올림픽 개최지는 일본 도쿄이다.

32 ③

글램핑(glamping)은 화려하다(glamorous)와 캠핑(camping)을 조합해 만든 신조어로 필요한 도구들이 모두 갖춰진 곳에서 안락하게 즐기는 캠핑을 말하는데 북미·유럽 등에선 이미 부유층의 여가 트렌드로 정착했다.

① 비부악(bivouac) : 등산 시 악천후나 사고가 발생하여 계획하지 못했던 장소에서 불가피하게 이루어지는 야영

② 오토캠프(autocamp) : 호텔·여관 등을 이용하지 않고 텐트나 간이 숙박시설을 이용해서 경관을 즐기면서 자동차로 여행하는 일 또는 그 숙박시설

④ 반더포겔(Wandervogel) : 독일어로 '철새'라는 뜻이며, 철새처럼 산과 들을 돌아다니며 심신을 다지는 일을 목적으로 한다.

33 ②

① 자극적인 변설과 글을 바탕으로 감정적·정서적으로 대중을 기만하여 정치적으로 동원하는 웅변술이 좋은 선동가를 말한다.

③ 어떠한 정치적 사견 없이 대통령의 식사에 초청받을 정도로 가까운 지인이나 친구들을 말한다.

④ 욕구불만이나 분노 등의 해소 및 발산을 위해 그 원인이 되는 것이 아닌 다른 방향으로 전가시킬 대상 또는 수단을 일컫는다.

⑤ 정부의 독주를 막기 위한 일종의 행정 감찰관제도이다.

34 ①

② 인공지능의 한 분야로 빅데이터를 분석하고 가공해서 새로운 정보를 얻어 내거나 미래를 예측하는 기술을 말한다.

③ 구글의 인공지능 자회사이며, 심층신경망, 재강화학습, 신경과학 기반의 머신러닝을 통해 스스로 학습할 수 있는 컴퓨터 알고리즘을 개발하고 있다.

④ 구글 딥마인드가 개발한 인공지능 프로그램으로 정책망과 가치망이라는 두 가지 신경망을 통해 결정을 내리며, 머신러닝을 통해 스스로 학습하는 기능을 가지고 있다.

⑤ 스마트 기기와 이러닝 기술의 융합을 말한다. 다양한 모바일 기기를 이용하여 학습자 중심의 맞춤형 학습이 가능하도록 하였다.

35 ②

② 기존의 전력망에 정보기술(IT)을 접목하여 전력 공급자와 소비자가 양방향으로 실시간 정보를 교환함으로써 에너지 효율을 최적화하는 차세대 지능형 전력망이다.

36 ①

① 특정한 성격을 가진 소규모의 소비자를 대상으로 판매목표를 설정하여 틈새시장을 공략하는 마케팅 기법

② 사람들을 원하는 방향으로 유도하되 직접적인 지시는 하지 않으며, 선택의 자유는 여전히 개인에게 주는 마케팅 기법

③ 제품에 예술적 디자인을 접목시킴으로써 소비자의 감성에 호소하고 브랜드 이미지와 품격을 높이는 마케팅 기법

④ 누리꾼이 이메일이나 다른 전파 가능한 매체를 통해 자발적으로 어떤 기업이나 제품을 홍보하기 위해 널리 퍼뜨리는 마케팅 기법

⑤ 자신들의 상품을 각종 구설수에 휘말리도록 하여 소비자들의 이목을 집중시키는 마케팅 기법

37 ②

㉠ 간섭 : 빛이 파동의 형태로 나아가면서 두 개 이상의 파동이 한 점에서 만날 때 진폭이 서로 합해지거나 상쇄되어 밝고 어두운 무늬가 반복되어 나타나는 현상이다.

㉡ 회절 : 파동이 장애물 뒤쪽으로 돌아 들어가는 현상이며, 입자가 아닌 파동에서만 나타나는 성질이다.

㉢ 굴절 : 파동이 서로 다른 매질의 경계면을 지나면서 진행방향이 바뀌는 현상이다.

38 ①

아스카 문화는 7세기 전반 스이코 천황 때 아스카 지역 (현재 나래[奈良]지역)에서 발달한 문화를 말한다. 쇼토쿠 태자가 중앙집권체제 강화를 위하여 불교를 국가적으로 보호하는 과정에서 일본 사회에 널리 침투한 최초의 불교문화로 고구려, 백제, 신라와 중국 남북조 등의 영향을 다양하게 받으며 유교와 도교 등 외래학문과 사상이 다양하게 나타나 국제성이 풍부한 문화였다.

② **기타야마 문화** : 일본 무로마치 시대(1336~1573) 전성기인 아시카가 요시미쓰 쇼군 시대 문화로 14~16세기경 번성한 문화이다. 요시미쓰가 쇼군이면서도 조정의 문관직인 태정대신이 되어 전통적인 왕조문화와 무가(武家)문화를 융화시킨 것이 특징이다.

③ **메이지 문화** : 에도시대 이전의 전통 문화를 계승하면서 사상, 학문, 예술 등의 각 분야에서 서양의 근대 문화를 급속하게 받아들여 일본의 독특하고 새로운 문화를 만들어 낸 것이 특징이다.

④ **에도 문화** : 도쿠가와 이에야스가 막부를 개설한 1603년부터 15대 쇼군 요시노부가 정권을 조정에 반환한 1867년까지의 봉건시대 때 문화를 말한다.

⑤ **하쿠호 문화** : 아스카 시대를 잇는 7세기 후반부터 8세기의 덴무부터 지토까지의 시대를 중심으로 하는 문화를 하쿠호 문화라고 한다.

39 ⑤

제시된 자료의 '햇볕정책'은 1998년 4월 3일 김대중 대통령이 영국을 방문했을 때 런던대학교에서 행한 연설에서 처음 사용된 용어이다. 김대중 정부 때 있었던 사실을 고르는 문제이다.

⑤ 1998년 11월 18일 시작된 금강산관광으로 인해 한국 민간인들이 북한을 여행할 수 있게 되었으며, 이는 남북 분단 50년사에 새로운 획을 그은 사건이다.

① 경부고속도로는 1968년 2월 1일 착공하여 1970년 7월 7일 전 구간이 왕복4차선 도로로 준공·개통되었다.

② 1985년 9월, 서울과 평양에서 최초로 이산가족 고향방문단과 예술공연 교환 행사가 이루어졌다.

③ 1988년 9월 17일부터 10월 2일까지 서울올림픽이 개최되었다.

④ 북한은 핵확산금지조약(NPT)에 1985년 12월 12일 가입했으나 1993년 3월 12일 탈퇴를 선언하였다.

40 ③

한반도에서 시베리아 기단이 활동하는 계절은 겨울이다. 따라서 겨울이 들어가는 '음악가 슈베르트의 대표 연가곡, 겨울 나그네'가 적절하다.

①⑤ 가을 ② 봄 ④ 여름

1 ④

여행을 일상의 권태로부터의 탈출과 해방의 이미지, 생존의 치욕을 견디게 할 수 있는 매혹과 자발적 잠정적 탈출이라고 하고 있다.

2 ①

'영중추부사 채제공'과 어울리는 단어는 '총괄'이 적절하다.

① 모든 일을 한데 묶어 관할
② 땅이나 물 위를 미끄러져 내닫음
③ 칠판에 분필로 글을 씀
④ 원망을 느낌
⑤ 몰래 달아나 숨음

3 ①

'만약 "W"라는 용어의 의미가 당신만이 느끼는 그 감각에만 해당한다면, "W"라는 용어의 올바른 사용과 잘못된 사용을 구분할 방법은 어디에도 없게 될 것이다. 올바른 적용에 관해 결론을 내릴 수 없는 용어는 아무런 의미도 갖지 않는다.'를 통해 알 수 있다.

4 ①

① 도안(圖案), 도면(圖面)
② 제출(提出)
③ 분할(分割)
④ 체결(締結)
⑤ 변경(變更)

5 ④

④ 어떤 목적을 달성하기 위해 온갖 고난을 참고 견디어 심신을 단련함을 비유하는 말
① 미리 준비가 되어 있으면 걱정할 것이 없음을 이르는 말

② 필요할 때는 쓰고 필요 없을 때는 야박하게 버리는 경우를 이르는 말
③ 고국의 멸망을 한탄함을 이르는 말
⑤ 뛰어나게 아름다운 미인을 이르는 말

6 ①

배경지식이 전혀 없던 상태에서는 X선 사진을 관찰하여도 아무 것도 찾을 수 없었으나 이론과 실습 등을 통하여 배경지식을 갖추고 난 후에는 X선 사진을 관찰하여 생리적 변화, 만성 질환의 병리적 변화, 급성 질환의 증세 등의 현상을 알게 되었다는 것을 보면 관찰은 배경지식에 의존하다고 할 수 있다.

7 ④

한국의 관광 관련 고용자 수는 50만 명으로 전체 2% 수준이다. 이를 세계 평균 수준인 8% 이상으로 끌어올리려면 150만 여명 이상을 추가로 고용해야 한다. 백만 달러당 50명의 일자리가 추가로 창출되므로 150만 명 이상을 추가로 고용하려면 대략 300억 달러 이상이 필요하다.

① 약 1조 8,830억 달러 정도이다.
② 2017년 기준으로 지난해인 2016년도의 내용이므로 2015년의 종사자 규모는 알 수 없다. 2016년 기준으로는 전 세계 통신 산업의 종사자는 자동차 산업의 종사자의 약 3배 정도이다.
③ 간접 고용까지 따지면 2억 5,500만 명이 관광과 관련된 일을 하고 있어, 전 세계적으로 근로자 12명 가운데 1명이 관광과 연계된 직업을 갖고 있는 셈이다. 추측해보면 2017년 전 세계 근로자 수는 20억 명을 넘는다.
⑤ 2010년부터 2030년 사이 이 지역으로 여행하는 관광객이 연평균 9.7% 성장하여 2030년 5억 6,500명이 동북아시아를 찾을 것으로 전망했으므로 2020년에 동북아시아를 찾는 관광객의 수는 연간 약 2억 8,000명을 넘을 수 없다.

8 ③

제시된 내용은 학제 간 융합연구 지원 대상 및 지원 요건에 관한 내용이다. ⓒ은 학제 간 융합연구 지원 사업에 관한 내용이다.

9 ④

④ 혼인이나 제사 따위의 관혼상제 같은 어떤 의식을 치르다.
① 사람이 어떤 장소에서 생활을 하면서 시간이 지나가는 상태가 되게 하다.
② 서로 사귀어 오다.
③ 과거에 어떤 직책을 맡아 일하다.
⑤ 계절, 절기, 방학, 휴가 따위의 일정한 시간을 보내다.

10 ③

주위 환경이 중요함을 이야기하는 글이다. 청소년이 모범청소년보다 비행청소년과 자주 접촉할 경우, 그는 다른 청소년들보다 위법행위에 호의적인 가치와 관대한 태도를 학습하여 비행을 더 저지르게 된다.

11 ③

① 외부 전시장 사전 답사일인 7월 7일은 토요일이다.
② 丙 사원은 개인 주간 스케줄인 '홈페이지 전시 일정 업데이트' 외에 7월 2일부터 7월 3일까지 '브로슈어 표지 이미지 샘플조사'를 하기로 결정되었다.
④ 2018년 하반기 전시는 관내 전시장과 외부 전시장에서 열릴 예정이다.
⑤ 乙 사원은 7. 2(월)~7. 5(목)까지 상반기 전시 만족도 설문조사를 진행할 예정이다.

12 ④

④ 다섯 번째 카드에서 교통약자석에 대한 인식 부족으로 교통약자석이 제 기능을 못하고 있다는 지적은 있지만, 그에 따른 문제점들을 원인에 따라 분류하고 있지는 않다.
① 첫 번째 카드
② 세 번째 카드
③ 네 번째 카드
⑤ 여섯 번째 카드

13 ②

② 카드 뉴스는 신문 기사와 달리 글과 함께 그림을 비중 있게 제시하여 의미 전달을 효과적으로 하고 있다.
① 통계 정보는 (나)에서만 활용되었다.
③ 표제와 부제의 방식으로 제시한 것은 (나)이다.
④ 비유적이고 함축적인 표현들은 (가), (나) 모두에서 사용되지 않았다.
⑤ 신문 기사는 표정이나 몸짓 같은 비언어적 요소를 활용할 수 없다.

14 ④

네 번째 문단에서 '수많은 반증 사례가 있음에도 자신의 관점에 부합하는 사료만을 편파적으로 선택한 역사 서술은 '사실성'의 측면에서 신뢰받기 어렵다.'고 언급하고 있다. 따라서 ④는 글쓴이의 생각으로 적절하지 않다.
①③ 두 번째 문단
② 첫 번째 문단
⑤ 세 번째 문단

15 ③

속력은 달라도 갑과 을이 만난다는 것은 이동한 거리가 같다는 것을 의미함을 인지하여야 한다.
거리 = 시간 × 속력이므로 이를 이동시간과 속력의 식에 대입하면 된다.
을을 기준으로 을이 이동거리만큼 가는데 걸리는 시간을 x로 놓으면
갑은 을보다 30분 먼저 출발했으므로 $x+0.5$를 속력에 곱하면 된다.
$100x = 80(x+0.5)$
여기서 x를 구하면 $x = 2$시간이므로 을은 2시간 후에 갑을 따라잡을 수 있다.

16 ②

출발시각과 도착시각은 모두 현지 시각이므로 시차를 고려하지 않으면 A→B가 4시간, B→A가 12시간 차이가 난다. 비행시간은 양 구간이 동일하므로 $\frac{4+12}{2}=8$, 비행시간은 8시간이 된다.

비행시간이 8시간인데 시차를 고려하지 않은 A→B 구간의 이동시간이 4시간이므로 A가 B보다 4시간 빠르다는 것을 알 수 있다.

17 ④

어른을 x, 학생을 y로 놓으면

$8,000x+6,000y=8,320,000$

$x+y=1,200$

이 두 식을 연립하여 계산하면

$y=640$, $x=560$

학생 수는 총 640명이다.

18 ②

〈2018년도 에어컨 매출액 상위 10개 업체〉

(단위 : 십억 원)

순위	업체명	매출액
1	A	$1139\times1.15=1309.85$
2	B	$1097\times1.19=1305.43$
3	D	$196\times1.80=352.8$
4	C	$285\times1.10=313.5$
5	F	$149\times1.90=283.1$
6	G	$138\times1.46=201.48$
7	E	$154\times1.25=192.5$
8	H	$40\times1.61=64.4$
9	J	$27\times1.58=42.66$
10	I	$30\times1.37=41.1$

19 ①

㉠ 1~3일의 교통사고 건당 입원자 수는 알 수 없다.

㉡ 평소 주말 평균 부상자 수는 알 수 없다.

20 ③

③ 봉급이 193만 원 이라면 보수총액은 공제총액의 약 5.6배이다.

① 소득세는 지방소득세의 10배이다.

② 소득세가 공제총액에서 차지하는 비율은 약 31%이다.

④ 시간외수당은 정액급식비와 20만 원 차이난다.

⑤ 공제총액에서 차지하는 비율이 가장 낮은 것은 장기요양보험료(9,800원)이다.

21 ①

㉠ '거리 = 속도 × 시간'이므로,
- 정문에서 후문까지 가는 속도 : 20m/초 = 1,200m/분
- 정문에서 후문까지 가는데 걸리는 시간 : 5분
- 정문에서 후문까지의 거리 : 1200 × 5 = 6,000m

㉡ 5회 왕복 시간이 70분이므로,
- 정문에서 후문으로 가는데 소요한 시간 : 5회 × 5분 = 25분
- 후문에서 정문으로 가는데 소요한 시간 : 5회 × x분
- 쉬는 시간 : 10분
- 5회 왕복 시간 : 25 + 5x + 10분 = 70분

∴ 후문에서 정문으로 가는데 걸린 시간 x = 7분

22 ④

㉠ 2006년 대비 2010년의 청소기 매출액 증가율이 62.5%이므로,

2010년의 매출액을 x라 하면,

$\frac{x-320}{320}\times100=62.5$,   ∴ $x=520$(억 원)

㉡ 2002년 대비 2004년의 청소기 매출액 감소율이 10%이므로,

2002년의 매출액을 y라 하면,

$\frac{270-y}{y}\times100=-10$,   ∴ $y=300$(억 원)

∴ 2002년과 2010년의 청소기 매출액의 차이

: 520 − 300 = 220(억 원)

23 ②

ㄱ 4,400 − 2,100 = <u>2,300</u>명

ㄴ 남성 : 4,400 − 4,281 = 119, 여성 : 2,100 − 1,987
= 113 → <u>감소</u>

ㄷ 2,274 − 1987 = 287 → <u>증가</u>

ㄹ 2,400 − 2100 = <u>300</u>

24 ③

ㄱ 융합서비스의 생산규모 2006년에 전년대비 1.2배
가 증가하였으므로,

- ㈎는 3.5 × 1.2 = 4.2가 되고

- ㈏는 38.7 + 9.0 + 4.2 = 51.9가 된다.

ㄴ 2007년 정보기기의 생산규모는 전년대비 3천억 원
이 감소하였으므로,

- ㈐는 71.1 − (47.4 + 13.6) = 10.1이고

- ㈑는 10.1 + 3 = 13.1이고,

- ㈒는 43.3 + 13.1 + 15.3 = 71.7이다.

따라서 ㈓는 ㈏ + ㈒ = 51.9 + 71.7 = 123.6이다.

25 ①

ㄱ B사 주가의 최댓값은 57(백 원)

ㄴ 월별 주가지수는

- 1월 주가지수 $= \dfrac{5000 + 6000}{5000 + 6000} \times 100 = 100.0$

- 2월 주가지수 $= \dfrac{4000 + 6000}{5000 + 6000} \times 100 ≒ 90.9$

- 3월 주가지수 $= \dfrac{5700 + 6300}{5000 + 6000} \times 100 ≒ 109.1$

- 4월 주가지수 $= \dfrac{4500 + 5900}{5000 + 6000} \times 100 ≒ 94.5$

- 5월 주가지수 $= \dfrac{3900 + 6200}{5000 + 6000} \times 100 ≒ 91.8$

- 6월 주가지수 $= \dfrac{5600 + 5400}{5000 + 6000} \times 100 = 100.0$

∴ 주가지수의 최솟값은 90.9(2월)이다.

26 ④

ㄱ 영상 분야의 예산은 40.85(억 원), 비율은 19(%)이
므로, 40.85 : 19 = ㈎ : ㈐

- ㈐ = 100 − (19 + 24 + 31 + 11) = 15%

- 40.85 × 5 = 19 × ㈎

∴ 출판 분야의 예산 ㈎ = 32.25(억 원)

ㄴ 위와 동일하게 광고 분야의 예산을 구하면, 40.85
: 19 = ㈏ : 31

- 40.85 × 31 = 19 × ㈏,

∴ 광고 분야의 예산 ㈏ = 66.65(억 원)

ㄷ 예산의 총합 ㈓는 32.25 + 40.85 + 51.6 + 66.65
+ 23.65 = 215(억 원)

27 ②

ㄱ 11~20세 인구의 10년간 흐름은 5년마다 감소하고
있지만 전체 인구의 흐름은 증가하고 있다.

ㄴ $\dfrac{17508418}{90156842} \times 100 ≒ 19.42\%$

ㄷ 20세 이하의 인구는 2000년(18,403,373명), 2005
년(17,178,526명), 2010년(15,748,774명)이다.

ㄹ 2000년 대비 2010년의 30세 이하 인구는 모두 감
소하였다.

- 0~10세 인구 : 972,287명 감소

- 11~20세 인구 : 1,682,312명 감소

- 21~30세 인구 : 628,123명 감소

28 ①

직사각형의 넓이는 1 × 2 = 2이다. 정사각형은 네 변
의 길이가 모두 동일하므로 한 변의 길이를 x라고 할
때, $x^2 = 2$이므로 $x = \sqrt{2}$이다.

29 ⑤

피자 1판의 가격을 x, 치킨 1마리의 가격을 y라고 할
때, 피자 1판의 가격이 치킨 1마리의 가격의 2배이므
로 $x = 2y$가 성립한다.

피자 3판과 치킨 2마리의 가격의 합이 80,000원이므
로, $3x + 2y = 80,000$이고

여기에 $x = 2y$를 대입하면 $8y = 80,000$이므
로 $y = 10,000$, $x = 20,000$이다.

30 ②

현재 아버지의 나이를 x라 하면, 어머니의 나이는

$\dfrac{4}{5}x$

2년 후 아들과 어머니의 나이의 조건을 살펴보면

$\left(\dfrac{4}{5}x+2\right)+\left\{\dfrac{1}{3}(x+2)\right\}=65$

$x=55$

아버지의 나이는 55세, 어머니는 44세, 아들은 17세
이므로

$55+44+17=116$

31 ③

처음 소금의 양을 x라 하면

농도$=\dfrac{\text{소금의 양}}{\text{소금물의 양}}\times100$이므로

소금물 300g에서 물 110g을 증발시킨 후 소금 10g을
더 넣은 농도$=$처음 농도의 2배

$\dfrac{x+10}{300-110+10}\times100=2\times\dfrac{x}{300}\times100$

$x=30$

처음 소금의 양이 30g이므로 처음 소금물의 농도는

$\dfrac{30}{300}\times100=10\%$

32 ④

P도시에서 Q도시로 가는 길은 3가지이고, Q도시에서
R도시로 가는 길은 2가지이므로, P도시를 출발하여 Q
도시를 거쳐 R도시로 가는 방법은 $3\times2=6$가지이다.

33 ④

닮음비란 서로 닮은 두 도형에서 대응하는 변의 길이
의 비이다. 정육면체의 부피는 (한 밑변의 넓이) $\times$
(높이) $=$ (한 모서리의 길이) $\times$ (한 모서리의 길이) $\times$
(한 모서리의 길이)이므로, 큰 정육면체 B의 부피는
작은 정육면체 A의 부피의 $2^3=8$배이다.

34 ⑤

표준편차는 자료의 값이 평균으로부터 얼마나 떨어져
있는지, 즉 흩어져 있는지를 나타내는 값이다. 표준편
차가 0일 때는 자룻값이 모두 같은 값을 가지고, 표준
편차가 클수록 자룻값 중에 평균에서 떨어진 값이 많
이 존재한다.

35 ③

인천에서 모스크바까지 8시간이 걸리고, 6시간이 인
천이 더 빠르므로

09 : 00시 출발 비행기를 타면 $9+(8-6)=11$시 도착

19 : 00시 출발 비행기를 타면 $19+(8-6)=21$시 도착

02 : 00시 출발 비행기를 타면 $2+(8-6)=4$시 도착

36 ②

은이만 범인이면 목격자 A 참, 목격자 B 거짓, 목격
자 C 참

영철이만 범인이면 목격자 A 참, 목격자 B 참, 목격
자 C 참

숙이만 범인이면 목격자 A 거짓, 목격자 B 참, 목격
자 C 참

37 ①

② 흑수부는 백산부의 북서쪽에 있다.

③ 백산부는 불열부의 남쪽에 있다.

④ 안차골부는 속말부의 동북쪽에 있다.

⑤ 안차골부는 고구려에 인접해 있지 않다.

38 ⑤

• A가 거짓말을 하는 경우 : C의 말에 의해 E도 거짓
말을 하기 때문에 조건에 맞지 않는다.

• B가 거짓말을 하는 경우 : A도 거짓말을 하기 때문
에 조건에 맞지 않는다.

• C가 거짓말을 하는 경우 : A, E가 참이기 때문에 E
의 진술에 의해 D도 거짓말이기 때문에 조건에 맞지
않는다.

• D가 거짓말을 하는 경우 : C의 말에 의해 E도 거짓
말을 하기 때문에 조건에 맞지 않는다.

39 ③

① A 단체는 자유무역협정을 체결한 필리핀에 드라마 콘텐츠를 수출하고 있지만 올림픽과 관련된 사업은 하지 않는다. 최종 선정 시 올림픽 관련 단체를 엔터테인먼트 사업 단체보다 우선하므로 B, C와 같이 최종 후보가 된다면 A는 선정될 수 없다.

② 올림픽의 개막식 행사를 주관하는 모든 단체는 이미 보건복지부로부터 지원을 받고 있다. B 단체는 올림픽의 개막식 행사를 주관하는 단체이다. →B 단체는 선정될 수 없다.

③ A와 C 단체 중 적어도 한 단체가 최종 후보가 되지 못한다면, 대신 B와 E 중 적어도 한 단체는 최종 후보가 된다. 보기 ②⑤를 통해 B, E 단체를 후보가 될 수 없다. 후보는 A와 C가 된다.

④ D가 최종 후보가 된다면, 한국과 자유무역협정을 체결한 국가와 교역을 하는 단체는 모두 최종 후보가 될 수 없다. D가 최종 후보가 되면 A가 될 수 없고 A가 된다면 D는 될 수 없다.

⑤ 후보 단체들 중 가장 적은 부가가치를 창출한 단체는 최종 후보가 될 수 없고, 한국 음식문화 보급과 관련된 단체의 부가가치 창출이 가장 저조하였다. E 단체는 오랫동안 한국 음식문화를 세계에 보급해 온 단체이다. →E 단체는 선정될 수 없다.

40 ②

한 사람만 거짓말을 하기 때문에 나머지 세 사람은 참말만 해야 한다.

㉠ 조정이가 거짓말을 하는 경우
- 조정 : 나는 범인이다.
- 근석 : 명기는 범인이다. (조정이 범인이어야 하므로 논리적 모순)
- 명기 : 근석이는 범인이다. (조정이 범인이어야 하므로 논리적 모순)
- 용준 : 명기는 범인이다. (조정이 범인이어야 하므로 논리적 모순)

㉡ 근석이가 거짓말을 하는 경우
- 근석 : 명기는 범인이 아니다.
- 조정 : 나는 범인이 아니다.
- 명기 : 근석이는 범인이다.
- 용준 : 명기는 범인이다. (명기는 범인이 아니어야 하므로 논리적 모순)

㉢ 명기가 거짓말을 하는 경우
- 명기 : 근석이는 범인이 아니다.
- 조정 : 나는 범인이 아니다.
- 근석 : 명기는 범인이다.
- 용준 : 명기는 범인이다.

㉣ 용준이가 거짓말을 하는 경우
- 용준 : 명기는 범인이 아니다.
- 조정 : 나는 범인이 아니다.
- 근석 : 명기는 범인이다. (명기는 범인이 아니어야 하므로 논리적 모순)
- 명기 : 근석이는 범인이다.

따라서 ㉢ '명기가 거짓말을 하는 경우'만 논리적으로 모순이 없기 때문에 명기가 거짓말을 하고 있다.

41 ③

㉠ 조건을 정리하면,
- 4명이 각각 2개의 동호회에 가입되어 있으므로 총 8개의 동호회에 가입되어있다.
- 배드민턴 동호회에는 3명이 가입되어 있다.
- 골프 동호회에는 2명이 가입되어 있다.
- 낚시 동호회에는 2명이 가입되어 있다.

따라서 배드민턴, 골프, 낚시 동호회에 가입된 사람은 7명이기 때문에 자전거 동호회에 가입된 사람은 1명이다.

㉡ 준희, 담비, 사연이의 가입 현황

	배드민턴(3)	골프(2)	낚시(2)	자전거(1)
영호				
준희				○
담비			○	
사연	○	○		

㉢ 제시된 보기를 ㉡에 적용하면,

① '영호와 준희가 배드민턴 동호회에 가입되어 있다면 담비는 배드민턴 동호회에 가입하지 않았다.'
= 3명만 가입한 배드민턴 동호회에 영희, 준희, 사연에 가입되어 있으므로 담비는 배드민턴 동호회에 가입될 수 없다.(옳은 설명)

	배드민턴 (3)	골프 (2)	낚시 (2)	자전거 (1)
영호	○			
준희	○			○
담비			○	
사연	○	○		

② '담비가 골프 동호회에 가입되어 있다면 배드민턴 동호회에 가입하지 않았다.'
= 한 사람당 2개의 동호회에 가입이 가능하므로 담비가 골프와 낚시 동호회에 가입되면 더 이상 다른 동호회에 가입할 수 없다.(옳은 설명)

	배드민턴 (3)	골프 (2)	낚시 (2)	자전거 (1)
영호				
준희				○
담비		○	○	
사연	○	○		

③ '준희가 낚시 동호회에 가입되어 있다면 영호도 낚시 동호회에 가입되어 있다.'
= 2명이 가입한 낚시 동호회에 준희, 담비가 가입되어 있으므로 영호는 낚시 동호회에 가입될 수 없다.(옳지 않은 설명)

	배드민턴 (3)	골프 (2)	낚시 (2)	자전거 (1)
영호				
준희			○	○
담비			○	
사연	○	○		

④ '사연이는 낚시 동호회에 가입하지 않았다.'
= 사연이는 이미 배드민턴과 골프 동호회에 가입되어 있으므로 다른 동호회에 가입될 수 없다.(옳은 설명)

	배드민턴 (3)	골프 (2)	낚시 (2)	자전거 (1)
영호				
준희				○
담비			○	
사연	○	○		

⑤ '영호는 자전거 동호회에 가입하지 않았다.'
= 자전거 동호회는 이미 준희가 가입하고 있으므로 더 이상 가입할 수 없다.(옳은 설명)

	배드민턴 (3)	골프 (2)	낚시 (2)	자전거 (1)
영호				
준희				○
담비			○	
사연	○	○		

42 ①
- 현수는 당번× (ⓗ)
- 현수가 당번× → 현우와 현성이 당번○ (ⓜ)
- 현우와 현성이 당번○ → 현아는 당번× (ⓒ)
- 현아가 당번× → 현경이 당번○ (ⓙ의 대우)
- 현경이 당번○ → 현우도 당번○ (ⓛ)
- 현아나 현성이 당번○ → 현진이도 당번○ (ⓡ)
따라서 청소 당번은 현우, 현성, 현경, 현진이다.
(청소 당번이 아닌 사람은 현수, 현아)

43 ⑤

	한국어	영어	프랑스어	독일어	중국어	태국어
갑	○	○	×	×	×	×
을	○	×	○	×	×	×
병	×	○	×	○	×	×
정	×	×	○	×	○	×
무	○	×	×	×	×	○

44 ①
ⓙ 제인의 기준 : 가격 + 원료

평가기준 \ 제품명	B	D	K	M
원료	10	8	5	8
가격	4	9	10	7
총점	14	<u>17</u>	15	15

ⓛ 데이먼의 기준 : 소비자 평가 총점

평가기준 \ 제품명	B	D	K	M
원료	10	8	5	8
가격	4	9	10	7
인지도	8	7	9	10
디자인	5	10	9	7
총점	27	<u>34</u>	33	32

ⓒ 밀러의 기준 : 인지도 + 디자인

평가기준 \ 제품명	B	D	K	M
인지도	8	7	9	10
디자인	5	10	9	7
총점	13	17	<u>18</u>	17

② 휴즈의 기준 : 원료 + 가격 + 인지도

평가기준\제품명	B	D	K	M
원료	10	8	5	8
가격	4	9	10	7
인지도	8	7	9	10
총점	22	24	24	25

⑩ 구매 결과

제인	데이먼	밀러	휴즈
D	D	K	M

45 ④

CRM은 가격이 아닌 서비스를 통해 자사의 경쟁력 확보가 가능해진다. CRM은 고객니즈를 만족시킴으로써 고객들의 욕구를 충족시켜줌으로써 자사의 이익을 얻고, 고객들과 장기적으로 관계를 유지할 수 있다. 그렇게 됨으로써 고객과의 관계가 돈독해지고 새로운 제품에 대한 프로모션을 하게 될 경우에도 적은 비용으로 최대의 효과를 누릴 수 있다. 밑줄 친 부분 "영업적으로만 대하던 고객과의 관계가 인간적인 관계로 발전"에서 고객을 단지 수익의 원천이라고만 생각하게 되면 그 CRM은 실패하게 되는 것이며 근본적으로 고객이 필요로 하는 니즈를 해결해줌으로써 그들과의 관계가 더욱 발전하게 됨을 알 수 있다.

46 ②

제시된 내용은 기업 관련 이미지 중 캐릭터에 대한 내용이다.

47 ③

① 조직도를 보면 4개 본부, 3개 처와 감사실을 포함한 총 9개실로 구성되어 있다.
② 해외사업본부는 해외사업기획과 해외사업운영실로 구분된다.
④ 자산관리실은 관리본부, 영업관리실은 영업본부 소속이다.
⑤ 홍보비서실은 사장 직속이다.

48 ⑤

① 공공부문 성과연봉제를 위한 완벽한 측정지표는 아직 없다.
② 조직원 간의 내부경쟁으로 인하여 조직단결력이 저하되어 조직의 성과 또한 저하될 수 있다.
③④ 공공부문은 특성상 개별 구성원의 성과를 객관적으로 측정하기 어렵다.

49 ②

OJT(On The Job Training ; 사내교육훈련)는 다수의 종업원을 훈련하는 데에 있어 부적절하다.

50 ①

제시된 내용은 서업부제 조직에 대한 내용으로 사업부제 조직은 사업 단위별로 조직의 권한을 분산시키는 조직이다.

51 ③

INDEX(범위, 행, 열)이고 MOD 함수는 나누어 나머지를 구해서 행 값을 구한다.
INDEX 함수 = INDEX($E$2:$E$4, MOD(A2 − 1, 3) + 1)
범위 : $E$2:$E$4
행 : MOD(A2 − 1, 3) + 1
MOD 함수는 나머지를 구해주는 함수 = MOD(숫자, 나누는 수), MOD(A2 − 1, 3) + 1의 형태로 된다.
A2의 값이 1이므로 1 − 1 = 0, 0을 3으로 나누면 나머지 값이 0이 되는데 0 + 1을 해줌으로써 INDEX($E$2:$E$4,1)이 된다.
번호 6의 김윤중의 경우
INDEX($E$2:$E$4, MOD(A7 − 1, 3) + 1)
6(A7의 값) − 1 = 5, 5를 3으로 나누면 나머지가 2
2 + 1 = 3이므로 3번째 행의 총무팀 값이 들어감을 알 수 있다.

52 ③

FREQUENCY(배열1, 배열2) : 배열2의 범위에 대한 배열1 요소들의 빈도수를 계산

*PERCENTILE(범위, 인수) : 범위에서 인수 번째 백분위수 값

함수 형태 = FREQUENCY(Data_array, Bins_array)

Data_array : 빈도수를 계산하려는 값이 있는 셀 주소 또는 배열

Bins_array : Data_array를 분류하는데 필요한 구간 값들이 있는 셀 주소 또는 배열

수식 : { = FREQUENCY(B3:B9, E3:E6)}

53 ②

'#,###,'이 서식은 천 단위 구분 기호 서식 맨 뒤에 쉼표가 붙은 형태로 소수점 이하는 없애고 정수 부분은 천 단위로 나타내면서 동시에 뒤에 있는 3자리를 없애준다. 반올림 대상이 있을 경우 반올림을 한다. 2451648.81 여기에서 소수점 이하를 없애주면 2451648이 되고, 그 다음 정수 부분에서 뒤에 있는 3자리를 없애주는데 맨 뒤에서부터 3번째 자리인 6이 5 이상이므로 반올림이 된다. 그러므로 결과는 2,452가 된다.

54 ④

= SUM($B$2:C2) 이렇게 수식을 입력을 하고 아래로 채우기 핸들을 하게 되면 셀 주소가 다음과 같이 변하게 된다.

= SUM($B$2:C2) → D2셀

= SUM($B$2:C3) → D3셀

= SUM($B$2:C4) → D4셀

B2셀은 절대참조로 고정하였으므로 셀 주소가 변하지 않고, 상대참조로 잡은 셀은 열이 C열로 고정되었고 행 주소가 바뀌게 된다.

그러면 각각 셀에 계산된 결과가 다음과 같이 나온다.

D2셀에 나오는 값 결과 : 15 (5 + 10 = 15)

D3셀에 나오는 값 결과 : 36 (5 + 7 + 10 + 14 = 36)

D4셀에 나오는 값 결과 : 63 (5 + 7 + 9 + 10 + 14 + 18 = 63)

55 ④

MIN 함수에서 최소값을 반환한 후, IF 함수에서 "이상 없음" 문자열이 출력된다. B3의 내용이 1로 바뀌면 출력은 "부족"이 된다.

㉠ 반복문은 사용되고 있지 않다.

㉢ 현재 입력으로 출력되는 결과물은 "이상 없음"이다.

56 ④

런던 현지 시각 8월 10일 오전 10시 이전에 행사장에 도착하여야 한다.

그리고 런던 현지 시각이 서울보다 8시간 느리며, 입국 수속에서 행사장 도착까지 4시간이 소요된다는 것을 잊지 말아야 한다.

① 총 소요시간 : $7 + 12 + 4 = 23$시간

행사장 도착 시각 : $19 : 30 + 23 - 8 =$ 익일 $10 : 30$

② 총 소요시간 : $5 + 13 + 4 = 22$시간

행사장 도착 시각 : $20 : 30 + 22 - 8 =$ 익일 $10 : 30$

③ 총 소요시간 : $3 + 12 + 4 = 19$시간

행사장 도착 시각 : $23 : 30 + 19 - 8 =$ 익일 $10 : 30$

④ 총 소요시간 : $11 + 4 = 15$시간

행사장 도착 시각 : $02 : 30 + 15 - 8 = 09 : 30$

⑤ 총 소요시간 : $9 + 4 = 13$시간

행사장 도착 시각 : $05 : 30 + 13 - 8 = 10 : 30$

57 ⑤

① KTX $= (40 \times 8) + (30 \times 7) + (20 \times 5) + (10 \times 7)$
$= 320 + 210 + 100 + 70 = 700$

② 고속버스
$= (40 \times 5) + (30 \times 8) + (20 \times 8) + (10 \times 7)$
$= 200 + 240 + 160 + 70 = 670$

③ 승용차 $= (40 \times 4) + (30 \times 8) + (20 \times 3) + (10 \times 5)$
$= 160 + 240 + 60 + 50 = 510$

④ 자전거 $= (40 \times 1) + (30 \times 1) + (20 \times 9) + (10 \times 1)$
$= 40 + 30 + 180 + 10 = 260$

⑤ 비행기 $= (40 \times 9) + (30 \times 7) + (20 \times 4) + (10 \times 7)$
$= 360 + 210 + 80 + 70 = 720$

그러므로 정수는 보완적 평가방식을 사용하여 종합평가지수가 가장 높은 비행기를 선택하게 된다.

58 ③

책꽂이 20개를 제작하기 위해서는 칸막이 80개, 옆판 40개, 아래판 20개, 뒤판 20개가 필요하다. 재고 현황에서 칸막이는 40개, 옆판 30개가 있으므로 추가적으로 필요한 칸막이와 옆판의 개수는 각각 40개, 10개이다.

59 ⑤

완성품 납품 개수는 총 100개이다. 완성품 1개당 부품 A는 10개가 필요하므로 총 1,000개가 필요하고, B는 300개, C는 500개가 필요하다. 이때 각 부품의 재고 수량에서 A는 500개를 가지고 있으므로 필요한 1,000개에서 가지고 있는 500개를 빼면 500개의 부품을 주문해야 한다. 이와 같이 계산하면 부품 B는 180개, 부품 C는 250개를 주문해야 한다.

60 ①

- 직무 분석 결과에 따른 인사 배치는 '적재적소 배치의 원칙'을 적용한 것이다.
- 기업 부설 연수원에서 교육을 실시하는 것은 Off JT 형태이다.
- 건강 강좌를 제공하는 것은 법정 외 복리 후생 제도이다.

61 ③

ⓒ 최초 제품 생산 후 4분이 경과하면 두 번째 제품이 생산된다.

A 공정에서 E 공정까지 첫 번째 완제품을 생산하는 데 소요되는 시간은 12분이다. C 공정의 소요 시간이 2분 지연되어도 동시에 진행되는 B 공정과 D 공정의 시간이 7분이므로, 총소요시간에는 변화가 없다.

62 ④

(가)의 바이오 기술은 생명 공학 기술에 해당하고, (나)의 증강 현실 게임은 문화 기술에 해당한다.

63 ③

ⓧ 출력되는 값은 5이다.
ⓔ A에 B보다 작은 수를 입력해도 무한 반복되지 않는다.

최대공약수를 구하기 위한 알고리즘을 단계별로 해석하고 이해할 수 있어야 한다.

2단계에서 A에는 10을 5로 나눈 나머지인 0이 저장된다.
3단계에서 두 수를 교환하면 A에는 5, B에는 0이 저장된다.
4단계에서 B가 0이기 때문에 바로 6단계로 넘어가서 A에 저장된 5가 출력된다.

64 ④

④ 잉크패드는 사용자가 직접 교체할 수 없고 고객지원센터의 전문가만 교체할 수 있다.

65 ②

단계 1은 문제 분석 단계이다.
단계 2는 순서도 작성 단계이다.
단계 3은 코딩·입력 및 번역 단계이다.
단계 4는 모의 실행 단계이므로 '논리적 오류'를 발견할 수 있다.

66 ①

제시문에서 설명하는 내용은 진로 탐색 과정 중 자기이해 과정이다.

67 ①

① 자기 계발 능력
② 조직 이해 능력
③ 대인 관계 능력
④ 정보 능력
⑤ 자원 관리 능력

68 ③

조하리의 창

ⓧ **공개된 자아**(open self) : 자신과 타인에게 알려진 자아로 노출되어도 불안하지 않은 자아이다. 외모, 학식, 출신 배경 등을 말한다.

ⓒ **숨겨진 자아**(hidden self) : 자신에게는 알려졌지만 타인에게는 알려지지 않은 자아로 혼자만의 감정이나 부끄러운 비밀 등이 해당된다. 자신만의 은밀한 욕구나 야망을 의미한다.

ⓒ **눈먼 자아**(blind self) : 자신에게는 알려지지 않았지만 타인에게는 알려진 자아로 언어적 행동이나 태도로 나타난다.

ⓔ **미지의 자아**(unknown self) : 자신이나 타인에게 알려지지 않은 자아로서 깊은 욕망이나 무의식적인 두려움 등이 해당된다. 자신은 물론, 다른 누구도 보지 못하는 영역이다.

69 ⑤

시간관리 매트릭스

㉠ **1사분면** : 중요하고 긴급한 일(마감해야 하는 업무, 클레임의 처리, 다급하거나 막다른 문제, 질병 혹은 사고, 위기 혹은 재해 등)

㉡ **2사분면** : 긴급하지는 않지만 중요한 일(인간관계 형성, 건강유지, 준비와 계획, 리더십, 레크리에이션, 공부와 자기계발 등)

㉢ **3사분면** : 긴급하지만 중요하지는 않은 일(갑작스런 손님의 방문, 어쩔 수 없는 상사의 개인적인 부탁, 많은 전화, 많은 회의와 보고서, 무의미한 관혼상제, 무의미한 접대 혹은 모임, 잡일 등)

㉣ **4사분면** : 급하지도 않고 중요하지도 않은 일(시간 낭비, 단순한 시간 때우기, 쓸데없이 지루한 전화, 기다리는 시간, 많은 TV시청, 기타 의미 없는 활동 등)

70 ⑤

경력개발계획

㉠ **직무정보 탐색** : 직무정보 탐색은 내가 관심을 가지고 하려는 직무에 대하여 구체적으로 어떠한 일을 하는지, 필요한 자질은 무엇인지, 보수나 업무 조건(환경)은 어떠한지, 고용이나 승진의 전망은 어떤지, 그 직무에 종사하는 사람들의 직무 만족도는 어느 정도인지 등 해당 직무와 관련된 모든 정보를 알아내는 단계이다.

㉡ **자신과 환경 이해** : 경력목표를 설정하는데 도움이 될 수 있도록 자신의 능력, 흥미, 적성, 가치관 등을 파악하고, 직무와 관련된 주변 환경의 기회와 장애요인에 대하여 정확하게 분석한다. 특히, 경력개발은 자신과 환경과의 상호작용을 통해서 이루어지는 것이며, 이는 직무만족, 근속연한, 경력성공에 지대한 영향을 미치므로 환경에 대한 적극적인 탐색은 매우 중요하다.

㉢ **경력목표 설정** : 직무, 자신 및 환경에 대한 정보를 기초로 자신이 하고 싶은 일은 어떤 것인지, 이를 달성하기 위해서는 어떻게 능력이나 자질을 개발해야 하는지에 대하여 단계별 목표를 설정한다. 장기목표는 자신이 어떤 직무, 활동, 보상, 책임 등을 원하는지를 파악하고 자신이 선호하는 작업환경에서 향후 5~7년 정도를 예측하여 목표를 수립한다. 단기목표는 장기목표를 달성하기 위하여 어떤 경험을 축적해야 하는지, 어떤 능력을 개발해야

하는지, 장애요소는 무엇인지를 중심으로 2~3년 사이의 목표로 수립한다.

㉣ **경력개발 전략 수립** : 경력목표를 수립하면 이를 달성하기 위한 활동계획을 수립한다. 경력개발 전략에는 첫째, 현 직무를 기반으로 성장할 수 있도록 성공적으로 직무를 수행할 필요가 있다. 성공적인 직무의 수행은 승진의 기회를 확대하는 것은 물론 미래의 고용가능성을 높일 수 있다. 둘째, 자신의 역량을 개발하기 위하여 교육프로그램 참가, 워크숍 참가, 대학이나 대학원 등 상급학교 진학, 학습동아리 활동 등을 할 수 있다. 이는 자신의 현재 직무수행능력을 향상시키는 것은 물론 미래의 직무를 위해서도 활용될 수 있다. 셋째, 자신을 알리고 다른 사람과 상호작용할 수 있는 기회를 늘린다. 상사에게 자신의 능력이나 성취에 대해서 보여 줄 필요가 있으며, 자신이 바라는 일을 알릴 필요가 있다. 또한 직장 선후배를 비롯하여 자신의 경력목표와 관련이 되는 인적 네트워크를 구축하여 정보나 지원을 받을 수 있도록 한다. 넷째, 직장에서 업무시간에 경력개발을 한다. 사람들은 경력개발이라고 하면 직장 외 장소에서 새벽시간이나 저녁시간에 하는 것을 떠올리는 경우가 있다. 그러나 기업에는 개인이 외부에서 얻는 것보다 더 풍부한 자원(인적자원, 물적 자원, 시장전략, 기술력 등)이 많이 있다.

㉤ **실행 및 평가** : 경력개발 전략에 따라 목표달성을 위해 실행한다. 실행 시에는 자신이 수립한 전략이 경력목표를 달성하기에 충분한지를 검토하고, 경력목표 자체가 달성될 가능성이 있는 것인지를 검토한다. 또한 예측하지 못했던 환경이나 가치관의 변화에 의하여 좀 더 구체적인 조작적 목표를 수립하거나 목표자체가 변화될 수 있다. 따라서 이러한 실행 과정을 통해 도출된 결과를 검토하고 수정한다.

71 ③

협상과정 5단계

㉠ **협상시작** : 협상 당사자들 사이에 친근감을 쌓는다. 간접적인 방법으로 협상 의사를 전달하고, 상대방의 협상 의지를 확인하며, 협상 진행을 위한 체계를 결정한다.

ⓛ **상호이해** : 갈등 문제의 진행 상황과 현재의 상황을 점검하는 것으로 적극적으로 경청하고 자기주장을 제시한다. 협상을 위한 협상 안건을 결정한다.

ⓒ **실질이해** : 겉으로 주장하는 것과 실제로 원하는 것을 구분하여 실제로 원하는 것을 찾아내고 분할과 통합기법을 활용하여 이해관계를 분석한다.

ⓔ **해결방안** : 협상 안건마다 대안들을 평가한다. 개발한 대안들을 평가하고 최선의 대안에 대해 합의하고 선택한다. 선택한 대안 이행을 위한 실행 계획을 수립한다.

ⓜ **합의문서** : 합의문을 작성한다. 합의문의 합의 내용, 용어 등을 재점검하고 합의문에 서명한다.

72 ③

직원들이 일을 거절할 정도에 이르렀다면 해당 고객사와의 관계를 유지하는 것은 회사에 전혀 도움이 되지 않는다. 그러나 일단 성립된 계약에 대해서는 이행하지 않으면 법적인 문제가 발생할 수 있고 해당 고객사뿐만 아니라 시장 전체에서 신뢰를 잃을 수 있으므로 기성립된 계약에 대해서는 충실히 이행하여야 하나, 이후 추가적인 거래는 정중히 거절하는 것이 최선의 방법이 될 것이다.

73 ⑤

갈등에 대응하는 유형

ⓐ **경쟁형** : 자신의 목표만을 배타적으로 추구한다. 자기주장이 강하고 경쟁적 자세를 가진다. 자신의 입장을 고수하고 힘에 의존한다. 자신의 목표를 달성하는 대신 상대와의 관계를 희생시킨다.

ⓑ **타협형** : 자신이 추구하는 것을 상대의 목표와 절충하고 타협적으로 해결하려 한다. 자신의 실익과 상대와의 관계를 적절히 조화시키려 한다.

ⓒ **회피형** : 문제가 있어도 이를 해결하려 하지 않고 회피하거나 보류한다. 갈등상태에 있는 자신의 목표실익 달성을 추구하지 않는다. 더 큰 갈등을 우려해 당장의 문제 해결을 연기하고도 한다.

ⓔ **순응형** : 자신의 이해관계보다는 상대의 요구에 맞춰 갈등해소를 추구한다. 자신의 실익보다는 상대와의 관계를 더 중요시하며, 상대와의 경쟁이나 대립을 회피한다. 자기주장을 잘 못하거나 하지 않는다.

ⓜ **협력형** : 원-윈 방식으로 문제를 해결하려고 한다. 상대방과 함께 해결책을 만드는 협동적인 문제 해결 과정을 거치며 서로 자신이 추구하는 실익을 상대에게 이해시킨다. 각자의 목표를 충족시키며 효과적인 상호관계를 형성한다.

74 ⑤

수행목표는 의도하고자 하는 학습 결과로 과정 및 프로그램 종료 후 무엇을 할 수 있을 것인가를 명확하게 진술하는 것으로 학습과제의 명세화와 과정/프로그램 매체와 방법의 선택을 연결해준다. 수행목표는 학습과정 혹은 경험을 통해서 학습자가 이루고자하는 행동의 변화를 기술하는 것이다.

ⓐ 교육 참가자가 학습과정 종료 후 강사의 가르침이나 도움을 받지 않고 혼자서 해당 분야의 일을 수행할 수 있는 상태를 제시

ⓑ 교육 참가자들에게 학습목표의 달성 정도를 평가할 수 있는 기준

ⓒ 교육 참가자들이 성취하여야 할 학습범위를 제한하여 명확화

75 ③

① 실무형
② 주도형
③ 순응형
④ 수동형
⑤ 소외형

※ **팔로워십 유형**

ⓐ **소외형**

• 개성이 강한 사람으로 조직에 대해 독립적이고 비판적인 의견을 내어 놓지만 역할 수행에 있어서는 소극적인 유형

• 리더의 노력을 비판하면서도 스스로는 노력을 하지 않거나 불만스런 침묵으로 일관하는 유형으로 전체 팔로워의 약 15~20%를 차지

• 소외는 충족되지 않는 기대나 신뢰의 결여에서 비롯

• 본래 모범적인 팔로워였으나 부당한 대우나 리더와의 갈등 등으로 인해 변했을 가능성이 높음

- 모범적인 팔로워가 되기 위해서는 독립적, 비판적 사고는 유지하면서 부정적인 면을 극복하고 긍정적 인식을 회복하여 적극적으로 참여하는 사람이 되어야 함

ⓛ 수동형
- 의존적이고 비판적이지 않으면서 열심히 참여도 하지 않는 유형
- 책임감이 결여되어 있고 솔선수범 하지 않으며 지시하지 않으면 주어진 임무를 수행하지 않는 유형으로 전체 팔로워의 약 5~10%의 소수를 차지
- 맡겨진 일 이상은 절대 하지 않음
- 리더가 모든 일을 통제하고 팔로워에게 규정을 지키도록 위협적인 수단을 사용할 때 많이 생기는 유형
- 모범적인 팔로워가 되기 위해서는 부하의 진정한 의미를 다시 배워야 하며, 자신을 희생하고 모든 일에 적극적으로 참여하는 방법을 익혀야 함

ⓒ 순응형
- 독립적 비판적인 사고는 부족하지만 열심히 자신의 역할을 수행하는 유형
- 역할에는 불편해 하지 않지만 리더의 명령과 판단에 지나치게 의존하는 '예스맨' 유형으로 전체 팔로워의 약 20~30%를 차지
- 순종을 조장하는 사회적 풍토나 전체적인 리더 하에서 많이 나타나는 유형
- 모범적인 팔로워가 되기 위해서는 독립적이고 비판적인 사고를 높이는 자기 자신의 견해에 대해 자신감을 기르고, 조직이 자신의 견해를 필요로 함을 깨우쳐야 함

ⓔ 실무형
- 별로 비판적이지 않으며 리더의 가치와 판단에 의문을 품기도 하지만 적극적으로 대립하지도 않는 유형
- 시키는 일은 잘 수행하지만 모험을 보이지도 않는 유형으로 전체 팔로워의 약 25~30%를 차지
- 실무형 팔로워는 성격 탓도 있지만 사회나 조직이 불안한 상황에서 많이 나타남
- 모범적인 팔로워가 되기 위해서는 먼저 목표를 정하고 사람들의 신뢰를 회복해야 하며 자기보다는 다른 사람의 목표달성을 돕는 것에서부터 시작해야 함

ⓜ 주도형
- 스스로 생각하고 알아서 행동할 줄 알며 독립심이 강하고 헌신적이며 독창적이고 건설적인 비판도 하는 유형으로 리더의 힘을 강화시킴
- 자신의 재능을 조직을 위해서 유감없이 발휘하는 유형으로 전체 팔로워의 약 5~10%를 차지
- 솔선수범하고 주인의식이 있으며, 집단과 리더를 도와주고, 자신이 맡은 일보다 훨씬 많은 일을 하려고 함
- 다른 사람들도 배우고 따를 수 있는 역할과 가치관이 있음
- 적극적인 성향은 경험이나 능력에 기인하며, 동일 조직이나 다른 조직의 사람들과 상호 작용할 기회가 증대되어 사고와 행동성향이 훨씬 더 발전할 수 있음

76 ②

전문 의식이란 전문적인 기술과 지식을 갖기 위해 노력하는 자세이고, 연대 의식이란 직업에 종사하는 구성원이 상호 간에 믿음으로 서로 의존하는 의식이다.

77 ②

ⓐ '긍지와 자부심을 갖고'는 소명 의식을 의미한다.
ⓑ 홀랜드의 직업 흥미 유형은 실재적 유형이다.
ⓒ 직업의 경제적 의의보다 개인적 의의를 중요시하고 있다.
ⓓ 항공기 정비원은 한국 표준 직업 분류 중 기능원 및 관련 기능 종사자에 해당한다.

78 ⑤

① 근면에 대한 내용이다.
② 책임감에 대한 내용이다.
③ 경청에 대한 내용이다.
④ 솔선수범에 대한 내용이다.

79 ①

㈎ 개인의 소질, 능력, 성취도를 최우선으로 하여 직업을 선택하는 업적주의적 직업관이다.

㈏ 개인의 욕구 충족을 중요시하는 개인중심적 직업관이다.

80 ④

직업별 윤리에는 노사 관계에서의 근로자 및 기업가의 윤리, 공직자의 윤리, 직종별 특성에 맞는 법률, 법령, 규칙, 윤리 요강, 선언문 등의 행위 규범이 있다.

1 ③

경상수지에는 상품수지, 서비스수지, 소득수지, 경상이전수지가 있고, 자본수지에는 투자수지, 기타 자본 수지가 있다.

2 ⑤

열등재의 경우 소득이 증가하면 상품수요곡선은 왼쪽으로 이동한다.

3 ①

최저임금 하락은 기업들이 신규고용을 확대하여 실업률이 낮아질 수 있으며 정보통신 산업의 발달로 구인현황 정보가 쉽게 알려진다면 인력 수급 매칭이 쉬워져 실업률이 낮아진다.

4 ③

제시문은 상추가 인삼에 비해 재배 기간이 짧기 때문에 가격 변동에 대응한 공급량 조절이 상대적으로 쉽다는 점을 설명하고 있다. 즉, 생산에 소요되는 기간이 공급의 가격 탄력성을 결정하는 것이다.

5 ①

② PER(주가수익률) : 수익을 중시하는 지표로 주가가 순이익의 몇 배인가를 나타낸다. 과거실적 기준이므로 미래주가의 예측에는 한계를 지닌다. 10 이하일 경우 저평가로 판단한다.

$$\frac{주가}{주당\ 순이익}$$

③ PBR(주가순자산비율) : 주가와 주당 자산을 비교하는 비율로 1주당 순자산가치의 가치지표이므로 주가의 적정성 여부를 판단하는 기준이 된다.

$$\frac{주가}{주당\ 순자산}$$

④ TOBIN'S Q : 기업의 금융자산의 시장가격을 기업이 보유한 실물자산의 대체원가로 나눈 비율로, 토빈의 q비율(q-ratio)이라고도 한다.

$$q\text{-}ratio = \frac{주가}{1주당\ 실질순자산}$$

⑤ EBITDA(세전영업이익) : PER이 기업의 자산에 대해 고려되어 있지 않고 감가상각 등 실제 현금으로 들어오는 이익과 장부상의 이익의 차이를 반영하지 못한다는 단점을 보완하기 위해 등장한 개념이다.

※ 기업의 사회적 책임(CSR ; Corporate Social Responsibility) … 기업이 지속적으로 존속하기 위해 이윤추구 이외에 법령과 윤리를 준수하고 기업의 이해관계자의 요구에 적절히 대응함으로써 사회에 긍정적 영향을 미치는 책임 있는 활동을 의미하며 세계화의 진전 및 기업의 사회적 영향력이 커지면서 최근 급속도로 부각되고 있다. 또한 최근 국제사회를 중심으로 기업을 벗어나 사회를 구성하는 모든 조직에게 사회적 책임을 강조하는 국제표준 (ISO26000 Guidance on Social Responsibility)이 정립되는 등 기업 외의 이해관계자인 개인, 시민단체, 노동조합, 비정부 / 이익단체 등의 전향적인 사회적 책임을 강조하는 경향이 나타나고 있다.

6 ⑤

이미 차를 소유하고 있는 상황에서 차를 한 단위 더 늘리려면 추가분에 대한 순편익의 변화, 즉 한계순편익(한계편익 − 한계비용)이 0 이상이어야 경제적이다. 원래 소유하고 있던 자동차에 드는 비용은 일종의 매몰비용(sunk cost)이므로 고려할 필요가 없다.

7 ④

제시된 그래프는 외환 시장에서의 공급 감소에 따른 환율 상승을 나타낸다.
외환 시장에서의 공급 감소 요인에는 상품 수출 감소, 외국인의 국내 투자 감소, 외국인의 국내 여행 감소 등이 있다.
환율 상승은 상품 수지와 서비스 수지 개선, 외채 상환과 원자재 수입 비용 부담 증가, 수출품의 가격 경쟁력 상승 등의 요인이다.

8 ①

매몰비용(Sunk cost)

㉠ 매몰비용은 고정비용과 혼동하기 쉬우나 고정비용은 기업이 사업을 그만두는 경우 제거할 수 있는 비용인 반면 매몰비용은 한번 지출하면 회수가 불가능한 비용을 말하는 것이다.

㉡ 합리적인 선택을 위해서는 한번 지출되었으나 회수가 불가능한 매몰비용은 고려하지 않는다.

9 ②

기술이 진보하면 등량곡선이 원점의 바깥부분에서 안쪽으로 이동하며 이는 보다 적은 노동과 자본으로 종전과 같은 수량을 생산할 수 있다는 의미이다. 점 D에서 점 B로 이동하는 것이 기술진보로 인하여 적은 노동과 자본을 투여하여 같은 양을 생산함을 나타낸다.

10 ③

임대 주택 시장에서 기존 전·월세 수요자 중 다수가 주택을 구입한 것은 수요 감소 요인이며, 정부가 임대 주택을 추가로 건설한 것은 공급 증가 요인이다.

11 ②

물가 안정을 위해 한국은행이 취할 수 있는 통화신용 정책은 기준 금리 인상, 통화안정증권 발행(매각), 지급 준비율 인상, 시중 은행에 대한 대출액 감소이다.

12 ①

글로벌 채권의 경우 발행지역의 특징을 이름으로 만드는 경우가 많다. 딤섬본드(홍콩), 판다본드(중국), 드래곤본드(일본을 제외한 아시아 지역), 아리랑본드(한국), 사무라이본드(일본), 양키본드(미국), 불독본드(영국), 캥거루본드(호주) 등이 있다.

13 ④

㉠ 구축효과란 정부지출이 증가할 때 이자율이 상승하여 총수요가 감소되는 현상을 말하므로 정부지출 증가에 이자율이 크게 반응하지 않을수록 총 수요는 크게 증가한다.

㉣ 승수효과란 일정한 경제순환의 과정에서, 어떤 경제 요인의 변화가 다른 경제 요인의 변화를 유발하여 파급적 효과를 낳고 최종적으로는 처음의 몇 배의 증가 또는 감소로 나타나는 총효과를 말한다. 따라서 지문에서 정부지출이 총수요에 미치는 효과가 더욱 커지기 위해서는 소득 증가에 따라 소비도 크게 증가해야 한다.

14 ④

기준금리 인하 배경은 경기 활성화를 위한 것으로 소비나 투자 증가의 효과를 예상하는 조치이다.

15 ②

제시문은 자산을 특정 금융 상품에 집중 투자하는 것보다는 안전성과 수익성을 고려하여 여러 금융 상품에 분산 투자할 것을 강조하는 것이다.

16 ③

③ 디지털 시대에는 컴퓨터 등 정보통신분야의 기술 혁신을 통해 생산성이 지속적으로 증가하는 수확체증의 현상이 나타난다.

※ 신경제(New Economy) … 정보기술(IT) 혁명과 지식 산업이 이끄는 고성장·저물가의 새로운 경제체제를 이르는 것으로, 디지털경제(digital economy) 또는 지식경제(knowledge economy)라고도 한다. 특히 미국이 디지털 기술을 바탕으로 장기호황을 누린 현상을 일컫는데 기존의 경제원리로는 설명할 수 없어 신경제라 명명하였다.

17 ③

정부의 보상이 잘 갖추어졌으므로 농장주들이 예방을 소홀히 하는 현상은 도덕적 해이(moral hazard)로 설명된다.

18 ①

제시문은 사업부제 조직에 대한 내용이고 사업부제 조직은 사업 단위별로 조직의 권한을 분산시키는 조직이다.

19 ②

② 중앙은행이 국채를 사들이면서 시중에 돈을 풀면 인플레이션을 자극하게 되기 때문에 재정위기로 돈이 부족한 정부는 적자를 감소시키기 위하여 국채를 발행하게 된다. 하지만 재정위기 상황의 국채는 채무불이행의 위험을 안고 있기 때문에 높은 수익률을 요구하게 되고 결국 국채 가격은 낮아진다.

20 ③

무역 불공정 행위에 대하여 정부가 취할 수 있는 대응방안에는 상계 관세 및 덤핑 방지 관세 부과 등이 있다. 수입 담보금 제도는 상품을 수입할 때 일정 금액을 예치하도록 하는 비관세 장벽이다.

21 ③

첫 번째는 스미싱(Smishing), 두 번째는 샐러던트(Saladent), 세 번째는 모빌라우드(Mobiloud)에 대한 설명이다. 따라서 각 설명에 해당하는 단어들의 영문자 첫 번째 알파벳을 차례대로 나열하면 'S − S − M'이 된다.

22 ⑤

택시 요금이 상승하였는데도 택시 회사의 총수입이 오히려 감소하였다는 것은 가격 변화율보다 수요 변화율이 더 컸기 때문이다. 택시 요금의 상승으로 인해 버스나 지하철을 이용하지 않고 자가용을 이용하는 것으로 택시를 타는 횟수를 줄인 것이다. 버스와 지하철은 택시의 대체재이다.

23 ④

통미봉남 … 미국과의 실리적 통상외교를 지향하면서 대미관계에서 남한 정부의 참여를 봉쇄하는 북한의 외교 전략을 지칭하는 말이다. 이 말은 1993년 핵무기비확산조약(NPT) 탈퇴 선언을 한 북한이 핵 개발을 무기로 미국과 막후 협상을 벌여 1994년 미국으로부터 중유 및 경수로를 제공받기로 한 제네바합의를 체결하면서부터 등장했다. 우리 정부는 협상 과정에서 별다른 영향력을 행사하지 못한 채 북한의 경수로 건설비용을 부담하게 되었다. 이후에도 북한은 핵문제와 관련한 협상에서 통미봉남의 태도를 보여 왔다.

24 ⑤

① 동물의 털 손질, 몸단장, 차림새라는 뜻을 가진 단어이지만, 최근에는 외모에 관심이 많아 자신을 가꾸는 데 투자를 아끼지 않는 남성들을 '그루밍족'이라고 부른다.

② Mobile-rooming, 오프라인에서 제품을 자세히 살펴본 뒤 모바일에서 구매하는 소비 행위를 의미한다.

③ 인터넷에서 어디에서나 접근 가능하게 만든 시스템을 말한다.

④ 오프라인에서 제품을 자세히 살펴본 뒤, 온라인에서 구매하는 소비 행태를 의미한다.

25 ②

분수효과 … 낙수효과와 반대되는 현상을 나타낸 말로, 오히려 부유층에 대한 세금은 늘리고 저소득층에 대한 복지정책 지원을 증대시켜야 한다는 주장이다. 저소득층에 대한 직접 지원을 늘리면 소비 증가를 가져올 것이고, 소비가 증가되면 생산투자로 이어지므로 이를 통해 경기를 부양시킬 수 있다는 것이다.

26 ②

호캉스 … 휴가를 국내 호텔에서 즐기는 것을 말한다. 호텔(hotel)과 바캉스(vacance)의 합성어이다. 진정한 휴가는 여행이 아니라 휴식이라고 생각하는 사람들이 늘어나면서 휴가를 호텔에서 보내는 사람도 늘어나고 있다.

27 ③

① **무역풍** : 아열대지방의 바람으로 중위도 고압대에서 적도저압대로 부는 바람

② 스콜 : 갑자기 바람이 불기 시작하여 몇 분 동안 지속된 후 갑자기 멈추는 현상

④ 엘니뇨 : 남아메리카 페루 및 에콰도르의 서부 열대 해상에서 수온이 평년보다 높아지는 현상

⑤ 허리케인 : 대서양 서부에서 발생하는 열대저기압

28 ⑤

'킨포크 라이프(Kinfolk Life)'란 이러한 포틀랜드식 생활방식을 담아내는 〈킨포크〉에 동화되어, 먹고 마시고 즐기는 삶의 질에 초점을 맞추는 풍조를 지칭하는 용어라고 할 수 있다. 즉, 가족과 친구들과 함께 어울리며 느리고 여유로운 자연 속의 소박한 삶을 지향하는 사람들의 경향을 말한다. 이와 같이 킨포크 라이프를 추구하는 이들을 통칭하여 '킨포크 족(族)'이라고 부르기도 한다.

② 개인별로 가치를 두는 제품에 과감한 투자를 아끼지 않는 사람들을 일컫는다.

③ 경제적으로 여유가 있는 노인을 일컫는 용어이다.

④ 일상생활에 필요한 최소한의 물건만을 두고 살아가는 삶을 일컫는 말이다.

29 ①

6시그마, 대통령 임기 기간 5년, 국보 제70호 훈민정음이다. 따라서 빈칸에 들어갈 숫자 6, 5, 70을 모두 더하면 81이 된다.

30 ①

① 제시된 내용은 신채호에 관한 설명이다.

31 ①

나치 마케팅 … 마치 틈새를 비집고 들어가는 것과 같다는 뜻에서 붙여진 이름이다. '니치'란 '빈틈' 또는 '틈새'로 해석되며 '남이 아직 모르는 좋은 낚시터'라는 은유적 의미를 담고 있다. 니치 마케팅은 특정한 성격을 가진 소규모의 소비자를 대상으로 판매목표를 설정하는 것이다. 남이 아직 모르고 있는 좋은 곳, 빈틈을 찾아 그 곳을 공략하는 것으로, 예를 들면 건강에 높은 관심을 지닌 여성의 건강음료를 기획, 대성공을 거둔 것이 대표적인 사례로 꼽힌다.

32 ③

㉠ 청명 → 봄 농사 준비

㉡ 곡우 → 농사비가 내림

㉢ 소만 → 본격적인 농사의 시작

㉣ 망종 → 씨뿌리기

따라서 모두 농사와 관련이 있음을 알 수 있다.

33 ④

런플랫 타이어(run-flat tire) … 자동차의 타이어가 펑크로 인해 타이어 안의 공기가 없어져 공기압이 감소하여도 타이어의 형상을 유지하여 일정한 속도(보통 80km)로 100km 전후 거리를 주행할 수 있는 타이어를 말한다.

노상에서의 위험하고 귀찮은 타이어 교환 작업이 필요 없고, 스페어타이어를 갖고 다니지 않아도 된다는 장점이 있어, 여러 타이어 메이커들이 큰 관심을 보이고 있다.

현재 던럽사가 '데노보'라는 상품명으로 유럽에서 판매하고 있으나, 특수한 림을 써야 하고 스프링 아랫부분의 무게가 늘어나는 등의 결점이 있어 널리 보급되지는 못하고 있다.

34 ③

㉠ 「호질」, ㉡ 「광문자전」, ㉢ 「민옹전」으로 모두 박지원의 단편소설들이다.

35 ①

㉠ 무장공자(無腸公子) : 창자가 없는 동물이라는 뜻으로 '게'를 이르는 말

㉡ 영영지극(營營之極) : 앵앵거리면서 바쁘게 왔다갔다 하는 '파리'를 이르는 말

㉢ 쌍거쌍래(雙去雙來) : 항상 쌍쌍이 다니는 '원앙'을 이르는 말

㉣ 반포지효(反哺之孝) : '까마귀' 새끼가 자라서 늙은 어미에게 먹이를 물어다 주는 효(孝)라는 뜻으로, 자식이 자란 후에 어버이의 은혜를 갚는 효성을 이르는 말

36 ③

①②④⑤ 초음파 원리

③ 전자기 유도 원리

37 ②

첫 번째는 SWOT 분석, 두 번째는 Big data, 세 번째는 U-Health care에 대한 설명이다.

따라서 빈칸에 들어갈 알파벳 S, B, U를 조합하여 완성되는 단어는 'Bus'다.

38 ④

④ 문서에는 원칙적으로 상사의 존칭을 생략한다(부장님 지시→부장 지시).

39 ③

③ (가) – 조선 혁명군(1930년대 전반)　(나) – 한국 독립군(1930년대 전반)　(다) – 한국 광복군(1940년대)

40 ①

② CRM(Customer Relationship Management) : 데이터베이스를 활용해 고객에 대한 정보를 수집·분석하고 맞춤형 고객 관계 관리를 통해 보다 높은 수준의 서비스를 제공한다.

③ DSS(Decision Support System) : 의사결정자가 보다 손쉽고 정확하게 문제를 해결할 수 있도록 데이터와 모델을 제공한다.

④ ERP(Enterprise Resource Planning) : 기업의 전반적인 업무 프로세스를 하나의 체계로 통합하여 관련정보를 공유하고 이로 인해 신속한 의사결정 및 업무 수행이 가능하다.

⑤ MIS(Management Information System) : 정보를 관리하여 조직의 목표를 효율적이고 효과적으로 달성할 수 있도록 조직화한 시스템이다.

1 ⑤

밑줄 친 '늘리고'는 '시간이나 기간이 길어지다.'의 뜻으로 쓰였다. 따라서 이와 의미가 동일하게 쓰인 것은 ⑤이다.
① 물체의 넓이, 부피 따위를 본디보다 커지게 하다.
② 살림이 넉넉해지다.
③ 힘이나 기운, 세력 따위가 이전보다 큰 상태가 되다.
④ 재주나 능력 따위가 나아지다.

2 ③

밑줄 친 '열고'는 '모임이나 회의 따위를 시작하다.'의 뜻으로 쓰였다. 따라서 이와 의미가 동일하게 쓰인 것은 ③이다.
① 닫히거나 잠긴 것을 트거나 벗기다.
② 사업이나 경영 따위의 운영을 시작하다.
④ 새로운 기틀을 마련하다.
⑤ 자기의 마음을 다른 사람에게 터놓거나 다른 사람의 마음을 받아들이다.

3 ②

ⓐ의 이전 문장을 보면 알 수 있는데, "언론의 자유와 공정한 형사절차를 조화시키면서 범죄 보도를 제한할 수 있는 방법을 모색하였다. 그리하여 셰퍼드 사건에서 제시된 수단과 함께 형사 재판의 비공개, 형사소송 관계인의 언론에 대한 정보제공금지 등이 시행되었다."에서 볼 수 있듯이 ②의 경우에는 예단 방지를 위한 것이다. 하지만, 예단 방지 수단들에 대한 실효성이 의심되는 경우로 보기는 어렵다.

4 ①

3문단에서 보면 "최근의 정당들이 구체적인 계급, 계층 집단을 조직하고 동원하지는 않지만~"에서 알 수 있듯이 조직으로서의 정당 기능이 약화되었음을 알 수 있다.

5 ③

ⓛ의 앞 문장을 보면 "그는 선을 최대로 산출하는 행동이 도덕적으로 옳은 행동이라고 보았다."라고 명시되어 있으므로 무어의 입장에서 보면 선을 최대로 산출하는 행동이 도덕적으로 옳은 행동이라고 할 수 있다.

6 ①

ⓛ, ⓒ 모두 선을 향유하는 존재가 있다고 인정하고 있다. 그렇기 때문에, 선이 인간과 상관없이 독립적으로 존재한다고 보는 ㉠ 고전적 객관주의를 비판할 수 있다. 그러므로 '선은 (선을 향유할 수 있는) 인간과 독립적으로 존재하지 않는다.'라는 논지이다.

7 ⑤

서울 메트로 9호선 지부장은 "필수 유지업무 인력은 남기고 (   )에 들어간다."라며 "하지만 준법 투쟁의 수위는 계속해서 올라갈 것"이라고 말했으므로 문맥상 파업(罷業)임을 추론해낼 수 있다.

8 ⑤

위에 제시된 작품은 〈공무도하가(公無渡河歌)〉이다. 이 작품은 우리나라 문학사상 가장 오래된 작품으로써, 제작 연대는 알 수 없다. 어느 백수광부가 술병을 들고 강물을 건너려다 빠져 죽고, 그의 부인이 강물을 건너는 남편을 만류하며 노래를 부르다 함께 빠져 죽었다는 이야기이다. 곽리자고가 아내 여옥에게 이 이야기를 전해주자, 여옥이 이 광경에 대해 부른 노래가 바로 〈공무도하가〉이다. ⑤번에서 말하고 있는 ㉺이 의미하는 작품은 황조가(黃鳥歌)이다.

9 ②

피그말리온 효과(Pygmalion Effect)는 타인이 자신을 존중하고 자신에게 기대하는 만큼 암시적 효과를 통해 기대에 부응하는 쪽으로 결과가 좋아지는 현상을 의미한다. 참고로 피그말리온효과는 그리스 신화에서 유래하였으며, 조각가 피그말리온은 아름다운 여인상을 조각하고 그 여인상을 진심으로 사랑하게 되고 여신 아프로디테가 그의 사랑에 감동하여 여인상에게 생명을 불어넣어 준다. 이 효과는 하버드대학교 사회 심리학 교수인 로젠탈 박사가 교사가 학생에게 거는 기대가 실제로 학생의 성적 향상에 효과를 미친다는 것을 입증하면서 교육학에서는 피그말리온효과를 로젠탈 효과라고도 한다.

10 ①

말다 …'말고' 꼴로 명사의 단독형과 함께 쓰여 '아니고'의 뜻을 나타낸다.
② 밥이나 국수 따위를 물이나 국물에 넣어서 풀다.
③ 종이나 김 따위의 얇고 넓적한 물건에 내용물을 넣고 돌돌 감아 싸다.
④⑤ 어떤 일이나 행동을 하지 않거나 그만두다.

11 ①

밑줄 친 부분은 "B 혜택(Benefits)"을 가시화시켜 설명하는 단계로 제시하는 이익이 고객에게 반영되는 경우 실제적으로 발생할 상황을 공감시키는 과정이다. 지문에서는 "가장 소득이 적고 많은 비용이 들어가는 은퇴시기"라고 실제 발생 가능한 상황을 제시하였다. 또한, 이해만으로는 설득이 어렵기 때문에 고객이 그로 인해 어떤 변화를 얻게 되는지를 설명하는데 지문에서는 보험 가입으로 인해 "편안하게 여행을 즐기시고 또한 언제든지 친구들을 부담 없이 만나"에서 그 내용을 알 수 있으며 이는 만족, 행복에 대한 공감을 하도록 유도하는 과정이다.

12 ④

"( )란 한 고객이 기업의 고객으로 있는 동안 기대되는 재무적 공헌도의 총합", "( )가 높다는 건 해당 기업과 오래 관계 맺으면서 많은 돈을 쓴다"로 미루어 보아 괄호 안에 공통적으로 들어갈 말은 고객생애가치라는 것을 유추할 수 있다. 이러한 고객생애가치는 기존 고객과 잠재고객의 생애가치를 극대화함으로써 기업은 자신의 장기적인 이익극대화 달성이 가능하다.

13 ③

VOC로 인해 환자 측의 불편사항 등을 접수하여 성공적으로 반영해 좋은 결과가 나오게 되면 병원은 그들과의 관계유지를 더욱 더 돈독히 할 수 있게 된다.

14 ④

③ 두 번째 문단에서 한국은행이 발표한 최근 자료를 활용하여 자신의 논거의 근거로 삼고 있다.

15 ⑤

⑤ 현재 소비를 포기한 대가로 받는 이자를 더 중요하게 생각한다면, 저축 이자율이 떨어지고 물가 상승률이 증가하는 상황에서 저축을 해야 한다고 조언하지 않을 것이다.

16 ④

甲은 정치적 안정 여부에 대하여 '정당체제가 어떤 권력 구조와 결합하는가에 따라 결정된다. 의원내각제는 양당제와 다당제 모두와 조화되어 정치적 안정을 도모할 수 있는 반면 혼합형과 대통령제의 경우 정당체제가 양당제일 경우에만 정치적으로 안정되는 현상을 보인다.'고 주장하였으므로, 甲의 견해에 근거할 때 정치적으로 가장 불안정할 것으로 예상되는 정치체제는 대통령제이면서 정당체제가 양당제가 아닌 경우이다. 따라서 권력구조는 대통령제를 선택하고 의원들은 비례대표제 방식을 통해 선출하는(→ 대정당과 더불어 군소정당이 존립하는 다당제 형태) D형이 정치적으로 가장 불안정하다.

17 ③

서원각의 매출액의 합계를 x, 소정의 매출액의 합계를 y로 놓으면

$x + y = 91$

$0.1x : 0.2y = 2 : 3 \rightarrow 0.3x = 0.4y$

$x + y = 91 \rightarrow y = 91 - x$

$0.3x = 0.4 \times (91 - x)$

$0.3x = 36.4 - 0.4x$

$0.7x = 36.4$

$\therefore x = 52$

$0.3 \times 52 = 0.4y \rightarrow y = 39$

x는 10% 증가하였으므로 $52 \times 1.1 = 57.2$

y는 20% 증가하였으므로 $39 \times 1.2 = 46.8$

두 기업의 매출액의 합은 $57.2 + 46.8 = 104$

18 ③

200g에 들어 있는 소금의 양은 섞기 전 5%의 소금의 양과 15% 소금의 양을 합친 양과 같아야 한다.

5% 소금물의 필요한 양을 x라 하면 녹아 있는 소금의 양은 $0.05x$

15% 소금물의 소금의 양은 $0.15(200 - x)$

$0.05x + 0.15(200 - x) = 0.12 \times 200$

$5x + 3000 - 15x = 2400$

$10x = 600$

$x = 60(g)$

$\therefore$ 5%의 소금물 60g, 15%의 소금물 140g

19 ④

평균 $= \dfrac{\text{자료 값의 합}}{\text{자료의 수}}$ 이므로

$A = \dfrac{x}{20} = 70 \rightarrow x = 1,400$

$B = \dfrac{y}{30} = 80 \rightarrow y = 2,400$

$C = \dfrac{z}{50} = 60 \rightarrow z = 3,000$

세 반의 평균은 $\dfrac{1,400 + 2,400 + 3,000}{20 + 30 + 50} = 68$점

20 ③

위의 내용을 기초로 하여 계산하면 다음과 같다.

연간수요량(D) = 주 평균소요 × 52주 = 5,200개

1회 주문비용 (CO) = 500원

연간 재고유지비용 = 500원 × 0.2 = 100원

$$EOQ = \sqrt{\frac{2 \times \text{수요량} \times \text{주문비용}}{\text{재고유지비용}}}$$
$$= \sqrt{\frac{2 \times 500 \times 5,200}{100}}$$
$$= \sqrt{52,000}$$
$$= 228개$$

21 ⑤

구해야 하는 값의 기준은 10월이며 이전의 수요량을 감안해야 하므로 이에 해당하는 10월 이전의 4기간(4개월 ; 6~9월)이 되므로 그 범위에 해당되는 기간은 6~9월까지임을 알 수 있다. 그러므로 평균을 구하는 것이기 때문에 분모는 4가 되며 이를 계산하면 아래와 같다.

$$\frac{26,000 + 27,000 + 23,000 + 24,000}{4} = 25,000$$

22 ③

조건 1에서 유리가 출발하는 5호선 김포공항역에서 양평역까지를 기준으로 해서 보면 조건 3에서 알 수 있듯이 환승으로 인해 걸리는 시간은 없는 것으로 되어 있으며, 노선도에서 보듯이 환승 없이 직통으로 가게 됨을 알 수 있다. 그렇기에 조건 3은 배제할 수 있다. 또한, 조건 2에서 역과 역 사이 구간은 2분 정도 걸리는 것으로 가정하고 있으므로 지하철 출발역인 김포공항역(김포공항역(0분) → 송정역(2분) → 마곡역(4분) → 발산역(6분) → 우장산역(8분) → 화곡역(10분) → 까치산역(12분) → 신정역(14분) → 목동역(16분) → 오목교역(18분) → 양평역(20분))에서 양평역 구간을 2분으로 설정하면 유리의 도착역인 양평역까지는 대략 20분 정도 걸리게 됨을 알 수 있다.

23 ⑤

보완적 평가방식은 각 상표에 있어 어떤 속성의 약점을 다른 속성의 강점에 의해 보완하여 전반적인 평가를 내리는 방식을 의미한다. 보완적 평가방식에서 차지하는 중요도는 60, 40, 20이므로 이러한 가중치를

각 속성별 평가점수에 곱해서 모두 더하면 결과 값이 나오게 된다. 각 대안(열차종류)에 대입해 계산하면 아래와 같은 결과 값을 얻을 수 있다.

- KTX 산천의 가치 값
  $= (0.6 \times 3) + (0.4 \times 9) + (0.2 \times 8) = 7$
- ITX 새마을의 가치 값
  $= (0.6 \times 5) + (0.4 \times 7) + (0.2 \times 4) = 6.6$
- 무궁화호의 가치 값
  $= (0.6 \times 4) + (0.4 \times 2) + (0.2 \times 3) = 3.8$
- ITX 청춘의 가치 값
  $= (0.6 \times 6) + (0.4 \times 4) + (0.2 \times 4) = 6$
- 누리로의 가치 값
  $= (0.6 \times 6) + (0.4 \times 5) + (0.2 \times 4) = 6.4$

조건에서 각 대안에 대한 최종결과 값 수치에 대한 반올림은 없는 것으로 하였으므로 종합 평가점수가 가장 높은 KTX 산천이 김정은과 시진핑의 입장에 있어서 최종 구매대안이 되는 것이다.

24 ①

주문점은 표에 제시된 내용에 대입하여 구하면 다음과 같다.

주문점 = (단위 도달시간 + 재고점검주기)
$\times$ 일 수요 + 안전재고
$= (14 + 7) \times 5 + 30 = 135$

25 ①

S→1→F 경로로 갈 경우에는 7명, S→3→2→F 경로로 갈 경우에는 11명이며, S→3→2→4→F 경로로 갈 경우에는 6명이므로, 최대 승객 수는 모두 더한 값인 24명이 된다.

26 ①

- 하루 40feet 컨테이너에 대한 트럭의 적재량
  $= 2 \times 40 = 80$
- 월 평균 트럭 소요대수
  $= 1,600 \times 20 \div 2,000 = 16$
- 월 평균 40feet 컨테이너 트럭의 적재량
  $= 25 \times 80 = 2,000$

∴ 1일 평균 필요 외주 대수는 16 – 11 = 5대이다.

27 ②

차종별 주행거리에서 화물차는 2016년에 비해 2017년에 7.9% 증가하였음을 알 수 있다.

28 ③

지방도로의 주행거리에서 가장 높은 수단과 가장 낮은 수단과의 주행거리 차이는 승용차의 주행거리에서 화물차의 주행거리를 뺀 값으로 (61,466 − 2,387 = 59,079km)이다.

29 ④

커피 한 잔의 원가를 x라 하면,
$1.3x - 450 = 1.15x$
$0.15x = 450$
$x = 3,000$

∴ 커피 70잔을 팔았을 때의 총 이익금은
$3,000 \times \dfrac{15}{100} \times 70 = 31,500$원이 된다.

30 ⑤

문제에서의 조건을 기반으로 본래 을 상품의 가격을 x라 할 시에 갑 상품의 값은 $3x$가 되며, 할인율을 적용해 그 만큼의 가격을 가감한 두 상품의 값을 나타내면 $3x \times 0.8 = x + 3x \times 0.2 + 12,000$원이며 $x = 15,000$원

∴ 갑 상품의 지금 판매 가격은 $3 \times 15,000 \times 0.8 = 36,000$원이다.

31 ④

④ 2002년 전년대비 늘어난 연도말 부채잔액은 14,398 − 12,430 = 1,968이고, 전년대비 줄어든 연간 차입액은 4,290 − 3,847 = 443으로 5배를 넘지 않는다.

32 ④

BBB등급 기준보증료율인 1.4%에서 지방기술사업과 벤처기업 중 감면율이 큰 자방기술사업을 적용하면 ㈜서원의 보증료율은 1.1%이다. 보증료의 계산은 보증금액 × 보증료율 × 보증기간/365이므로 ㈜서원의 보증료는 5억 원 × 1.1% × 365/365 = 5,500천 원이다.

33 ①

갑, 을, 병 3개 회사가 보증금액(신규)과 보증기간이 동일하므로 보증료율이 높은 순서대로 정렬하면 된다.

- 갑 보증료율 : 1.4%(BBB등급) − 0.3%p(감면율이 큰 국가유공자기업 적용) + 0.3%p(고액보증기업 나 + 장기이용기업 가) = 1.4%
- 을 보증료율 : 1.5%(B등급) − 0.2%(벤처·이노비즈기업 중복적용 안 됨) + 0.0%p(장기이용기업 다에 해당하지만 경영개선지원기업으로 가산요율 적용 안 함) = 1.3%
- 병 보증료율 : 1.5%(B등급) − 0.3%p(감면율이 큰 장애인기업 적용) + 0.0%p(가산사유 해당 없음) = 1.2%

따라서 보증료율이 높은 순서인 갑 − 을 − 병 순으로 보증료가 높다.

34 ④

조건 2에서 출발역은 청량리이고, 문제에서 도착역은 인천역으로 명시되어 있고 환승 없이 1호선만을 활용한다고 되어 있으므로 청량리~서울역(1,250원), 서울역~구로역(200원 추가), 구로역~인천역(300원 추가)를 모두 더한 값이 수인이와 혜인이의 목적지까지의 편도 운임이 된다. 그러므로 두 사람 당 각각 운임을 계산하면, 1,250 + 200 + 300 = 1,750원(1인당)이 된다. 역의 수는 청량리역~인천역까지 모두 더하면 38개 역이 된다.

35 ⑤

① 이 경우에는 고객이 집에 없는 경우에 사용해야 하는 부분으로 상담원 본인의 소개 및 전화를 한 이유가 언급되어 있다. 하지만, C의 경우에 상담원과 고객이 대화를 하고 있으므로 이 또한 해당 상황에 대한 답으로는 부적절하다.

② 고객은 마음속으로 다른 이유 때문에 상담에 호응할 수 없는 단계에서 나타난 대답이다. 하지만 정황 상 고객은 상담원과의 대화가 지속되는 것에 대해서는 무리가 없으므로 역시 부적절한 내용이다.

③ 상담의 도입단계로서 인사 표현을 명확히 하고, 상담원의 신원을 밝힌 후 전화를 건 이유와 전화통화 가능 여부를 확인하는 부분으로 이는 부적절하다.

④ C의 상황에서는 타사 제품을 구입하고자 하는 고객에 대해 반론극복을 하고 있는 상황인데 자사 제품 구매 시의 조건 등을 이야기하는 것을 옳지 않다.

⑤ 고객이 다른 제품을 구입하겠다는 계획에 적극적인 대응을 해야 한다. 고객 답변에 호응하는 언어를 구사하고, 다른 회사제품에 종류나 왜 그 제품을 구매하는 이유에 대해서도 반드시 물어보아야 하므로 문맥 상 적절한 내용이다.

36 ④

A의 추리가 타당하기 위해서는 아래와 같은 내용이 전제되어 있어야 한다.

ⓛ A는 낭포성 유전자를 지니고 있는 '쥐'를 이용한 실험을 통해서 낭포성 유전자를 가진 '사람' 또한 콜레라로부터 보호받을 것이라는 결론을 내렸다. 그러므로 쥐에서 나타나는 질병의 양상은 사람에게도 유사하게 적용된다는 것을 전제하고 있음을 알 수 있다.

ⓒ A는 실험에서 '콜레라 균'에 감염을 시키는 대신에 '콜레라 독소'를 주입하였다. 이는 결국에 콜레라 독소의 주입이 콜레라 균에 의한 감염과 동일한 증상을 유발한다는 것을 전제로 하고 있음을 알 수 있다.

ⓔ 만약에 낭포성 섬유증 유전자를 가진 모든 사람들이 낭포섬 섬유증으로 인해 청년기 전에 사망하게 될 경우 '살아남았다'고 할 수 없을 것이다. 그러므로 '낭포성 섬유증 유전자를 가진 모든 사람이 이로 인해 청년기 전에 사망하는 것은 아니다'라는 전제가 필요하다.

37 ④

일찍 출근하는 것과 직무 몰입도의 관계에 대해서 언급한 사람은 B와 C이다. 그러므로 일찍 출근을 하지만 직무에 몰입하지 않는 임직원이 낳을수록 B와 C의 결론이 약화된다.

38 ⑤

1팀과 2팀이 차이가 나는 것은 창의적인 사고를 개발하기 위한 구체적인 방법을 실제 적용하느냐, 또는 그렇지 못하느냐의 차이이다. 이 사례를 통해서 창의적인 사고를 개발하는 방법을 이해하고, 실제 업무 상황에서 적용할 수 있는 것이 중요하다는 것임을 알 수 있다.

39 ②

VOC에 대한 결과는 기업 조직의 업무개선에 활용하고 이에 대한 결과를 고객에게 피드백 해야 한다.

40 ②

위 지문은 결단력이 없고 우유부단한 고객에 대한 응대요령을 묻고 있다. 이러한 고객에게는 피해보상의 기준에 근거해 적정한 보상내용을 성실하게 설명하여 문제를 해결 가능하도록 사후조치에 만전을 기함과 동시에 신뢰감을 높여주어 상황을 해결할 수 있어야 한다.

41 ③

조건에 따라 그림으로 나타내면 다음과 같다. 네 번째 술래는 C가 된다.

42 ④

MBO는 기업 조직의 경우 단기적인 목표와 그에 따른 성과에만 급급하여 기업 조직의 사기 및 분위기나 문화 등이 경영환경에 대응해야만 하는 조직의 장기적인 안목에 대한 전략이 약화될 수 있으므로 주의해야 하며 동시에 목표설정의 곤란, 목표 이외 사항의 경시 가능성, 장기 목표의 경시 가능성 등의 문제점이 발생할 수 있다.

43 ④

개방형 질문은 주관식 형태의 질문형식을 취하고 있으며 응답자들이 정해진 답이 없이 자유롭게 스스로의 생각을 표현할 수 있다는 이점이 있는 질문방식이다. 개방형 질문형태로 수집한 자료는 정해지지 않은 다양한 응답을 얻을 수 있으므로 폐쇄형 질문(객관식 형태)에 비해서 일반화시켜 코딩하기가 상당히 어렵다는 문제점이 있다.

44 ②

제11조 제2항에 따르면 사용자가 제1항 단서의 사유가 없거나 소멸되었음에도 불구하고 2년을 초과하여 기간제 근로자로 사용하는 경우에는 그 기간제 근로자는 기간의 정함이 없는 근로계약을 체결한 근로자로 본다. 따라서 ②의 경우 기간제 근로자로 볼 수 없다.
① 2년을 초과하지 않는 범위이므로 기간제 근로자로 볼 수 있다.
③ 제11조 제1항 제3호에 따른 기간제 근로자로 볼 수 있다.
④ 제11조 제1항 제1호에 따른 기간제 근로자로 볼 수 있다.
⑤ 제11조 제1항 제2호에 따른 기간제 근로자로 볼 수 있다.

45 ④

④ 수소를 제조하는 시술에는 화석연료를 열분해·가스화 하는 방법과 원자력에너지를 이용하여 물을 열화학분해하는 방법, 재생에너지를 이용하여 물을 전기분해하는 방법, 그리고 유기성 폐기물에서 얻는 방법 등 네 가지 방법이 있다.

46 ①

중국의 경우 찻잔은 반만 채워야 한다. 반대로 찻잔과는 다르게 중국에서 술을 따를 시에는 술잔 가득히 따라야 존경을 하는 의미하므로 되도록이면 가득 따르는 것이 좋다. 하지만, 차를 따를 시에는 반대로 가득 채우는 것이 사람을 업신여기는 의미가 되므로 잔의 반만 채우는 것이 예의이다.

47 ③

관찰법은 조사대상의 행동 및 상황 등을 직접적 또는 기계장치를 통해 관찰해서 자료를 수집하는 방식으로 피관찰자 자신이 관찰 당한다는 사실을 인지하지 못하게 하는 것이 중요하다. 만약, 피관찰자 자신이 관찰 당한다는 사실을 알게 된다면 당사자인 피관찰자는 평소와는 다른 행동을 할 수도 있다.

48 ③

"중견택배회사인 고려택배와 용마 로지스가 의약품택배에 집중하여 높은 영업이익을 실현하고 있다."에서 집중화 전략의 개념을 유추해 낼 수 있다. 특히 집중화 전략은 자원(인적자원 및 물적자원)이 제한된 중소기업에 사용하는 것이 적절한 전략이다.

49 ①

각각의 수단들에 대한 보완적 평가방식을 적용했을 시의 평가점수는 아래와 같다.

비행기 : $(40 \times 9) + (30 \times 2) + (20 \times 4) = 500$
고속철도 : $(40 \times 8) + (30 \times 5) + (20 \times 5) = 570$
고속버스 : $(40 \times 2) + (30 \times 8) + (20 \times 6) = 440$
오토바이 : $(40 \times 1) + (30 \times 9) + (20 \times 2) = 350$
도보 : $(40 \times 1) + (30 \times 1) + (20 \times 1) = 90$

평가 기준	중요도	이동수단들의 가치 값				
		비행기	고속 철도	고속 버스	오토 바이	도보
속도감	40	9	8	2	1	1
경제성	30	2	5	8	9	1
승차감	20	4	5	6	2	1
평가점수		500	570	440	350	90

∴ 각 수단들 중 가장 높은 값인 고속철도가 5명의 목적지까지의 이동수단이 된다.

50 ④

위 사례는 매슬로우의 욕구 단계설에 관한 내용 중 생리적 욕구에 관한 부분이다. "단수 사태에서 보여준 초기대응이나 사후 대처를 보면 시민 중심이란 정책에 대한 의구심을 가질 수밖에 없는" 다시 말해 단수로 인해 겪게 되는 불편한 사항, "인근 마트에는 생수가 바닥나고 화장실을 못 써"에서도 알 수 있듯이 단수로 인해 겪게 되는 인간의 가장 기본적인 욕구 미충족이 나타나고 있다. 이렇듯 욕구단계설의 가장 첫머리에 위치하는 생리적 욕구는 인간에게 가장 기본이 되는 단계이다. 기본적 욕구라고도 불리며 욕구, 필요 등과 동의어적으로 사용되며, 특히 배고픔, 갈증, 호흡, 체온조절, 수면, 배설, 성욕, 통증 등이 있다.

51 ③

파일에서 마우스 왼쪽 버튼을 누르면 해당 파일의 바탕이 파란색으로 나타날 뿐 삭제하는 메뉴가 나타나지 않는다.

52 ⑤

Alt + Enter 는 선택한 대상에 대한 속성을 표시하는 역할을 한다.

53 ④

시간대별 날씨에서 현재시간 15시에 31도를 나타내고 있다. 하지만, 자정이 되는 12시에는 26도로써 온도가 5도 정도 낮아져서 현재보다는 선선한 날씨가 된다는 것을 알 수 있다.

54 ③

메신저는 인터넷 상에서 실시간으로 메시지 및 데이터 등을 주고받을 수 있는 소프트웨어를 의미한다. 또한 대부분의 메신저가 파일 교환을 지원하기 때문에 FTP를 거치지 않고 바로 파일을 교환할 수 있다.

55 ④

위 내용은 데이터베이스 구축의 중요성에 대한 사례로써 한 의류업체는 기존 고객들의 체형을 데이터베이스화하여 이러한 자료들을 기반으로 신상품을 연이어 개발할 수 있었다. 또한 이 노력들이 결실을 맺어 해당 의류회사는 눈부신 매출액 신장을 이룰 수 있었는데, 이처럼 데이터베이스를 구축해서 효과적으로 활용하는 것은 상당히 중요하다는 것을 알 수 있다.

56 ⑤

ERP(Enterprise Resource Planning ; 전사적 자원관리)는 기업 내 생산, 물류, 재무, 회계, 영업과 구매, 재고 등 경영 활동 프로세스들을 통합적으로 연계해 관리해 주며, 기업에서 발생하는 정보들을 서로 공유하고 새로운 정보의 생성과 빠른 의사결정을 도와주는 전사적 자원관리시스템 또는 전사적 통합시스템을 의미한다. 즉, 각 분야에서 기능하던 부분들을 경영의 전 분야로 통합 관리하는 것으로써 기존에 비해 스피디한 경영을 운영하는 것을 목적으로 하고 있다.

⑤ 기업 서비스는 여행 관리, 부동산과 시설 관리, 환경과 법, 건강과 안전 관련 사항들, 인센티브와 수수료 관리 등의 기능을 제공한다.

57 ②

Open-To-Buy plan = planned EOM stock(6백만 원) − Projected EOM stock(4백 6십만 원) = 1백 4십만 원

58 ⑤

$$용적률 = \frac{건축연면적}{대지면적} \times 100$$
$$= \frac{140(= 2층 + 3층)}{100} \times 100 = 140\%$$

59 ③

제조업체 (1, 2, 3)에서 도매상 (1, 2)으로 가는 거래의 수 : 6, 도매상 (1, 2)에서 소매상 (1, 2, 3, 4, 5, 6)으로 가는 거래의 수 : 12, 그러므로 총 거래 수는 18개이다.

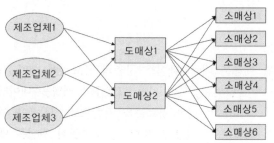

60 ⑤

총 안전재고를 구하기 위한 과정은 다음과 같다.

① 주문기간 중의 평균수요
- 소매상 = $5 \times 20/7 = 14.28 ≒ 14$
- 도매상 = $50 \times 39/7 = 278.57 ≒ 279$
- 공장창고 = $2,500 \times 41/7 = 14,642,86 ≒ 14,643$

② 평균안전재고
- 소매상 = $500 \times (25 - 14) = 5,500$
- 도매상 = $50 \times (350 - 279) = 3,550$
- 공장창고 = $1 \times (19,000 - 14,643) = 4,357$

∴ 총 안전재고 = $5,500 + 3,550 + 4,357 = 13,407$

61 ④

기술능력이 뛰어난 사람은 주어진 한계 속에서, 그리고 제한된 자원을 가지고 일한다.

62 ②

문제에 제시된 사례는 예측이 가능했던 사고임에도 불구하고 적절하게 대처를 하지 못해 많은 피해를 입히게 된 내용이다. 이러한 사례를 통해 산업재해는 어느 정도 예측이 가능하며, 그에 따라 예방이 가능함을 알 수 있다.

63 ②

OJT(On The Job Training)은 조직에서 종업원이 업무에 대한 기술 및 지식을 현업에 종사하면서 감독자의 지휘 하에 훈련받는 현장실무 중심의 교육훈련 방식을 의미한다. 동시에 실제적이면서도 많이 쓰이는 교육훈련방식이다. 또한, OJT는 전사적 차원의 교육훈련이 아닌 대부분이 각 부서의 장이 주관하여 업무에 관련된 계획 및 집행의 책임을 지는 부서 내 교육훈련이다.

64 ⑤

산업재해는 노동과정에서 작업환경 또는 작업행동 등 업무상의 사유로 발생하는 노동자의 신체적·정신적 피해로써 산업재해를 예방하기 위한 과정으로는 안전관리의 조직, 사실의 발견, 원인의 분석, 시정책의 선정, 시정책의 적용 및 뒤처리 등이 있다.

65 ③

기술의 실패는 전에는 없던 규모로 사람을 살상하고, 환경을 오염시키고, 새로운 위험과 불확실성을 만들어내고, 기타 각종 범죄의 도구로 사용되기도 한다는 것을 인식하도록 하여 새로운 기술의 문제점에 경각심을 가지도록 하고 있다.

66 ⑤

위 사례는 매슬로우의 욕구이론을 설명하고 있다. ㉤은 이 중 5단계인 자아실현의 욕구를 설명하는 것으로써 이전 욕구인 존경의 욕구가 충족되기 시작하면 그 다음에 "능력의 발휘" 또는, "자기계발의 지속" 등의 자아실현욕구가 강하게 나타나게 된다. 이는 자신이 이룰 수 있는 것 또는 될 수 있는 것 등을 성취하려는 욕구를 의미한다. 다시 말해, 계속적인 자기발전을 통해 성장하고, 자신의 잠재력을 극대화하여 자아를 완성시키려는 욕구라 할 수 있다.

67 ①

문제에 제시된 사례는 회사 내에서 성공한 사람이라고 평가받는 S부장의 사례로써 S부장의 사례를 통해 자기개발에 대한 계획을 수립하기 위해서 장단기 계획을 세우고, 인간관계를 고려하며, 현재의 직무를 고려하여야 함을 알 수 있다.

68 ④

자신을 제대로 파악하지 못하여 자신의 목표를 제대로 달성하지 못하는 사례로 이를 통해 사람들은 흔히 자신이 어떠한 일에 흥미를 가지고 있으며 잘할 수 있는지를 잘 알지 못해 많은 노력을 하여도 성과로 연결되지 않는 경우가 있음을 사례를 통해 알 수 있다.

69 ⑤

지문에서는 실수를 하고 난 이후에 다른 태도를 보이는 A, B 신입사원에 대해 나타내고 있는데, A는 자신이 잘못한 원인을 생각해보려 하지 않고 지나갔고, B는 이러한 일이 일어나게 된 이유를 파악하고, 다시는 같은 실수를 반복하지 않도록 노트를 해두었다. 즉 자기 자신에 대한 성찰을 하고 있음을 알 수 있다. 이를 통해 직장생활에서 일어나는 많은 문제 상황들에서 반성적으로 되돌아보는 것이 중요하며, 어떠한 방법을 통해 보다 체계적으로 성찰을 할 수 있는지 알 수 있다.

① 성찰을 하게 되면 현재 저지른 실수에 대하여 원인을 파악하고 이를 수정하게 되므로, 다시는 같은 실수를 하지 않게 된다. 그러므로 다른 사람에게 신뢰감을 줄 수 있다.

② 어떠한 일을 마친 후에 자신이 잘한 일은 무엇이고, 개선할 점은 무엇인지 깊이 생각해보는 것은 미래에 다른 일을 해결해나가는 노하우를 축적할 수 있게 되는 원천이 된다.

③ 성찰을 통해 현재의 부족한 부분을 알게 되고, 미래의 목표에 따라 매일매일 노력하게 된다면 지속적으로 성장할 수 있는 기회가 된다.

④ 창의적인 사람은 따로 존재하지 않으며 창의력은 지속적인 사고를 통해서 신장될 수 있는데, 이는 새로운 것을 만들기 위해서 생각을 해야 하며, 진정으로 창의적인 사람은 생각하기를 그치지 않기 때문이다. 그러므로 성찰을 지속하다 보면 어느 순간 무릎을 탁 칠만한 창의적인 생각이 나오게 되는 것이다.

70 ①

위의 사례에서 P씨는 재테크 전문가에 대한 정보를 탐색하고, 자신의 특성을 파악하며, 재테크 전문가가 되기 위하여 필요한 능력을 탐색하고, 이에 따라 자격증을 취득하기로 결심하고, 자격증 취득시험에 대비하여 학원을 수강하고 인적네트워크를 쌓는 등의 활동을 하고 있다. 이를 통하여 경력개발 단계가 직무정보 탐색, 자신과 환경이해, 경력목표 설정, 경력개발 전략수립, 실행 및 평가로 이루어지는 것을 알 수 있다.

71 ⑤

빈정거리는 유형의 고객은 상대에 대해서 빈정거리거나 또는 무엇이든 반대하는 열등감 또는 허영심이 강하고 자부심이 강한 사람이다.

※ 고객유형별 전화응대의 기술

고객의 유형	고객별 특성	응대기술
우유부단한 고객	협조적인 성격이나 또는 다른 사람이 자신을 위해 의사결정을 내려주기를 기다리는 경향이 있다.	몇 가지의 질문을 해서 자신의 생각을 솔직히 드러낼 수 있도록 도와준다.
저돌적인 고객	상황을 처리하는데 있어서 단지 자신이 생각한 한 가지 방법 밖에 없다고 믿도록 남으로 부터의 피드백을 받아들이려 하지 않는다.	침착성을 유지하면서 고객의 친밀감을 이끌어내고 자신감 있는 자세로 고객을 정중하게 맞이한다.
전문가형 고객	자신을 과시하는 타입의 고객으로 자신이 모든 것을 다 알고 있는 전문가처럼 행동할 수 있다.	고객 자신이 주장하는 내용의 문제점을 스스로 느끼게끔 대안 및 개선방안을 제시한다.
빈정거리는 고객	빈정거리거나 또는 무엇이든 반대하는 열등감 또는 허영심이 강하고 자부심이 강한 사람이다.	정중하면서도 의연하게 대처하는 것이 좋지만 상황에 의해 고객들의 행동을 우회해서 지적해 줄 수도 있고, 때로는 가벼운 농담형식으로 응답하는 노련함이 효과적일 수 있다.
호의적인 고객	사교적, 협조적이고 합리적이면서 진지하다. 때때로 자신이 하고 싶지 않거나 할 수 없는 일에도 약속을 해서 상대방을 실망시키는 경우도 있다.	상대방의 의도에 말려들거나 기분에 사로잡히지 않도록 하며, 말을 절제하고 고객에게 말할 기회를 많이 주어 결론을 도출한다.
동일한 말을 되풀이하는 고객	자아가 강하면서 끈질긴 성격을 가진 사람이다.	상대의 말에 지나치게 동조하지 말고, 고객의 항의 내용을 확인한 후에, 고객의 문제를 충분히 이해하였다는 것을 알리고 이에 대한 확실한 결론을 내어 믿음을 주도록 한다.
과장하거나 또는 가정해서 말하는 고객	콤플렉스를 가진 고객일 수 있다.	상대의 진의를 잘 파악해서 말로 설득하려 하지 말고 객관적인 자료로 응대하는 것이 좋다.
불평불만을 늘어놓는 고객	사사건건 트집 및 불평 등을 잡는 고객이다.	고객의 입장을 인정해 준 후 차근차근 설명하여 이해시킨다.

72 ⑤

위 사례는 변혁적 리더십에 관련한 내용이다. 변혁적 리더십은 조직구성원들로 하여금 리더에 대한 신뢰를 갖게 하는 카리스마는 물론이거니와 조직변화의 필요성을 감지하고 그러한 변화를 이끌어 낼 수 있는 새로운 비전을 제시할 수 있는 능력이 요구되는 리더십을 의미한다. 하지만 ⑤번의 경우 이에 대비되는 개념인 거래적 리더십에 관한 내용을 나타내고 있다. 거래적 리더십은 주로 하급관리자층에 초점이 맞추어져 있으며, 변혁적 리더십은 최고관리층에 초점이 맞추어져 있다.

73 ①

아래 사례들은 공통적인 조직의 형태에 대해서 말하고 있다. 다음 중 각 사례가 공통적으로 언급하고 있는 조직의 형태위 사례에서는 각각 팀제조직에 대해서 말하고 있다. 팀제조직은 기능중심, 계층제적 수직구조에서의 일과 사람이 획일적으로 정해지는 부(部)·과(果)제의 모순에서 탈피하여 능력과 적성에 따라 탄력적으로 인재를 팀에 소속시키고 팀장을 중심으로 동등한 책임 하에 구분된 일을 하면서 상호유기적인 관계를 유지하는 조직형태를 의미한다. ㉠에서는 "26일 재단에 따르면 개편된 조직기구는 전략기획실, 시민문화상상팀~", ㉡에서는 "에디터, 팀제 실시와 현장성 및 탐사기획 강화~", ㉢에서는 "시는 지난

1998년부터 18년간 운영해온 '담당'직제를 폐지하고, 수평적이고 탄력적인 '팀'제로 전환한다고~"에서 각각 팀제조직을 공통적으로 언급하고 있다. 이러한 팀제조직의 경우 ①번에 보기에는 적합하지가 않다. 왜냐하면 팀제조직은 상호보완적인 소수가 공동의 목표달성을 위해 모두가 같이 책임을 공유하고 문제해결을 위해 노력하는 수평적인 조직이므로 상하수직적인 계급제적 성격이 강한 사회에서는 성공적으로 정착하기 어려운 조직형태이다.

74 ⑤

ⓜ은 '언행일치'와 관련한 내용으로 행동과 말을 일치시키는 것이 대인관계 향상에 매우 중요함을 보여주고 있다.

75 ②

성공사례를 들여다보면 팀원들 간의 협동심과 희생정신을 기반으로 이는 곧 팀워크를 의미하는 것으로 이로 인한 시너지 효과를 나타내는 경우가 대부분임을 알 수 있다. ②번의 경우 마지막 문장을 보면 잘못된 내용이라는 것을 알 수 있다.

76 ②

용건을 마치면 인사를 하고 상대가 끊었는지를 확인한 후에 끊어야 한다.

77 ⑤

명함은 손아랫사람이 먼저 건네야 한다. 더불어서 지위 또는 직책 등이 낮은 사람이 먼저 명함을 건넨다.

※ **명함 교환 시의 기본 매너**
　ㄱ 명함은 항상 넉넉히 준비한다.
　ㄴ 명함은 자리에 앉기 전에 교환한다.
　ㄷ 상대에게 명함을 건네면서 소속과 이름을 밝힌다.
　ㄹ 상대로부터 받은 명함은 그 자리에서 확인하며, 한자 등의 다소 읽기 어려운 글자는 정중히 물어서 회사명과 이름을 틀리지 않아야 한다.

　ㅁ 상대로부터 명함을 받은 후에 곧바로 지갑에 넣지 말고, 미팅이나 또는 회의 시에 테이블 오른 쪽에 꺼내놓고 이름 및 직함을 부르면서 대화한다.
　ㅂ 상대 앞에서 명함에 낙서하는 것은 곧 상대의 얼굴에 낙서하는 것과 같음을 의미하며, 더불어서 명함을 손가락 사이에 끼고 돌리는 등의 손장난을 하는 것은 상대방을 무시하는 것과 같다.
　ㅅ 명함은 스스로의 것과 상대방 것을 구분해서 넣어둔다. 만약의 경우 급한 순간에 타인의 명함을 상대에게 줄 수도 있기 때문이다.
　ㅇ 상대로부터 받은 명함을 절대 그냥 두고 오는 일이 없도록 해야 한다.

78 ②

조문 시에 상제에게 맞절을 하고 위로의 인사말을 한다. 이때 절은 상제가 먼저 시작하고 늦게 일어나야 한다.

79 ④

악수는 반드시 오른손으로 해야 한다. 또한, 악수는 기본적으로 오른손으로 해야 하며, 거리에서 아는 사람을 만났다 하더라도 들고 있던 짐이나 또는 물건 등은 왼손으로 옮겨서 악수를 해야 함에 주의해야 한다.

※ **악수할 때의 에티켓**
　ㄱ 반드시 오른손으로 악수를 해야 한다.
　ㄴ 악수를 하면서 상대의 눈을 바라보아야 한다.
　ㄷ 외국인과 악수할 때에는 허리를 꼿꼿이 세워 대등하게 악수를 해야 한다.
　ㄹ 손을 쥐고 흔들 때에는 윗사람이 흔드는 대로 따라서 흔든다.
　ㅁ 길에서 아는 사람을 만났을 경우에 들고 있던 물건은 왼손으로 옮긴다.
　ㅂ 웃어른의 뜻에 의해 악수, 또는 황송하다고 생각해 두 손으로 감싸는 것은 좋지 않다.
　ㅅ 남녀 모두 장갑을 벗는 것이 원칙이다.

80 ②

엘리베이터에서는 버튼 대각선 방향의 뒤 쪽이 상석
이 된다.

※ 엘리베이터 상석의 위치

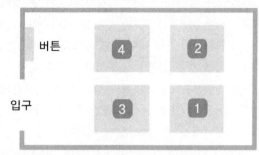

* 번호는 상석 순위

1 ③

재정정책의 경우 불황 시 정부지출을 증가시키거나 세금을 축소함으로써 적자재정을 편성하는 경우가 많아 회계연도(1년) 내에서 1년 단위로 균형재정을 달성할 수 없다.

2 ④

최종대부자 기능이란 금융위기가 예상되거나 발생한 경우 금융위기를 예방하고 확산을 방지하기 위해 중앙은행이 금융시장에 일시적으로 유동성을 공급하는 사후적 위기해결 기능을 말한다.

3 ③

수돗물 가격이 4% 상승하면 수돗물의 수요량은 2% 감소하고, 소득이 1% 상승하면 수돗물의 수요량은 2% 상승한다. 결국 수돗물 수요는 변하지 않는다.

4 ②

헤지(hedge) 거래에 관한 내용으로, 헤지 거래란 특정상품의 가격이 오르거나 하락할 것으로 예상될 때 특정상품의 가격을 미리 고정시켜 둠으로써 가격변동으로 인한 손실을 없애는 것을 말한다.

5 ⑤

손익분기점은 총수입(매출액)과 총비용이 일치하는 수준(총매출액 − 총지출액 = 0) 즉, 영업 후의 매출금액과 영업에 따른 모든 지출비용이 일치하는 시점을 말한다.

ㄱ 총수입 = 10만 원 × Q
ㄴ 총비용 = 고정비용 + 가변비용 = 2억 원 + (6만 원 × Q)
ㄷ 손익분기점 =10만 원 × Q = 2억 원 + (6만 원 × Q)
∴ Q = 5,000(개)

6 ④

④ 자동차 가격의 상승으로 인해 보완재인 휘발유의 수요도 감소하여 휘발유의 판매수입은 감소한다.
①② 철강 가격의 상승으로 자동차의 공급이 감소하게 되어 자동차 시장의 균형 가격은 상승하고, 균형거래량은 감소한다.
③ 자동차의 가격 상승은 대체관계인 자전거의 수요를 증가시켜 자전거 시장의 균형 가격을 상승시킨다.

7 ①

ㄱ 명시적 비용(explicit cost) : 기업이 실제로 화폐를 지불한 회계상의 비용을 말한다. 문제에서의 명시적 비용은 다음과 같다.
• 임대료(1,500) + 장비대여비(300) + 사무용품비(100) + 공공요금(100) + 강사급여(2,500) = 4,500(만 원)
ㄴ 암묵적 비용(implicit cost) : 잠재적 비용이라고도 하며 기업이 생산에 투입한 생산요소의 기회비용으로 회계상 나타나지 않는 비용을 말한다.
• 포기한 연봉(5,000) + 사업에 투입된 금융자본 기회비용(500) = 5,500(만 원)

8 ①

원화가치 상승(환율 하락)은 원자재 수입비용을 감소시키므로 물가상승의 원인으로 보기 어렵다.

9 ④

최후통첩 게임(ultimatum game) … 1982년 독일의 경제학자 귀트 등이 고안한 실험이다. 여기서는 수령자가 배분자의 제안을 거절하면 양측 모두 한 푼도 받지 못한다고 규칙을 정했다. 여러 나라에서 수천 명을 대상으로 실험이 이루어졌다. 전통경제학에 따르면 인간은 이기적이고 합리적이기 때문에 상대방이 제안하는 액수에 상관없이 0원 이상이면 당연히 받을 것으로 예측하고 제안자 역시 단 1원만을 주겠다고 제안할 것으로 예측되었다. 하지만 실제 실험에서 배분자가 가장 흔하게 제안하는 것은 50%를 나누는 것이고, 대부분은 30% 이상을 제안했다고 한다. 수령자들은 소수만이 20% 미만의 배분을 받아들였고, 대부분은 30% 미만의 배분에 대해서는 거절했다. 즉, 게임을 통해 자신의 이익을 극대화하려고 노력하지만 그에 못지않게 내가 받아야 할 몫과 상대방의 몫이 어느 정도 되어야 적당한지, 공정한지에 대해 중요하게 생각한다는 것으로 인간이 경제적 이익보다 사회적 공정성을 더 중요시 여긴다는 것이다. 때문에 최후통첩 게임은 행동경제학이 전통경제학(주류경제학)을 반박하는 논거로 인용된다.

10 ①

① 역선택은 정보의 비대칭 상황 하에서 정보를 덜 가진 측의 입장에서 상대적으로 손해 볼 가능성이 높아지는 현상으로 건강보험을 강제보험으로 하지 않는다면 사고나 질병의 위험이 높은 사람들이 그러한 위험이 낮은 사람들보다 보험에 가입할 가능성이 높다.

11 ③

승자의 저주(The Winner's Curse) ⋯ 미국의 행동경제학자 리처드 세일러가 사용하며 널리 쓰인 용어로 과도한 경쟁을 벌인 나머지 경쟁에서는 승리하였지만 결과적으로 더 많은 것을 잃게 되는 현상을 일컫는다. 특히 기업 M&A에서 자주 일어나는데 미국에서는 M&A를 한 기업의 70%가 실패한다는 통계가 있을 정도로 흔하다. 인수할 기업의 가치를 제한적인 정보만으로 판단하는 과정에서 생기는 '비합리성'이 근본적인 원인으로 지적되고 있다.

12 ②

평균 임금 상승률보다 물가 상승률이 높으면 근로자들의 실질 소득이 줄어 생활수준이 악화될 수 있다. 또한 물가가 상승할 경우 실질 이자율이 떨어져 이자소득자들의 생활이 어려워질 수 있다.

13 ③

①②④⑤ 투자 차익을 목적으로 하여 주식, 채권, 부동산 등을 대상으로 투자하는 포트폴리오 투자에 해당한다.

※ **외국인 직접투자**(FDI ; Foreign Direct Investment) ⋯ 단순히 자산을 국내에서 운용하는 것이 아니라 경영권을 취득하여 직접 회사를 경영하는 것을 목적으로 하며 경영참가와 기술제휴 등 지속적으로 국내기업과 경제관계를 수립한다.

14 ④

④ 치미아(Chimea)는 중국(China)의 'ch', 인도(India)의 'i', 중동(Middle East)의 'me', 아프리카(Africa)의 'a'를 합성한 신조어이다.

15 ②

② 대기업들은 계열사 합병을 통해 대형화로 독점력이나 영향력을 확보하는 등 경쟁력을 얻게 된다. 따라서 경쟁을 통한 효율적 자원배분은 해당하지 않는다.

16 ②

세금 A는 토빈세, 세금 B는 은행세에 대한 설명이다. 토빈세는 관련국들이 공조하여 동시에 과세하는 형태로 이루어져야 효과를 극대화 할 수 있다.

17 ③

③ 대형 유통업체의 가격 경쟁이 심화되면 소비자들을 유인하기 위해 납품 가격보다 낮은 가격의 상품 이른바 미끼상품을 판매하기도 한다.

18 ③

주식 시세표에서 가격 제한 폭까지 변경된 종목의 수를 나타낸 것은 상한가와 하한가이며 코스피를 달리 표현하면 유가 증권 시장이다.

19 ⑤

구매력 평가설(purchasing power parity)은 화폐 단위당 구매력(실질가치)은 어느 나라에서나 동일하다고 하고 재화의 거래비용이 존재하지 않는다고 가정하고 있다.

20 ③

커피전문점은 독점적 경쟁산업으로 진입과 퇴거가 자유로워 보통 정상이윤만을 획득하게 된다. 따라서 장기적인 수익성 둔화의 가장 큰 원인은 진입장벽의 부재 때문이라 할 수 있다.

21 ③

① 특정한 환경 또는 상황을 컴퓨터로 제작하여 마치 실제 환경과 상호작용을 하고 있는 것처럼 만들어주는 인간과 컴퓨터 사이의 인터페이스를 가리킨다.
② DVD나 CD에 저장되어 있는 파일을 PC에 옮기고 변환하는 작업을 뜻한다.
④ 컴퓨터나 네트워크에서 다른 서버로 지원 요청을 하는 중계 서버다.
⑤ 안드로이드 모바일 기기에서 '최고 관리자 권한'을 얻어 제조사에서 접근 불가능하도록 만들어 놓은 시스템에 접근하는 것을 의미한다.

22 ④

국제 유가와 원자재 가격 하락은 수입 물가를 떨어뜨려 교역조건을 개선시킨다. 교역조건은 한 나라의 상품과 다른 나라 상품의 교환비율을 말한다. 교역조건이 개선되면 동일한 수출량으로 더 많은 물량을 수입할 수 있으므로 국민들의 구매력은 높아진다. 교역조건의 변화를 반영한 소득지료인 실질 국민총소득은 실질 국내총생산을 앞지를 수 있다.

23 ④

① 시스템 트레이딩(System Trading)에 대한 설명이다.
② 로보어드바이저 상품이 지향하는 바는 중위험·중수익이다.
③ 대부분이 미국 증시 호황 시기에 만들어졌고, 금융위기를 경험하지 않았기 때문에 위기에 대한 검증이 필요한 실정이다.
⑤ 기존 PB서비스는 자산이 많은 사람들을 위주로 제공되는 경향이 있었지만, 로보어드바이저의 보편화에 따라 저렴한 비용으로 자산관리 서비스를 받을 수 있게 되었다.

24 ⑤

고구려에서 왕위의 부자상속제와 진대법을 실시한 국왕은 고국천왕이다. 고국천왕은 부족적 성격의 5부를 행정적 성격의 5부로 개편하였다.
①④ 태조왕 ② 고국원왕 ③ 유리왕

25 ③

• 자동긴급제동장치(autonomous emergency braking) ; AEB … 차량 전면부에 부착한 레이더가 위험을 감지하면 운전자에게 소리나 진동으로 보내 속도를 줄이도록 하는 기술. 충돌경고에도 운전자가 반응하지 않으면 브레이크가 작동해 자동으로 주행을 멈추게 한다.
• 차량이탈경보장치(Lane Departure Warning System) ; LDSW … 앞유리 상단에 장착된 카메라를 통해 전방의 차선의 상태를 인식하고 방향지시등없이 차선을 이탈할 경우 핸들진동, 경고음 등으로 운전자에게 알림으로써 사고를 예방하는 장치

26 ④

①②③ 고려시대의 동전이다.
⑤ 고종 3년에 대원군이 발행한 상평통보 가운데 액면가치가 가장 큰 고액전으로 임진왜란 때 불에 타 270여 년간 방치되어오던 경복궁을 중건해 왕실의 위엄을 되찾고, 쇄국정책을 위한 국방비 조달과 국가재정을 확보하기 위해 발행하였으나 불과 2년 만에 사용이 금지되고 조정에 대한 백성들의 불신감을 깊게 만들었다.

27 ④

④ 대운하는 수나라, 역참은 원나라, 변발은 청나라의 특징이다.

28 ①

일제강점기에 일제가 문화재 관리를 위해 지정번호를 부여한 것으로 숭례문은 현재 국보 1호, 훈민정음은 70호이다. 하지만 국보 1호를 가치가 가장 높은 문화재에 부여되어야 하는 것이 아니냐는 주장으로 20년째 논란이 거듭되고 있다. 또한 2008년 숭례문 화재로 원형이 훼손되어 국보 1호를 훈민정음 해례본으로 바꾸자는 주장이 일고 있다.

29 ①

② **칸 영화제** : 프랑스 남쪽 관광지인 칸에서 열리는 영화제로 세계 3대 영화제 중 하나이다. 제2차 세계대전 직전에 창설되었다가 전쟁 중에 중단한 뒤 1946년부터 다시 재개되었다. 이 영화제에서 이두용 감독의 '물레야 물레야'가 특별부문상 (1984년)을, 송일곤 감독의 '소풍'이 심사위원상 (1999년)을, 박찬욱 감독의 '올드보이'가 심사위원 대상(2004년)을 수상하였다. 그리고 '취화선'으로 임권택 감독이 감독상(2002년)을, 배우 전도연이 영화 '밀양'으로 여우주연상(2007년)을 수상하기 도 하였다.

③ **부산 국제 영화제** : 부산광역시에서 해마다 가을에 열리는 우리나라 최초의 국제 영화제

④ **베를린 영화제** : 독일 베를린에서 매년 2월에 개최 되는 영화제로 세계 3대 영화제 중 하나이다. 1951년에 창시되었으며 최고의 상은 금곰상이다. 예술작품 발굴을 중시하는 영화제로 알려졌으며 김기덕 감독이 3년 연속 '섬', '수취인 불명', '나쁜 남자'로 진출한 경력이 있다. 또한 2017년 2월에 배우 김민희가 영화 '밤의 해변에서 혼자'로 여우주 연상을 수상했다.

⑤ **토론토 영화제** : 북미의 칸으로 불리는 토론토 국제 영화제는 매년 9월에 열린다. 칸, 베를린, 베니스 영화제와 함께 세계 4대 영화제 중의 하나이다.

30 ⑤

노플라이 제도(No-Fly System) … 기내에서 폭력, 폭 언 등으로 항공기 운항 안전을 방해하는 행위나 승무 원이나 승객을 대상으로 난동을 부리는 행위, 기내에 서 금하는 행위를 하는 소위 '진상' 승객을 일시적 또 는 영구적으로 탑승 거부하는 제도이다. 대한민국에서 는 2017년 6월 28일 대한항공이 'KE 노플라이 제도' 라는 명칭으로 국내 항공사로서는 최초로 도입했다. 노플라이 제도를 적용중인 항공사로는 네덜란드 항공, 일본항공, 델타항공, 대한항공이 있다.

31 ②

② 환자가 부작용을 인지하고 약을 복용했을 때 약물 의 작용이 아닌 심리적인 이유로 부작용이 나타나 는 현상이다.

① 약효가 전혀 없는 거짓약을 진짜 약으로 가장, 환자 에게 복용토록 했을 때 병세가 호전되는 효과이다.

③⑤ 사람들이 보편적으로 가지고 있는 성격이나 심 리적 특징을 자신만의 특성으로 여기는 심리적 경 향이다.

④ 타인의 기대나 관심에 따라 능률이 오르거나 결과 가 올라가는 현상이다.

32 ①

② 인터넷에 올라온 다른 사람들의 제품 후기를 참고 해서 제품을 구매하는 소비자

③ 기존 제품을 자신의 취향에 맞는 새로운 제품으로 만들어내는 소비자

④ 단순히 만들어진 제품을 소비하던 수동적인 모습 에서 벗어나 적극적으로 제품의 개발부터 유통과 정까지 직접 참여하는 소비자

⑤ 소비에 적극적이고 자기 취향이 확실한 남성 소비자

33 ⑤

① **뮌하우젠 증후군(Munchausen's syndrome)** : 주로 신체적 증상을 의도적으로 만들어내 자신에게 관 심과 동정을 끌어내는 정신과 질환을 말한다.

② **리플리 증후군(Ripley syndrome)** : 현실 세계를 부 정하고 허구의 세계만을 진실로 믿으며 상습적으 로 거짓된 말과 행동을 일삼는 반사회적 인격 장 애를 말한다.

③ **파랑새 증후군(Bluebird syndrome)** : 급변하는 현 대 사회에 발맞추지 못하고 현재의 일에는 흥미를 못 느끼면서 미래의 막연한 행복만을 추구하는 병 적인 증상을 말한다.

④ **피터팬 증후군(Peter Pan syndrome)** : 성년이 되어 도 어른들의 사회에 적응할 수 없는 '어른아이' 같 은 성인(주로 남자)이 나타내는 심리적인 증후군을 말한다.

34 ②

클린로드 시스템 … 서울, 포항, 대구 등지에서 기온상승으로 인한 도시 열섬현상 개선을 위해 가동되는 클린로드 시스템은 지하철 역사에서 유출되어 버려지는 지하수를 활용하여 도로 중앙분리대에 설치된 살수노즐을 통해 도로면에 분사하여 도로를 세척함으로써 도시 열섬현상을 개선하는 것이다. 기상특보 등 날씨를 고려하여 살수시간과 횟수를 조정하며, 운전자의 안전운행을 위해 중앙분리대에 안전 전광판을 설치하여 살수 전/후 상황에 대하여 3단계(안전운행−살수예정−물청소 중)로 안내한다. 클린로드 시스템의 장점으로는 지하철 유출 지하수 등을 활용하여 물을 분사하는데 이 분사된 물이 도로를 세척하고 복사열로 가열된 도로를 식힘으로써 도로를 이용하는 운전자들에게 쾌적한 운전을 제공하는 것이다.

35 ②

CD(Ceritficate of Deposit) … 은행이 발행한 정기예금증서에 양도성을 부여하여 약정된 날짜에 증서를 갖고 있는 사람에게 원리금을 지급하는 단기 고수익 상품이다. 쉽게 돈으로 바꿀 수 있고 안전성이 높은 금융상품이다. 무기명식으로 발행되며 중도해지가 안되지만 증권사나 종합금융회사에 팔아 현금화가 가능하다.

36 ③

리터루족 … '리턴(Return)'과 '캥거루(Kangaroo)'와 '족(族)'이 합쳐진 말로서, 독립했지만 높은 주거비와 육아 문제 등으로 부모의 곁으로 다시 돌아가는 사람들을 일컫는다.
① 캥거루족 : 학교를 졸업해 자립할 나이가 되었는데도 부모에게 경제적으로 기대어 사는 젊은이들을 말한다.
② 슬로비족(slobbie 族) : 천천히 그러나 더 훌륭하게 일하는 사람들을 말한다.
④ 딩크족 : 정상적인 부부생활을 영위하면서 의도적으로 자녀를 두지 않는 맞벌이부부를 말한다.
⑤ 딩펫족 : 아이 없이 애완동물을 기르며 사는 맞벌이부부를 말한다.

37 ④

Work and Life Balance(워라밸) … 개인의 일(Work)과 생활(Life)이 조화롭게 균형을 유지하고 있는 상태를 의미한다. 이 개념은 원래 일하는 여성들의 일과 가정(family)의 양립에 한정되어 사용되다가 노동관의 변화와 라이프스타일의 다양화를 배경으로 남녀, 기혼·미혼을 불문하고 모든 노동자를 대상으로 하는 워크 라이프 밸런스라고 하는 개념으로 발전하였다. 일과 생활의 조화는 사원의 업무에 대한 만족감이나 기업에 대한 충성심, 사기를 향상시키기 때문에 기업은 우수한 인재를 확보하기 위해서라도 사원의 생활을 배려한 제도나 프로그램에 대처할 필요가 있다. 기업에 의한 워크 라이프 밸런스 지원에는 탄력적 근로시간 제도나 보육이나 간호에 대한 지원, 건강촉진, 교육지원, 장기휴가 제도 등이 있다.

38 ③

③ 외국 증권회사가 국내에 진출할 때는 국내에 투자해야 하기 때문에 원화가 필요하며 자국의 화폐 또는 달러화를 국내로 가지고 와서 원화와 교환해야 한다. 외화 공급이 늘어나는 경우다.

39 ②

제시문에서 설명하고 있는 것은 '메탄하이드레이트'이다. 메탄하이드레이트는 우리나라 울릉도와 독도 주변에도 많은 양이 매장되어 있는 것으로 알려져 있다.

40 ①

② 구글에서 제공하는 일종의 사람 찾기 서비스로 실종자의 상태 정보를 검색하거나, 알고 있는 실종자의 상황을 제공한다.
③ 사물인터넷을 이용해 지진을 모니터링 하는 조기 경보 시스템을 말한다.
④ 행정자치부에서 운영하는 첨단 재난상황실로 재난상황에 대한 종합적인 원스톱 모니터링을 지원한다.
⑤ 적십자에서 제공하며, 실종자의 신원을 등록하고 실종자로 등록된 사람이 정부기관이나 병원 등에 의해 생존해 있는 것으로 공식 확인되면 상태가 실종에서 생존으로 바뀌어 실종자의 안전 확인이 가능하다.